浙江省社科联省级社会科学学术著作出版资金资助出版
浙江大学宁波理工学院学术著作出版资金资助出版

乡村旅游行为意向形成机制研究

基于计划行为理论的拓展

李华敏 ⊙ 著

中国社会科学出版社

图书在版编目(CIP)数据

乡村旅游行为意向形成机制研究:基于计划行为理论的
拓展/李华敏著. —北京:中国社会科学出版社,2009.4
ISBN 978-7-5004-7674-0

Ⅰ.乡… Ⅱ.李… Ⅲ.乡村—旅游业—研究 Ⅳ.F590.3

中国版本图书馆 CIP 数据核字(2008)第 037793 号

责任编辑 周晓慧
责任校对 林福国
封面设计 毛国宣
技术编辑 李 建

出版发行 中国社会科学出版社
社 址 北京鼓楼西大街甲 158 号 邮 编 100720
电 话 010—84029450(邮购)
网 址 http://www.csspw.cn
经 销 新华书店
印 刷 北京新魏印刷厂 装 订 丰华装订厂
版 次 2009 年 4 月第 1 版 印 次 2009 年 4 月第 1 次印刷
开 本 880×1230 1/32
印 张 8.5 插 页 2
字 数 204 千字
定 价 21.00 元

目　　录

序　言

本书是我的研究生李华敏在其博士论文的基础上修改完善而成的。李华敏的博士论文在计划行为理论拓展的基础上对旅游者乡村旅游行为意向的形成机制进行了较为系统的研究。

旅游业是现代服务业中的典型产业。从理论上说，旅游业为顾客提供的产品具有无形性、不可分离性、变异性和易损失性等特点，这些特点都会影响旅游者的行为。因此，对于旅游学研究来说，分析旅游者的行为是一个很重要的课题。目前，国内外学术界对旅游行为的相关研究发展很快，这也充分说明了研究旅游行为的重要性。旅游行为的研究体系庞杂，涉及学科广泛，行为意向是其中的基础性课题。鉴于博士论文的研究条件和数据采集的现实性，李华敏博士将研究主题聚焦于乡村旅游行为意向的研究，我认为是比较合适的。

从实践上说，乡村旅游依托于乡村的自然环境和人文景观，以农村乡野风光、农业生产活动、农民风俗礼仪等为吸引物，以农民为市场经营主体，以城市居民为主要目标市场，利用城乡之间的资源差异提供旅游产品。目前，乡村旅游已经成为国内外旅游的重要内容，许多国家和地区都在大力促进乡村旅游的发展。对我国来说，发展乡村旅游不仅可以丰富旅游活动内容，扩大旅游容量，而且可以促进农村第三产业的发展，促进农民增收致富，进而推进社会主义新农村建设。因此，研究乡村旅游行为意向，也有重要的现实意义。

目前，国内外学者对旅游行为意向的研究主要从计划行为理论角度和顾客价值理论角度进行，并建立了相应的理论框架。但有关实证研究表明，这两种理论都不能单独完美地解释旅游行为意向。因此，有必要在充分吸收现有研究成果的基础上建立一个更加完善的框架对其进行解释。基于乡村旅游行为意向理论创新和实践指导的需要，李华敏博士的论文以经济学、行为学等有关理论为指导，运用创新的 METPB 模型，在浙江、河南、江西三地多个乡村旅游点采集数据，对影响乡村旅游行为意向的相关变量和乡村旅游行为意向的形成机制进行了探讨，推进了乡村旅游行为方面的理论研究。

李华敏在攻读博士学位期间，刻苦努力，勇于探索。他的聪明与勤奋使他出色地完成了研究工作，研究成果受到了同行专家的好评。论文评阅人都认为该论文"选题新颖，研究结果具有较强的理论价值和实践应用价值"。论文得到了浙江省社会科学学术著作出版资金资助，也说明了其学术价值和应用价值。

本书的正式出版对于促进行为理论和旅游行为理论的研究，对于科学指导乡村旅游的相关实践将起到积极的作用。当然，由于本课题涉及领域广泛，其中不少问题还处于讨论和研究当中，李华敏博士仅仅是从其中的一个角度进行的探索，其中肯定存在不足之处。另外，本课题只研究了旅游行为意向，还没有研究旅游行为，行为意向与行为之间还有距离，这之间还有许多影响因素及其关系需要揭示。希望李华敏博士以此为起点，进一步深入研究。同时，也祝愿李华敏博士在其他研究领域取得进展，多出成果，出好成果。

张忠根

2008 年 12 月于浙江大学华家池

第一章　导论

第一节　问题的提出

一　研究背景

旅游业在国际上被誉为永不衰落的朝阳产业，各国对旅游业的发展都相当重视。在我国，旅游业的发展经历了一个"从小到大"的过程。改革开放以前，我国的旅游工作一直属于民间友好往来的范畴，其主要作用是宣传国家的建设成就和加强国际友好往来。当时的旅游接待主要从扩大政治影响考虑，旅游设施规模很小，结构单一，旅游业并没有真正形成一个完整的产业。1978 年，来华旅游入境人数仅为 180.9 万人次，其中外国人 23 万人次，旅游创汇 2.63 亿美元，位居世界第 41 位。受当时国内人民生活水平的限制，国内旅游人次和国内旅游收入都很少，因此没有正式纳入国民经济统计体系。改革开放以来，我国的旅游业与国民经济其他部门一样，取得了巨大进步。2006 年，全国共接待游客 116368 万人次，[①] 其中入境游客 10222 万人次，为 1978 年的 56 倍，旅游创汇 339.5 亿美元，为 1978 年的 129 倍。

[①] 《2006 年 1—12 月地方接待情况》，中国旅游网，http: //www. cnta. gov. cn/ news_ detail/newsshow. asp? id = A2007361057503947038.

旅游业蓬勃发展的另一个表现是旅游形式的多样化，尤其是乡村旅游的快速发展。乡村旅游起源于 19 世纪中期的欧洲。一方面由于工业的大规模和高速发展，都市人希望能暂时避开工业城市的污染和快节奏生活方式的紧张而愿意去乡村旅游度假，乡村旅游应运而生。1865 年，意大利"农业与旅游全国协会"的成立可视作该类旅游诞生的标志。在 20 世纪五六十年代，乡村旅游成为一种潮流。为适应这种趋势，西方发达国家纷纷利用区域性的特色农业种植园和养殖场建立旅游设施，吸引大批城市居民休闲度假游乐。在这些国家，乡村旅游主要以度假旅游的形式出现，因此，乡村旅游又被称为"绿色度假"，主要有休闲度假型、参与劳作型和参观研修型三种表现形式（周玲强和黄祖辉，2004）。另一方面，这些工业国家的农村地区出现了一系列的发展问题，如人口转移、经济萧条、老龄化等。当这些问题随着乡村旅游的发展而在一定程度上得到缓解时，人们开始对乡村旅游的发展投入了更多的关注，学者们对乡村旅游研究的兴趣也得到极大提高。

在我国，乡村旅游开始于 20 世纪 50 年代。当时，为外事接待需要，山东省石家庄村率先开展乡村旅游活动。但是，我国真正意义上的现代乡村旅游开始于 80 年代末的深圳荔枝节。随后，这一形式的旅游活动开始在全国各地发展起来。1984 年，珠海白藤湖农民度假村开业，标志着乡村旅游在国内兴起。20 世纪 90 年代初，成都龙泉驿书房村成功地举办了桃花节，为全国乡村旅游的发展起到了示范带动作用（贺小荣，2001）。

我国政府和相关组织对乡村旅游也十分重视。1989 年在中国农民旅游协会第三次全国代表大会上成立了中国乡村旅游协会，确立了乡村旅游在我国旅游业中的重要地位。国家旅游局将 1998 年确定为"中国生态环境游"主题年，把 2006 年确定为

"中国乡村旅游"主题年,把 2007 年确定为"和谐城乡游"主题年,这些都表明国家旅游主管部门对我国乡村旅游的高度重视。国家旅游局还与国家农业部合作,决定在"十一五"期间,在全国范围内共同组织实施乡村旅游"百千万工程",建成具有乡村旅游示范意义的 100 个县、1000 个乡(镇)和 1 万个村,使已有的乡村旅游项目得到明显提升和完善,基本形成种类丰富、档次适中的乡村旅游产品体系和特色突出、发展规范的乡村旅游格局,以满足人民生活水平提高对旅游消费的需求。[①] 可以肯定,随着乡村旅游"百千万工程"的实施,我国的乡村旅游必将得到更快更好的发展,乡村旅游在我国的旅游产业中将占有越来越重要的地位。

乡村旅游之所以发展迅速并得到政府旅游主管部门的重视,是因为乡村旅游具有显著的保护环境、促进经济和社会发展的作用(梁明珠,1999;郭焕成,2000;何景明,2003)。

发展乡村旅游具有环境保护作用。在以往的乡村城镇化过程中,农村工业大都以开发本地某种不可再生的资源为主要形式,另一些则以出让当地的空间资源为主要形式。这种发展模式的背后是以生态环境为代价的。而乡村旅游依托的是人与自然和谐发展的乡村环境,其发展的重要前提条件是乡村地域良好的生态环境。所以,保护乡村环境是发展乡村旅游的客观要求。发展乡村旅游能促进乡村生态环境的改善,改变以往发展模式中的人与自然之间的矛盾。

发展乡村旅游还能促进农村经济的发展。主要表现在:一是开拓就业领域,吸收农村剩余劳动力。随着工业化和城市化的推

---

① 《国家旅游局与农业部签订合作协议》,中国旅游网,http://www.cnta.com/news_ detail/newssh ow.asp? id = A20074161431385229834.

进，我国虽然有1亿以上农村劳动力转移出了农业生产领域，但目前仍有两亿多农村剩余劳动力存在。旅游业是劳动密集型产业，乡村旅游的发展可以使很多人得到就业机会。二是调整农业产业结构，促进产业链的延伸。乡村旅游合理开发乡村传统自然风光和民间风俗文化，利用农、牧、林、畜、渔等传统农业形式，形成具有地方特色的乡村旅游产品体系、服务体系和景区体系，不但促进第一产业的发展，还直接增加了对农产品的需求量，推动了农村产业结构调整，为农业产业化经营提供了发展机会。三是促进农村各项事业的发展。乡村旅游的综合性可以带动农村交通、运输、饮食、邮电、商业以及纪念品生产等相关行业的发展，促进农村经济的全面繁荣。另外，乡村旅游对加强城乡交流，促进乡村城镇化建设也起到了很好的作用。伴随乡村旅游市场的形成和发展，必然会带动人流、物流、资金流、信息流在城乡之间的融合，起到加速农村市场发育和拓展的作用，从而促进乡村城镇化。

发展乡村旅游对于传承中国传统文化也具有重要作用。中国历史悠久，中华文化是人类的宝贵财富。乡村旅游包含了丰富的历史、民俗、文学、经济、科学等文化内涵，尤其是乡村中深厚淳朴的传统文化和宁静自然的田园生态文化最让人心驰神往。因此，充分挖掘乡村传统文化、农耕文化、民俗文化就成了发展乡村旅游的必要手段；在发展乡村旅游的同时保护乡村文化，是乡村旅游可持续发展的根本保证。发展乡村旅游的过程也就是发掘和保护、传承中国传统文化的过程。

二　问题提出

我国的乡村旅游虽然发展很快，但由于开发主体认识的局限以及相关理论支撑不足，在我国乡村旅游的发展过程中尤其是在乡村旅游目的地营销和政府行业管理方面还存在着一些问题，主要表现在以下几个方面。

（一）乡村旅游营销缺乏明确思路

乡村旅游营销缺乏明确思路一直是乡村旅游发展中的突出问题。营销没有创新，"拿来主义"的做法限制了乡村旅游发展的后劲。普遍存在的一个现象是，乡村旅游开发主体注重硬件设施的改造和更新，如花大力气搞现代化建筑、引入城市高星级饭店服务模式等，而旅游者的满意度不但没有提高反而降低。似乎在乡村旅游景区追求服务质量与顾客满意度提高之间形成了悖论。于是学术界出现了很多对此质疑的声音，有人认为这种情况的出现是由于乡村旅游的开发主体没有了解旅游者对乡村旅游产品的需求。实际上，这种现象的形成是有其深层次原因的，不能将其仅仅归结于开发主体对外界信息把握的非准确性。

乡村旅游营销缺乏明确思路而创新性不够的另外一个表现是对乡村旅游者信息的利用不够。乡村旅游者信息包括其人口统计信息以及在旅游前后所表现的一切信息。这些信息主要可以分为政府行业管理部门的宏观数据和乡村旅游景区收集的乡村旅游者信息两大类。从目前的实际状况来说，这两方面数据都非常有限。这种理想与现实的矛盾主要是因为有关方面对于在乡村旅游者行为形成过程中起主要影响作用的因素认识不清楚而导致的。

（二）乡村旅游者价值得不到提高

乡村旅游者价值得不到提高主要表现在两个方面。一方面，乡村旅游者对旅游产品的价值认知比较低。乡村旅游与其说是在乡村空间里旅行，还不如说是在乡村的概念中进行体验。乡村魅力对于都市人群来说，或许并不是换一种"地方"，而是换一种体验"价值"。但从目前的社会认知来看，乡村旅游者总是将乡村旅游作为一种城市旅游产品的"低级"替代品，认为其是

"不入流"的，从中所获得的旅游价值很低。另一方面，乡村旅游者感知特定价值的成本比较高。为了获得特定价值，旅游者可能得花更多精力去收集相对于传统旅游产品更难获得的信息，由于交通、住宿等基础设施建设的相对滞后，乡村旅游者可能要为此付出更多的时间和体力消耗，为此带来的金钱付出也可能更多。一般认为，旅游行为的产生与游客对自身获取价值的判断密切相关，所获取价值越大，满意度越高，忠诚度也越高，购买意愿也越强，在顾客价值与行为意向之间具有较强的相关关系，所以，顾客价值理论经常被应用来分析顾客行为意向的产生。但是，与计划行为理论相比，顾客价值理论在解释行为意向时缺乏整体性。同样，计划行为理论尽管较好地考虑了游客本身的因素如地区文化、个人特性等对意向的影响，但实证研究证明，态度对行为意向解释的有效性却始终不能达到令人满意的程度。所以，在旅游行为研究中，迫切需要进行理论创新，更科学地对旅游行为和旅游行为意向进行解释。

（三）乡村旅游行业管理不顺

乡村旅游在我国还属于新事物，理论界和实践界对其了解并不深入。一个行业要持续有序地发展，离不开规范和管理。但是，从目前实际情况来看，我国旅游行业管理部门在面对这一新生事物时还显得束手无策。虽然深知对乡村旅游进行行业管理的重要性，但却无从下手。归根结底，由于不了解乡村旅游行为意向的形成因素，政府行业管理部门无从着手制订行业管理政策来提升乡村旅游者和乡村旅游目的地双方的价值，无法针对各种存在的问题规范乡村旅游产业的发展，也难以理清乡村旅游目的地与乡村旅游者、乡村旅游目的地与政府以及乡村旅游目的地之间的各种关系。

导致以上问题的原因是多方面的，其中的根本原因是对乡村旅游行为和行为意向及其影响因素的认识不够深入。对乡村旅游乃至旅游行为和行为意向相关研究在国内外都属于旅游学和营销学的前沿问题，国外研究对乡村旅游的行为已经有所涉及，而国内学术界目前在这方面的研究却基本是空白。因此，本书试图对乡村旅游的行为意向形成机制进行深入研究，以期填补国内研究的空白，并对我国乡村旅游的健康发展提供依据。

第二节　研究目的和意义

一　研究目的

发展乡村旅游的环保、经济、社会意义已经毋庸置疑，但是乡村旅游目的地面临的一个重大任务，就是在环境承载力的前提下，如何更好地运用各种要素更多地吸引客源，实现乡村旅游的经济效益与环境效益和社会效益的协调统一。为实现这一目标，就必须深入了解游客的行为意向形成机制。

由于行为意向对行为预测有极为重要的指示器作用，对消费者行为意向形成机制的分析和解释就显得非常重要。行为意向与行为是两个有着本质区别的概念。消费者行为意向仅仅指的是消费者某种行为发生的倾向，从行为意向到行为还要经过复杂的过程。要研究行为，不但要对行为意向有清晰的了解，还要对众多更为复杂的偶发性因素进行研究。鉴于问题研究的现实性，本书没有将研究目标直接聚焦于行为，而是致力于研究行为意向的形成机制。但是，研究旅游者的行为意向，可以为进一步研究旅游行为奠定基础。

从现有研究来看，无论在国内还是国外，消费者行为意向的形成机制都是一个学术前沿问题。特别是在国内，对旅游者的旅游行为意向的研究才刚刚起步，现有研究成果并不能为乡村旅游

有关各方了解乡村旅游行为意向的形成提供更多支持。至少对下
列问题目前还没有找到明确的答案：

问题1：乡村旅游行为意向由什么因素决定？

问题2：这些因素之间的关系是什么？

问题3：这些因素如何对乡村旅游行为意向产生作用？

问题4：这些因素出现的深层次原因是什么？

本书将在前人研究的基础上，致力于研究在信息完备的情况
下（所谓信息完备下的旅游行为，是指消费者对所需的决策信
息基本掌握，在各种情况下所做的理性决策）乡村旅游行为意
向的影响因素，揭示乡村旅游行为意向发生的机制，为旅游行为
意向乃至旅游行为的研究建立一个基本的分析框架，为实践工作
提供理论支持。具体来说，本书的研究目标是：

1. 揭示影响乡村旅游行为意向形成的主要因素；

2. 分析乡村旅游行为意向影响因素之间的关系；

3. 为解释乡村旅游行为意向的形成机制提出一个创新的理
论分析模型；

4. 为在乡村旅游目的地营销过程中提高乡村旅游者的旅游
行为意向提出针对性的对策建议，促进乡村旅游的发展。

二　研究意义

对乡村旅游行为意向形成机制的研究具有重大理论意义和现
实意义。

（一）理论意义

首先，可以有效解决现有理论解释力不足的问题。目前在解
释行为意向时主要采用计划行为理论和顾客价值理论，但实证研
究表明，它们对行为意向方差的解释程度是有限的。这两个理论
中所包含的变量不足以描述行为意向的形成机制，应该引入新的

变量，但是对引入哪个变量却没有结论。本书将从理论上对这个问题进行深入研究。

其次，可以比较细致地分析在乡村旅游行为意向形成机制中计划行为理论和顾客价值理论所包含的变量之间的关系。学者们对变量之间关系的研究非常重视，相关研究成果也很多，但因为研究对象和背景的差异，变量之间的关系可能产生变化，本研究可以基于计划行为理论的拓展来解释乡村旅游行为意向形成过程中各变量之间的关系。

（二）现实意义

对乡村旅游行为意向形成机制的研究可以帮助乡村旅游经营者以及行业主管部门清楚地认识乡村旅游者的旅游行为意向的产生机制及决定因素，从而一方面更好地激发旅游者产生乡村旅游行为意向，增加乡村旅游者价值，促进旅游者的旅游行为；另一方面根据实际情况采取适当的营销措施，促进乡村旅游的发展。

第三节 相关概念界定

为避免由于概念的内涵和外延不统一而引起的争议，本书首先对几个相关概念进行界定。

一 乡村旅游

"旅游"一词由来已久，南北朝时期沈约的《悲哉行》一诗中就已出现，那个时候它的意思就是"外出游览"。而在此之前，汉语中表现旅游活动和旅游现象的词主要是独立的"旅"和"游"。唐朝孔颖达《周易正义》解释"旅"是：旅者，客寄之名，羁旅之称；失其本居，而寄他方，谓之为旅。中国古代的"游"，是指由旅游审美而达到的那种休闲的精神状态以及由此而来的对待世界的审美态度。在西方，Tourism（旅游）首次出现在 1811 年版的《牛津词典》中，被解释为"离家远行，又回到家里，在此期间参观游览一个地方或几个地方"。后来，国际上对旅游的定义多了起来，但所有定义基本上都可以归为两类：一类是概念性定义或称理论性定义（Conceptual Definitions）；另一类是技术性定义或称实践性定义（Technical Definitions）。随着社会的不断发展，对旅游进行系统思考和研究的论述越来越多，但最早的思考和研究视角是经济学的。经济学家认为："旅游的功能是将资金从国外输入到国内，意义在于旅游支出对该经济体中的各部门所产生的影响。"其中比较典型的是奥地利经济学家赫尔曼·冯·舒拉德（Herman Von Schullard）所阐述的观点，他认为，旅游是外国或外地人口进入非定居地并在其中逗留和移动所引起的经济活动的总和。这个定义具有非常典型的经济学特点。

在对乡村旅游定义的探索中，"农家乐"曾在 19 世纪 30 年代的欧洲流行一时。后来，欧盟和世界经济合作与发展组织把"农家乐"定义为"乡村旅游"，意思是指发生在乡村地区的旅游活动。与乡村旅游相近或相似的名称还有很多，如农业观光、农业旅游、休闲农业等，但在学术界，用得比较多的还是"乡村旅游"这个词。

不过，到目前为止，乡村旅游的定义并没有在学术界得到广泛一致的认同。这种不一致的根源在于对乡村性和旅游产品的认识没有达成共同的意见。由于对乡村旅游概念的理解不一致，学者们对乡村旅游的分类也就没有统一。乡村旅游概念和范围界定的不确定，说明乡村旅游的研究还不够成熟和深入（何景明，2004）。近年来，出于不同研究的需要，许多学者从不同的角度提出了各自的看法，如肖佑兴、明庆忠和李松志（2001），何景明和李立华（2002），查芳（2004），刘英杰和王伟伟（2006）等。综合起来，乡村旅游的定义大致可以划分为以下五种类型。

1. 旅游活动类。这种定义侧重于将乡村旅游定义为某种环境下开展的活动，其中具有代表性的是英国的布拉姆韦尔和莱恩（Bramwell & Lane，1994，第76—89页）的定义。在他们的定义中，乡村旅游不仅是基于农业的旅游活动，而且是一个多层面的旅游活动，除了基于农业的假日旅游之外，还包括特殊兴趣的自然旅游、生态旅游、假日步行、登山和骑马等活动，探险、运动和健康旅游、打猎和钓鱼；教育性的旅游，文化与传统旅游，以及一些区域的民俗旅游活动等。从范围来看，这种类型的乡村旅游定义所囊括的范围最大。

2. 旅游方式类。这种定义认为乡村旅游是满足旅游者特殊需求的旅游方式。杜江和向萍（1999）认为，乡村旅游是以乡野农村的风光和活动为吸引物，以都市居民为目标市场，以满足旅游者娱乐、求知和回归自然等方面的需求为目的的一种旅游方式。该定义从客源市场的角度进行，从都市居民的出游目的和城乡差异来表现乡村旅游，明确了乡村旅游是一种形式。但是从现在的发展来看，这种对客源市场的明确限定并不符合乡村旅游消费发展的现实和要求。

3. 旅游区域类。旅游区域类定义将旅游发生的区域作为主要判断依据，这种观点的提出者主要以国外学者居多。如世界经济合作与发展委员会（OECD，1994）将乡村旅游定义为在乡村开展的旅游，乡村性（Rurality）是乡村旅游的中心和独特的卖点。阿卜杜拉和爱德华（Abdulla & Edward，1996）将乡村旅游定义为在偏远乡村的传统文化和民俗文化旅游。以色列的阿里、奥迪德和阿迪（Arie, Oded & Ady，1999）简明扼要地说：乡村旅游就是位于农村区域的旅游。以区域为主要划分标准的定义在理论上比较明确地框定了乡村旅游的范围，但还是有一些问题没有得到彻底解决，比如在城市之外的传统景区中的旅游的归属等。而且，这个定义没有完全考虑景区所处环境的发展演变问题。有些学者认为，乡村与城市之间没有本质区别，乡村只不过是城市与荒野山地之间的延续体（Mormont，1990）。所以，此类定义有将乡村旅游概念泛化的倾向。

4. 经营活动类。这类定义从乡村旅游经营主体的经营活动角度进行界定。乡村旅游是指以乡村地区为活动场所，利用乡村独特的自然环境、田园景观、生产经营形态、民俗文化风情、农耕文化和农舍村落等资源，为城市游客提供观光、休闲、体验、健身、娱乐、购物和度假等的一种新的旅游经营活动。这类定义不但界定了乡村旅游主体的经营活动，而且提出了乡村旅游所凭借的旅游资源。龚晓宽（2004）认为，所谓乡村旅游，是指以农民为经营主体，以城市居民为目标市场的主要对象，以村寨民俗文化和乡野农村风光活动为吸引物、以满足旅游者回归自然和娱乐休闲等为主要目的的一种旅游方式。[①] 这个定义相对于前面几个来说更加完整，不但从经营主体、旅游吸引物方面进行了界定，而且指明了旅游者的旅游目的。但是，它将乡村旅游的客源市场界定为城市居民，同杜江和向萍（1999）的定义一样，对乡村旅游的主体限定具有一定的狭隘性。

5. 旅游资源类。这类定义主要从旅游吸引物的角度进行界定，以国内学者提出居多。王兵（1999）提出，乡村旅游是以农业文化景观、农业生态环境、农事生产活动以及传统的民族习俗为资源，融观赏、考察、学习、参与、娱乐、购物、度假于一

---

① 龚晓宽：《首届中国·贵州乡村旅游国际论坛：乡村旅游与扶贫开发》，《贵州日报》2004年10月26日，http://www.gz-travel.net/zhuanban.

体的旅游活动。此定义强调了农业是乡村旅游的吸引物，将农村文化融于其中，同时明确了乡村旅游的类型和内容。何景明和李立华（2002）提出，乡村旅游的特征由三个方面构成：第一是地域辽阔，人口密度较小，居民点人口规模小。第二是土地利用类型以农业用地和林业用地等自然用地为主，建筑物占地面积小，具有乡村型的自然景观；经济活动简单，以农业和林业为主，并具有较强的季节性。第三是具有传统的社会文化特征。这些都是乡村旅游赖以生存的旅游吸引物的特征。

　　定义需要用简明的语言对事物的本质属性进行概括，以确定被说明事物的范围和界限。所以，乡村旅游的定义应该从其根本区别于其他形式旅游的本质特征来阐述。毫无疑问，乡村旅游的最本质特征应该凸显在"乡村"二字上。作为与城市相对应的概念，乡村首先是一个地理单元。在这个区域内，存在各种城市区域中所不具有的旅游资源，包括：第一，自然资源，指乡村地域上各种自然赋予的景观等，如山水田园、花草树木、村落民居等；第二，文化资源，指乡村地区特有的人类活动及其遗产，如民风民俗、戏曲杂技、古建筑等；第三，物产资源，指具有地方特色的各种商品，如各种农产品、土特产及纪念品等；第四，意象资源，指乡村景观给人留下的感觉形象，比如农民的生活方式、生产方式以及现代农业园区等。

　　我们认为，乡村旅游是一种与城市旅游相对应的旅游形式，其定义有广义与狭义之分。

　　从广义上讲，乡村旅游不仅包括基于农业的旅游活动，还包括自然旅游、生态旅游、假日步行、登山探险、打猎钓鱼和区域性的民俗旅游活动等。从狭义上说，乡村旅游是指以农民或农村居民为经营主体，以农业或农村事物为旅游吸引物，吸引游客前来农村地区进行游览观光和生活体验等形式的旅游活动。广义的乡村旅游范畴较大，它包括了在除城市之外的所有乡村地域上开展的几乎所有旅游活动。

作为本研究分析对象的乡村旅游是一个狭义上的概念，它虽然包含了农村旅游、农业观光等多个概念，但摒弃了那些尽管在农村地域上发生，但本身并不会给当地经济发展带来更多贡献的旅游活动。所以，狭义上的乡村旅游比广义概念更严格地界定了旅游活动发生的区域是农村，且更加严格地限定了经营主体是当地农民，从而摒弃了只从区域和经营主体无法理清的旅游类型，克服了乡村旅游无所不包的尴尬。从农村经济发展和本研究的目的出发，研究狭义上的乡村旅游发展具有更直接的意义。

二　旅游者

乡村旅游者即进行乡村旅游的人，是实施乡村旅游行为的主体。乡村旅游者是旅游者的一个特殊类别。

（一）旅游者的定义

通俗地说，旅游是由人发出的行为，进行旅游的人即旅游者。

关于旅游者的定义，国际组织是分别对国际旅游者和国内旅游者进行定义的。最早的关于国际旅游者的半官方定义是在1937年由临时国际联盟统计专家委员会提出来的，他们提出"旅游者是离开定居国到其他国家访问旅行超过24小时的人"（谢彦君，2004，第52页）。1950年，国际官方旅游组织联盟则对这个定义进行了修改，不仅将以修学形式旅游的学生视为旅游者，而且界定了一个新的旅游者类型即短途国际旅游者。

对于国内旅游者的定义目前尚不完全统一。世界旅游组织将国内旅游者划分为过夜和不过夜两种，前者指在本国某一目的地旅行超过24小时而少于一年的人，后者则指基于以上任一目的地并在目的地逗留不足 24 小时的人。北美国家则以出行距离为标准来区别是否是国内旅游者，可是不同机构对距离的标准的统一相当混乱。欧洲国家的判断标准则是在异地逗留的时间长度。

我国学者对旅游者的定义也有很多相关研究。谢彦君（2004，第 56 页）对旅游者所作的定义是：旅游者是出资寻求愉悦的目的而前往异地并在该地做短暂停留的人。这个定义比较好地从出行目的界定了旅游者与其他人群之间的差异。

（二）旅游者的分类

为研究和业务管理的需要，人们对旅游者进行了各种角度的分类。

1972 年，科恩（Cohen）将旅游者分为有组织的大众旅游者、单独的大众旅游者、探索者、漫游者四类，并将前面两类旅游者描述为被制度化的旅游者，而将后两类描述为没有被制度化的旅游者。[①] 但是，沙普利（Sharpley）对科恩的分类提出了批评，他认为被制度化与没有被制度化之间不可能进行清楚的区分，因为即使是"探索者"也必须使用专业指南来选择他们的交通路线和住宿设施。后来，在 1979 年，科恩又根据旅游者想要获得的旅游经历，将其划分为娱乐型旅游者、探索型旅游者、经历型旅游者、体验型旅游者和存在型旅游者五种类型。有趣的是，沙普利对此同样提出了批评，认为这样的分类方式没有任何经验研究支持，只是一种机械的分类方式。

1977 年，普洛格（Plog）将旅游者的个性特点同其行为直接联系起来，从而将旅游者分为自我中心型和多中心型两类。在

———————

① 转引自［英］约翰·斯沃布鲁克、苏珊·霍纳《旅游消费者行为学》，电子工业出版社 2004 年版，第 69 页。

这两个极端人群之间存在着许多中间类别的人群，如近自我中心型、中间型和近多中心型。这种分类尽管在理论上有重要价值，但是在实际应用上还是会遇到许多障碍，这也是目前在心理学研究中尚不够成熟的情况下企图从个人心理角度揭示游客特征所共同面临的问题（谢彦君，2004，第52页）。1979年，佩罗（Perreault）和多尔登（Dorden）在对2000多名居民调查之后，将旅游者分成做好预算的旅行者、喜欢冒险的旅行者、深居简出的旅行者、度假者和中间者（温和者）五种类型。达伦（Dalen，1989）根据一项在挪威进行的调查，把旅游者分为现代物质主义者、现代理想主义者、传统的理想主义者以及传统的物质主义者。美国运通公司1989年对多个国家的6500名旅游者作了一次调查，将旅游者划分为五类：冒险者、担忧者、梦想者、经济者以及放纵者。史密斯（Smith）则将旅游者分成探索者、精英旅游者、脱离群体的旅游者、特殊的旅游者、喜欢新奇的旅游者、大众旅游者以及契约旅游者七种类型。这些分类方式适用于不同情形下对旅游者进行研究的需要。

从旅行社的业务分类看，旅游产品主要可以分为团体包价旅游、半包价旅游、小包价旅游和零包价旅游等几类（杜江，2001，第67—68页），因此在旅行社的业务实践中，旅游者也可以相应分为团体包价游客、半包价游客、小包价游客以及零包价游客等几类。

从上面这些分类可以看出，对旅游者的分类大多是以旅游者对旅游经历中的一些因素如旅游目的地、旅游活动或独自旅行还是包价购买等的喜好为基础来进行的，这些不同的分类方法，其看待问题的角度基本上是相似的。加上常规分类方式，总体来看，目前旅游者的分类方式主要有三种类型：人口统计特征分类、个性心理特征分类以及游客的旅游特征分类。

（三）包价乡村旅游者、半包价乡村旅游者与散客乡村旅游者

从合约理论的角度出发，本研究将乡村旅游划分为包价乡村旅游者、半包价乡村旅游者与散客乡村旅游者三种类型。

包价乡村旅游者指的是参加旅行社组织的乡村旅游团队的乡村旅游者，这些乡村旅游者采取一次性预付旅费的方式，将各种相关旅游服务全部委托一家旅行社办理。团体包价旅游的服务项目，通常包括依照规定等级提供住宿、餐饮、游览用车、翻译导游服务、交通集散地接送服务、接送行李服务，以及游览场所门票和文娱活动入场券等。从合约理论角度看，包价乡村旅游者在旅游过程中与相识或不相识的团队其他成员结成临时性组织，他们相互影响、相互制约。

散客乡村旅游者指的是不参加旅行社组织的旅游团队，自助进行乡村旅游，在乡村旅游过程中所需要的住宿、餐饮、交通、翻译导游、游览场所门票、文娱活动入场券等各项费用由自己分项支付的乡村旅游者。从合约理论角度看，散客乡村旅游者在旅游过程中独自或与非常熟悉的家人和朋友结成小团体形式，对旅游者之间的旅游感知来说，他们的相互影响效果是相对有限的。

半包价乡村旅游者是介于包价乡村旅游者和散客乡村旅游者之间的形态。本研究中定义的半包价乡村旅游者与一般的定义不同，它包括了杜江（2001）提出的半包价、小包价和零包价旅游者等多种形态，指的是乡村旅游过程中部分费用交给旅行社统一支付，这部分费用通常包括的项目有住宿、餐饮、游览用车和集散地接送等，即旅游业界俗称的"房—餐—车"，其他费用如乡村旅游景区门票由自己支付。从合约理论角度看，在与其他游客的关系方面，这种类型的乡村旅游者既具有包价乡村旅游者的团体影响特点，又具有散客乡村旅游者的自主性特征。

三 旅游行为意向

"行为"一词具有普遍意义，具体到乡村旅游者，其旅游活动即为一种特定行为，所以，许多研究中的"旅游意向"即指"旅游行为意向"。《辞海》中说："行为，生物以其外部和内部活动为中介与周边环境的相互作用。"这是对"行为"一词的最一般的解释。由此可见，行为一定是有主体的。王海明（1999）在其《行为概念辩难》一文中说："行为是有机体受大脑皮层控制的反射活动，它的根本特征是受意识支配。"

学者们对行为的研究方式和角度的不同导致了很多行为模式的出现。这些行为模式之间最大的差异在于对影响行为的因素的认识不一样。如有的学者将行为定义为个体与环境交互作用的结果，他们引入"个体"与"环境"两个变量，行为则为两个变量的函数。有的学者将行为定义为先天性的遗传因素、后天生长的环境、个体发展过程中的学习以及个体对实现目标角色的追求行动四个变量的作用函数。这些行为模式对我们分析消费者行为和行为意向都具有非常重要的作用。

消费者行为意向是连接消费者自身与未来行为的一种陈述（Eamonn & Peter，1996）。菲什拜因和艾森（Fishbein & Ajzen，1975，第 12—18 页）曾经指出，对消费者在未来是否会采取某种具体行为的最直接的预测方法就是了解他们采取该种行为的意向。大量研究证明，如果能够正确地测量行为意向，就可以非常精确地预测大部分的社会行为（Fishbein & Manfredo，1992，第29—50 页）。

戈尔维策、约翰和巴尔浦（Gollwitzer，John & Barph，1996，第 69—73 页）认为，行为意向可以分为两个阶段：一是运筹阶段，在这个阶段，个体会思考自己的行为目标，此时形成的行为意向称之为目标意向（Goal Intention）；二是执行阶段，个体将根据形成的目标意向决定何时、何地以及怎样执行计划，即执行意向（Implementation Intention）。

在对行为研究的各种理论中，理性行为理论的影响无疑是很大的，它对行为意向的解释也非常经典。理性行为理论认为个体的行为意向是预测行为的最佳变量，个体对特定行为的意向愈强，表示他越有可能执行该行为。其中，意向是对一个能带来具体结果的特定行为是否被执行的可能性的明显看法或信息的函数，它是人们执行该行为的意愿及努力程度的一个指标。意向会随着时间的改变而改变，意向与行为间的间隔时间越长，意向改变的可能性越大。这个概念也为其他研究行为意向的理论所接受。艾森与菲什拜因提出理性行为理论的目的不仅仅是预测行为，而且要理解行为。他们认为行为意向是行为态度、主观规范这两个因素的函数。由于行为意向与实际行为有着非常强的直接关系，因此计划行为理论（Theory of Planned Behavior，TPB）对实际行为的衡量是以行为意向来代替的（Fishbein & Ajzen，1975，第12—18页）。

从心理学角度看，人类行为符合 S－O－R（Stimulus-Organism-Reaction）模式，即刺激—有机体—行为反应模式，当有机体受到刺激，就会产生反应。如果将这个模式应用在顾客的购买情境上，它表示的是当顾客接受到产品或服务所带给他的使用效果或价值利益等刺激时，便会产生购买这一产品或服务的态度和行为。

根据蔡特哈姆尔、贝里和帕拉苏拉曼（Zeithaml，Berry & Parasuraman，1998）的说法，消费者积极的行为意向将导致以下情形的发生：（1）积极评价；（2）向其他顾客推荐；（3）重复购买；（4）同公司做更多的交易；（5）愿意支付额外费用。这种行为意向与顾客忠诚所包括的行为种类是一致的，所不同的是，忠诚是积极的行为意向（董大海，2004）；而消极的行为意向则正好相反。

周世强（1998）认为，在人的行为系统中，旅游行为是其中一个比较小的子系统。旅游行为是指旅游者对旅游目的地、旅游季节、旅游目的和旅游方式的选择特征，以及与之紧密相关的旅游意识、旅游效应和旅游需求特征的总和。由此可以看出，旅游行为是指旅游者的行为，其研究对象是旅游者或潜在旅游者。对旅游行为的研究不仅可以发现游客的流动及行为规律，找出行为发生的影响机制，而且可以丰富旅游学的研究内容。同时，关于旅游行为的研究还能与旅游产品开发设计、旅游市场营销相结合，为旅游资源的开发与规划提供科学依据（黄万英、蒙睿和叶文，2005）。

简而言之，旅游行为意向指的是旅游者要采取旅游行为的倾向，积极的旅游行为意向可以看成是游客的忠诚。它是判断旅游行为发生的一个行之有效的指示器。

第四节　研究思路与方法

一　研究思路

目前，从心理学、社会学、社会心理学等角度研究人的行为的文献已瀚如星海，他们分别从不同角度对旅游行为和行为意向进行了研究，虽然都取得了相应的研究成果，但对行为意向的解释力还不高。本研究根据研究的目的和任务，以计划行为理论为基础，结合顾客价值理论，以乡村旅游行为意向形成机制为研究对象，在文献研究基础上构建乡村旅游行为意向形成机制模型、设计乡村旅游行为意向调查问卷，通过对乡村旅游者的面对面调查，揭示乡村旅游行为意向的形成机制。

为探求对乡村旅游行为意向形成机制更好的解释，本研究将过程分为三个主要步骤：

第一步，在文献研究的基础上构建基于计划行为理论的拓展模型（Model of Extended Theory of Plan Behavior，METPB），METPB 模型中包括了文中所提出的乡村旅游行为意向的所有影响因素。

第二步，基于文献制订出乡村旅游行为意向相关影响因素的调查问卷，并收集数据。

第三步，使用所收集数据验证乡村旅游行为意向形成机制的METPB 模型，并得出结论。

基于上述思路，本研究各部分内容之间的逻辑关系和所力求解决的问题如图 1.1 所示。

二 内容安排

按照以上研究思路，本书各章节主要研究内容安排如下：

第一章，导论。首先介绍我国乡村旅游的发展现状以及研究现状，明确本研究的目标及意义。然后，对乡村旅游、旅游者、旅游行为、旅游行为意向等几个重要概念进行界定，明确本书的研究对象。同时，阐述本研究的具体思路和方法，以及全书的内容结构安排。最后，提出本研究可能的创新与不足。

第二章，与乡村旅游行为有关的文献综述。主要对计划行为理论、顾客价值理论以及旅游者行为相关文献进行梳理和评述。首先从消费者行为理论的概念和定义出发，对计划行为理论的发展和理论进行了比较详细的综述，然后对顾客价值理论的各个流派进行描述。在此基础上，再对旅游者行为研究文献进行归纳分析。

第三章，拓展模型和研究设计。首先简单地分析影响乡村旅

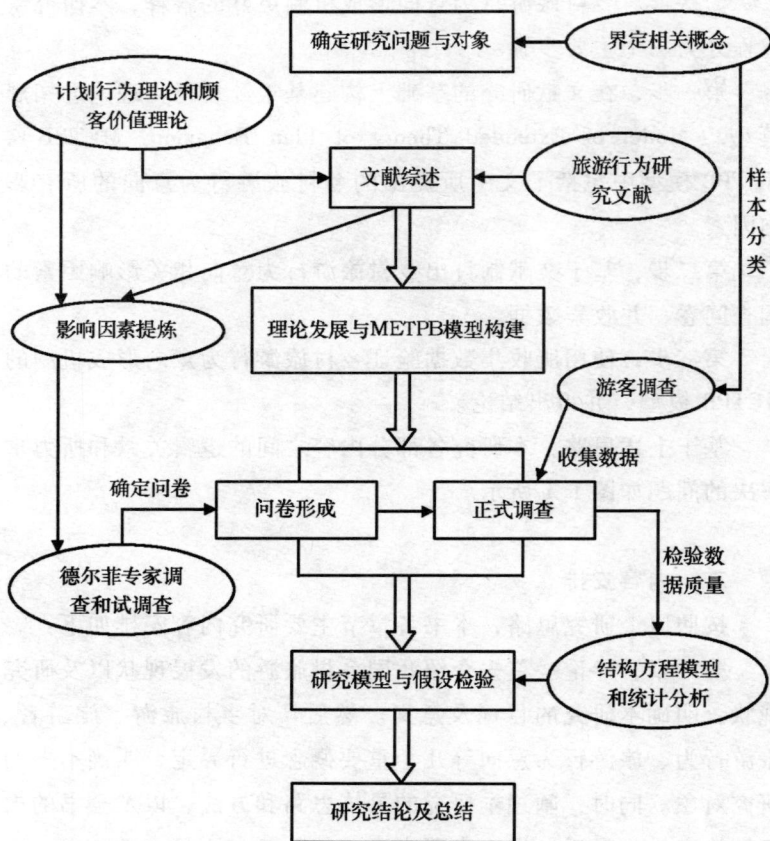

图 1.1 技术路线图

游行为意向的主要因素，在此基础上构建揭示乡村旅游行为意向
形成机制的 METPB 模型，然后确定乡村旅游者调查样本类别，
提出主要数据分析方法并确定样本数量。

第四章，问卷形成与调查数据质量分析。由于相关变量在以
往学者的研究中进行过多次测量，本研究在问卷制订方面具有了

比较扎实的基础。本部分主要介绍如何在文献综述的基础上形成适合本研究目的的调查问卷并进行正式调查，并通过方差分析和验证性因子分析等方法对调查数据进行质量检验，为后文研究打下基础。

第五章，METPB模型和假设检验。这部分是本研究的核心部分，主要是对第三章所提出的模型和假设进行检验。首先，从计划行为理论角度分析相关因素对乡村旅游行为意向的影响，构建结构方程模型并进行检验，目的是探究这部分因素之间的关系并计算出它们对乡村旅游行为意向的解释程度；其次，从顾客价值理论角度分析相关因素对乡村旅游行为意向的影响，构建结构方程模型并进行检验，目的是探究这部分因素之间的关系并计算出它们对乡村旅游行为意向的解释程度；最后，在前两步验证的基础上对揭示乡村旅游行为意向形成机制的METPB模型进行检验，完整分析乡村旅游行为意向的形成机制，研究乡村旅游行为意向形成的影响因素及影响因素之间的关系。

第六章，研究总结。首先对本研究得出的结论进行概括。在此基础上，总结本研究的理论与实践贡献，提出相关建议。最后，提出研究展望。

三 研究方法

本研究涉及旅游学、统计学、管理学、心理学、经济学、地理学、社会学等多个领域，但以计划行为理论和顾客价值理论为基本理论指导。为达到揭示乡村旅游行为意向形成机制的研究目的，本研究根据管理学研究方法中有关中介变量、自变量与因变量之间的关系，通过中介变量这一与旅游者有关的不可观察的过程或状态，揭示自变量与因变量之间的关系，从而基于计划行为理论的拓展构建出"自变量—中介变量—因变量"的乡村旅游行为意向形成机制模型。构建并验证基础理论模型是本研究构思所运用的方法，也是本研究所使用的研究方法中的核心。

本研究在分析中力求实现规范分析和实证分析的结合。规范分析为本研究引出问题、认识问题和理解问题奠定基础，实证分析则为进一步分析问题和解决问题提供依据。

（一）规范分析

为了从总体上准确把握理论的研究进展，笔者阅读了大量国内外文献，对有关研究成果进行了比较系统的总结。

首先，分析了计划行为理论的兴起和发展历程，以时间和研究内容的转换为分析维度，将行为理论和模型的应用划分为理性行为理论和计划行为理论两个阶段，同时介绍了国内外学者使用计划行为理论模型进行分析和研究的成果，并对此进行了评述。

其次，分析了顾客价值理论的发展，以价值内涵为维度将其划分为买方价值理论、感知价值理论、让渡价值理论和价值过程理论四个组成部分进行分析。

再次，从态度和顾客价值入手，分别对乡村旅游行为形成的影响因素进行了规范分析，这为本研究中揭示乡村旅游行为意向形成机制的 METPB 模型的建立奠定了基础。

最后，对行为意向形成机制模型的实证应用文献进行了梳理，并对模型变量的选择及其对行为的影响进行了剖析，这为实证研究中模型变量的选择以及结果的解释作了很好的铺垫。

（二）实证分析

本研究的实证工作主要分为数据搜集和模型验证两大部分。数据搜集具体包括专家调查、试调查和问卷调查三项工作。

1. 专家调查

在文献阅读的基础上，设计相应的测量变量，并初步设计了问卷。问卷内容主要包括乡村旅游者的基本情况和旅游情况两大部分。第一部分要求样本以填空和选择的方式回答有关问题；第二部分主要采用李克特五点问卷的形式，要求被调查样本回答旅游行为意向的有关情况。问卷中的测量项目主要来自国内外相关研究相同或类似变量的测量项目，另有一部分是根据理论分析变量的特征和结构设计的。

为了比较准确地找出问卷字词语句的把握方式和问题提问的方式，笔者对 10 位旅游界专家、学者进行了调查。为防止被调查专家之间相互干扰，采用背对背式专家调查法即德尔菲法进行调查，并最终达成了较为一致的意见，所得到的问卷具有内容效度。访谈提纲见附录一。

2. 试调查

试调查的主要目的是为了通过信度和效度检验以完善问卷，它是在问卷设计过程中的重要部分。

在回收德尔菲专家调查法的数据并据此对调查问卷进行修改的基础上，得到了试调查的问卷，试调查问卷见附录二。为检验问卷中对每个变量测量的指标信度和效度，首先对数据进行独立样本 T 检验，将不能通过 T 检验的问项视作不合格问项，从问卷中剔除。然后对剔除不合格问项后的数据分别进行信度检验和因子分析。问卷信度是指在研究中使用该问卷进行测量时，所得到的被测样本特征数据真实程度的指标，即使用问卷测量时的可靠性和准确性。因此，为保证在研究分析中使用的数据可信，首先需要对研究中所使用的问卷进行信度检验。问卷的信度检验即考察问卷测量的可靠性，是指测量所得结果的内部一致性程度。内部一致性系数（α 系数）反映了每个因子中的项目是否测量了相同或相似的特征，是重要的同质性信度指标（王重鸣，1990，第 141—143 页）。因子分析主要检验各问项在提取出的公因子上的载荷，不能通过因子分析的问项也将被剔除。经过以上的分析及剔除不合格问项，得到最终问卷。另外，因子分析可以辨别出那些剔除后能使效度出现明显增加的变量，所以，最终问卷得以通过效度检验。信度检验和因子分析保证了最终用来调查的正式问卷具有可靠的信度与效度。

3. 正式问卷调查

为了获取较为全面的调查数据，本研究将乡村旅游者分为包价乡村旅游者、半包价乡村旅游者和散客乡村旅游者三种类型，分别对这三种类型的乡村旅游者进行问卷调查。

在使用数据进行模型验证之前，还对数据进行了质量检验，包括方差分析和验证性因子分析。正式调查数据通过质量检验之后用于模型验证工作。

模型验证工作主要包括以下部分：

（1）使用 AMOS 5.0 分别对模型的总体拟合指数进行计算并判断拟合优度。学者们在使用 AMOS 软件判断结构方程模型拟合优度的过程中，总结了一整套判断结构方程模型拟合优度的阈值。本研究使用 AMOS 5.0 计算了各模型的拟合指数，并在对模型进行修正的过程中比较各指数，最终确定拟合程度较优的模型。

（2）使用 SPSS12.0 计算模型中变量间的关系。变量与变量间的直接影响关系可以通过 AMOS 5.0 软件计算出的路径系数进行判断，但中介影响关系却需要使用 SPSS12.0 来计算。本研究使用 SPSS12.0 并用逐步回归方法进行了多个变量之间中介关系的判断。

第二章 文献综述

根据本研究的思路，乡村旅游行为意向的形成机制主要涉及计划行为理论、顾客价值理论以及旅游行为理论。因此，本章从有关消费者行为的研究入手，着重对计划行为理论、顾客价值理论以及旅游行为理论等领域的国内外相关研究进行梳理和评述，为建立基于计划行为理论拓展的乡村旅游行为意向形成机制理论模型建立理论基础。

第一节 消费者行为理论述评

一 消费者行为研究概况

目前，消费者行为的研究主要围绕消费者行为的定义、消费者行为模式以及消费者行为的影响因素等几个方面展开。

（一）消费者行为的定义

消费与人类历史一起开始。在我国，人们对消费者行为的经验描述历史非常悠久。如荀子说，"养人之欲，给人之求"，意思是生产要从分析消费需求入手来安排，使消费需求得到满足。严格地说，国外对消费者行为的研究从 19 世纪中叶就开始了。20 世纪初，一些学者从心理学和社会学角度对消费进行了研究，但对消费者行为的系统研究是从 20 世纪 60 年代开始的。

定义是研究的起始和基础，从中可以反映出研究的角度和研究的内容。许多学者从不同的角度对消费者行为进行了定义。这些定义可以总结如下（见表 2.1）。

表 2.1　　　　　　不同学者对消费者行为的定义

学　者	消费者行为的定义
格洛克和尼科斯（Glock & Nicos，1963）	描述消费者在特定时间或者一段时间内所采取的选择行为与购买行为
沃尔特斯和保罗（Walters & Paul，1970）	人们在购买以及使用产品或者服务时所涉及的决策与行为
登比（Demby，1973）	人们评估获取与使用经济性商品或者服务时的决策程序与实际行动
普拉特（Pratt，1974）	以现金、支票交换所需的商品或者劳务，即决策购买行为
威廉姆斯（Williams，1982）	指一切与消费者购买商品或者劳务过程中有关的意见、活动与影响
维亚斯（Vyas，1983）	消费者行为可以分为三方面，即人们（1）取得和使用产品和服务的活动；（2）在决定采取这些活动前的决策过程；（3）从这些活动过程中所取得的持续而有影响的经验
伍兹（Woods，1989）	人们在获得他们所用的东西时所进行的活动，这些活动如选购、比较、购买和使用产品和服务
莫温（Mowen，1990）	消费者任何有关取得、处置与使用商品或者劳务的活动
席夫曼和康克（Shiffman & Kannk，1991）	在寻求、购买、使用、评价和处理他们期望能够满足其需求的产品和服务过程中所表现出的行为
科特勒（Kotler，1995）	个人、群体与组织如何选择、购买、使用以及处置产品、服务构想以及经验以满足需求

续表

学　者	消 费 者 行 为 的 定 义
萨尔曼（Zaltman, 1995）	人们如何取得、消费处置产品、服务与构想
布莱克韦尔、塞因巴奇和巴恩塞斯（Blackwell, Szeinbach & Barnses, 1999）	涉及获取、消费和处理商品与服务的各种活动，以及行动前后所引起的决策过程
肯尼思（Kenneth, 2000）	个体、群体和组织为满足其需要而如何选择、获取、使用、处置产品、服务、体验和想法，以及由此对消费者和社会所产生的影响

资料来源：转引自 Demirdjian & Senguder, "Perspectives in Consumer Behavior: Paradigm Shifts in Prospect," *Journal of American Academy of Business*, 2004 (4): 348. 笔者作了整理。

由以上定义可以看出，由于研究的角度不一，不同的学者对消费者行为定义的表述各异，但是这些定义的内涵大致是一样的，几乎所有的学者都认同消费者行为是围绕着如何获取产品（服务）而作的决策。所以，消费者是行为研究的主体，这一命题是为大家所公认的。更好地获取产品（服务）价值是消费者行为研究的核心。

（二）消费者行为模式

作为一个复杂的心理和行为过程，消费者行为涉及行为主体经济生活的各个方面，因此，学术界对消费者行为的研究也十分广泛。微观经济学是最早进行消费者行为研究的学科。微观经济学的消费者行为模型设定消费者总是想要以产品的消费来最大限度地获取产品的效用，尽管这种假设现在看来有一定的局限性，特别是经典经济学的完全理性消费模式在现实生活中是不可能实现的。因为消费者常常处于一个非理想的状态中进行消费决策，而不能根据经济方面的考虑比如边际效用、无差异曲线等来最优化自己的决策。但可以肯定的是，这种基本模型为后期研究打下了基础。直到现在，效用理论还广为研究者所使用。

行为科学对消费者行为的研究则涉及许多学科，如社会心理学、社会学、人类学等。社会心理学研究的主要是人在与社会交互作用中的社会心理现象及其从属的社会行为，它主要关注的是影响个体相互作用的那些因素，如某一个体是如何影响另一个体的购买行为的，哪些因素影响消费者对产品和企业的认知等（董妍、俞国良，2006）。社会学是研究社会结构及其内在关系和社会发展规律的学科，它侧重于对宏观社会及大群体活动趋势的剖析和研究。社会学在研究社会结构、社会发展过程时，必然涉及人类与社会需要、社会心态、社会意向等现象，而上述社会现象又反过来影响参与其中的个体或人的行为（杨宜音，2006）。人类学则用历史的眼光研究人类及其文化，主旨是研究横跨整个地球和贯穿整个历史的所有人类的原始状况（庄孔韶、徐杰舜、杜靖等，2006）。这些学科对消费者的行为进行了广泛的分析，它们的分析方法和对象也常互为借鉴，对消费者行为的研究越来越深入。

在市场学中，人们发现，消费动机对消费者行为有很重要的影响。所以，消费动机成为在消费行为学中具有重要地位的研究领域之一。20世纪50年代，学术界开始了对消费动机的研究，许多学者发现消费者行为与个别消费者的心理范畴因素有非常直接的关系，从此心理学开始研究个体心理活动的过程和特点，包括动机、认知、需要、态度、个性、学习模式等，所有这些都可以用来理解消费者行为。运用心理学的方法，有助于研究很多消费者行为与现象，如营销方式如何设计才能刺激消费者消费等，在当时这为企业的市场营销提供了强大的理论支撑。

20 世纪 60 年代，市场营销的基础研究工作开始突飞猛进，许多学者从消费者行为模式、消费理论等消费者行为的各个方面采用不同的方法和工具进行了大量研究。

从营销学的角度来说，对消费者购买行为的解释有两种截然不同的理论，即认识理论和行为理论。认识理论强调产生行为的心理过程，一系列有意识的认识、学习和感知的经历是研究心理行为科学的最有意义的数据。认识理论旨在探究消费者头脑中虽然是虚构却很神秘的"黑匣子"。相对于消费者的身体行为，这是一种试图分析精神行为的方法。行为理论的观点主要集中在可以在市场上公开观察到的消费者的反应，因为市场环境的刺激和市场对消费者购买行为的强化之间具有显著关系。斯金纳认为，人类所有的行为都可以在一定的条件影响下成为一种反复的机械过程。对于行为主义者来说，思想和感情只是附带现象，是客体，是被影响的元素，而不是主体，不是影响元素（阿塞尔，2000，第 27 页）。

安德烈亚松（Andreason）在 1965 年提出的模型是最早的消费者行为模型之一。这个模型强调了消费者决策过程中信息的重要性，尽管它没有考虑消费者对重复购买的态度，但是它仍然强调了消费者态度的预见性。

雷诺兹（Reynolds）根据心理学概念于 1974 年提出 SOR 理论模式。后来，尼科西亚（Nicosia）基于 SOR 概念以消费者决策过程为研究基础，将消费者购买行为模式分为外来信息流程、信息收集与方案评估、购买行为以及信息反馈四个部分，提出了完整的消费者行为模式；霍华德（Howard）、谢什（Sheth）于 1969 年根据 SOR 概念提出霍华德—谢什模型，该模型主要由投入因素、内在变量和产出结果三个层次构成。霍华德—谢什模型将社会心理学结构引入消费者行为研究中，为后来的 EKB 模型的产生奠定了概念和理论基础。EKB 模型是恩格尔（Engel）、科拉特（Kollat）和布莱克韦尔（Blackwell）于 1993 年共同提出的消费者行为模式。EKB 模型认为，消费者的购买行为与消费者行为有所不同，消费者行为应该覆盖整个消费过程，这个过程受到社会内外环境的影响，而购买行为只是整个消费过程的一个阶段。EKB 模型把消费者决策过程看做一个解决问题的决策过程，包括信息接收、信息处理、决策过程、影响决策的变量以及社会环境的影响五个主要部分，其中，决策处理为 EKB 模型的核心部分。席夫曼（Schiffman）和卡努克（Kanuk）在 1991 年将消费者决策过程分为投入阶段、处理阶段以及输出阶段三个相互独立又相互衔接的阶段。在投入阶段主要涉及不同的信息源对消费者需求所产生的影响，在信息处理阶段则主要是消费者个人内在心理因素影响投入阶段所接受的信息，在输出阶段则包括购买行为和购买后评估两项决策活动。科特勒（Kotler）和阿姆斯特朗（Armstrong）在 2001 年也提出了类似刺激—反应的消费者行为模式，这种模式重点针对消费者特征以及消费者决策程序进行了详细说明，将消费者决策过程分为问题确认、信息收集、方案评价、购买决策以及购后行为五个相互联系的阶段。另外，还有一些学者为了解决消费者没有严格的信息收集和方案评估的问题，将社会判断理论中的涉入理论应用于营销研究，将消费者行为分为低涉入的消费行为和高涉入的消费行为。①

　　上述的消费行为模式都是以消费者决策过程为核心，从其行为的方式入手进行理论分析和实证研究的，这是消费者行为理论

---

① 刘枚莲：《电子商务环境下的消费者行为研究》，华中科技大学 2006 年博士学位论文，笔者对之作了整理。

发展的一个重要方式。消费行为理论是专门研究消费者行为特点及产生该行为特点动因的理论，它所研究的主要内容是消费者的行为模式、影响消费者行为的因素分析和消费者的购买决策过程。消费者行为理论的重要任务之一就是要了解在消费者的黑箱中，刺激如何转化为反应。黑箱分成两个部分：第一部分是购买者的特性，它们影响购买者对于刺激的认识和反应；第二部分是购买者的决策过程，它们影响购买结果。

（三）消费者行为的影响因素

在消费者行为研究过程中，影响因素一直都是学者们研究的重点。

总之，消费者行为理论认为，影响消费者行为的主要因素有文化因素（包括文化因素、亚文化因素和社会阶层因素等）、社会因素（包括参考群体因素、家庭因素和消费者的角色、地位因素等）、个人因素（包括消费者的年龄与生命周期阶段、消费者的职业、消费者的经济环境、消费者的生活方式、消费者的人格与自我概念）、心理因素（包括购买动机、消费者的知觉、消费者的学习、消费者的信仰与态度）等。而消费者的购买决策过程一般包括以下阶段：确认问题—收集信息—评估可行方案—购买决策—购买行为。而且，消费者在购买决策过程中可能处于不同的角色状态，有些是购买商品的发起人，有些是购买行为的影响者，有些是购买商品的决策者，有些是购买者，有些则是所购商品的使用者。企业在执行品牌竞争战略的过程中，一定要关注各个消费者在购买决策过程中所担当的角色，这样才能准确地抓住其心理活动特点和内在需求，才能更好地为他们提供服务，促成他们的购买决定与购买行为。

所以，消费者行为的影响因素涉及方方面面。从旅游营销学的角度看，影响消费者行为的因素可分为直接观察的影响因素和推论的影响因素（Lu，Lai & Cheng，2000）。可直接观察并加以测量的影响因素包括：人口统计因素、营销组合因素及情境因素；推论影响因素则指的是无法直接观察，由推断来认定影响力的因素，它包括心理因素、社会因素及社会文化因素。然而，推论影响因素奠基于消费者本身对该行为一连串的信念，且信念会长期和持续影响其行为的发生与重复（Higgins，1996）。

这些理论都比较好地从不同角度对消费者行为进行了解释。近些年来，在各种不同的消费者行为理论中，影响较大的是菲什拜因和艾森提出的理性行为理论以及后来艾森在此基础上修正而成的计划行为理论。特别是计划行为理论对从整体上将消费者行为作为过程进行研究起到了非常重要的作用。

二 理性行为理论

从经济学产生到现在，理性行为假设一直是古典主流经济学的基石。以泰勒、法约尔为代表的古典经济学倡导古典决策理论，这也就是"理性经济人"假设基础上的决策理论。传统的"经济人"概念隐含了两个基本假设：一是自利，每个行为个体在作出理性行为或预期时，均追求利益最大化；二是完全理性，信息充分。每个理性的决策人在决策前就存在可供选择的方案，并能分析出每个方案可能产生的后果或发生的概率，还可以用效用函数来反映多个选择结果，依据选择性偏好对上述结果进行优化和风险规避，实现决策行为的最优化（陈昆玉、陈昆琼，2002）。

所以，威廉姆森（Williamson）在 1986 年时就认为，在完全理性决策中，"企业被简单化为生产函数，消费者被看做效用函数，制度外生给定，优化行为无处不在"。这种无限理性认定完全理性的经纪人在假定信息对称和结果概率已知的情况下，基于各种可能性选择决策行为来实现决策个体的效用最大化。

理性行为理论起源于心理学领域，来自于杜拉尼（Dulany）的命题控制理论（Theory of Prepositional Control），该理论叙述个人的行为意向受制于当时的行为规范和顺从规范的意愿。在以命题控制理论为代表的早期的行为研究中，学者们大多着重于态度、个性或者过去行为等对行为的影响，其中，态度（Attitude）被视为理解人类行为的关键要素而得到广泛应用（Fishbein，2005）。在社会心理学研究领域，态度仍然是最具特色和不可或缺的概念，它频繁地出现在实验和理论文献中（Fishbein，1975）。然而，直到20世纪70年代，学者们仍然未能对什么是态度，态度是如何形成和变化的及其在影响和决定行为时所扮演的角色等达成共识，有关态度的测量方法更是千差万别。菲什拜因和艾森（1975，第12—18页）对公开发表的关于态度的相关研究文献作出回顾之后发现，有关态度的测量方法竟然有500多种，这为研究成果的集成和知识的积累带来了非常大的困难。此外，很多时候，态度作为中心工具也未能对某些特殊行为作出成功的解释和预测。因而态度这个概念的中心地位开始受到人们的质疑。

针对这种质疑，通过对消费者行为领域相关研究文献的系统分析，菲什拜因和艾森在1975年将早期由心理学者弗鲁姆（Vroom）的期望模式（Expectancy-value Model）或称"多重属性态度模式"（Multiattribute Attitude Model）融入行为意向（Behavioral Tendancy）与主观信仰两个变量，首次对信念、态度、意向和行为这四个在以往研究中经常被相互混淆的概念作出了明确界定，并在期望—价值理论（Expectancy-value Theory）的基础上构建了一个系统的理论分析框架，即理性行为理论（Theory of Reasoned Action）（TRA），用来解释和预测人类行为的决策过程。理性行为理论主要的基本假设为：人们大部分的行为表现是在自己的意志控制之下，且合乎理性；人们有某项行为的意向是当时该行为发生的立即决定因子；性别、年龄、职业、人格、个性等变量对行为意向没有直接影响，这些变量都是经由态度、主观规范，才会对行为意向产生间接影响的（Ajzen & Fishbein，1980）。该理论认为，当人们有时间去思考欲从事的行为时，行为意向是检视其行为的最好方法。

在理性行为理论框架下，人类被假定为能够系统利用或加工可获得信息的理性生物体，行为主体的行为完全受到个人的理性和意志的控制。该理论主张人们是否从事某行为直接受到意向（Intention）的影响，意向的形成又受到行为主体对该行为的态度和主观规范（Subjective Norm）的影响，而态度和主观规范则产生于个人对该行为的"显著信念"（Salient Belief）。艾森（1985）认为人们对任何行为都抱有很多信念，然而这些信念中只有相对较小的一部分能够在特定的时刻被注意到，这小部分被注意到的信念就被称为"显著信念"。所以，理性行为理论的主要变量不是态度而是行为意向，在该理论中，行为主体的行为最重要的决定因素被认为是行为意向，行为主体执行某一行为的意向是个体对该行为的态度和主观规范共同作用的结果。而行为态度则包括行为主体对该行为的看法及对其结果的评价；主观规范包括标准看法即行为主体基于特定群体对某一行为态度的一种看法及顺从动力即行为主体迎合该群体期望的动力。这就为我们提供了一个研究行为态度的理论框架。理性行为理论框架如图 2.1 所示。

理性行为理论对行为估计采用下面的公式：

$$B \approx BI = W_1(A) + W_2(SN) \qquad (2.1)$$

在式（2.1）中，B 表示行为，BI 代表行为意向，A 表示态

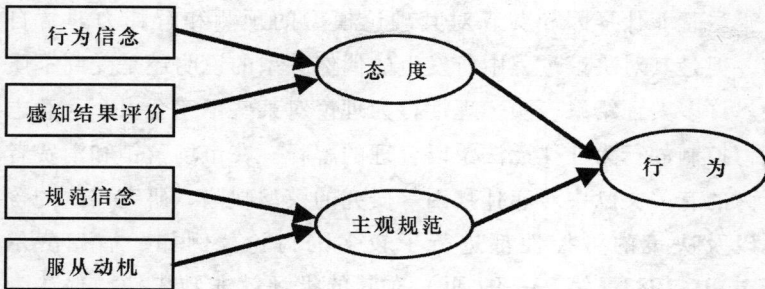

图 2.1　理性行为理论框架

资料来源：Fishbein, M., Ajzen, I., *Belief, Attitude, Intention and Behavior*: *An Introduction to Theory and Research* (Reading, MA: Addison-Wesley, 1975), p. 12.

度，SN 代表主观规范。从式（2.1）可以看出，理性行为理论模型说明了行为意向与行为之间存在显著的相关关系。更进一步讲，理性行为理论以模型的形式表明了态度与行为意向之间的关系。理性行为理论的提出者菲什拜因和艾森（1975，1980，第12—18 页）认为，人们的社会行为并不仅仅由没有意识的动机或者占主导性的期望所决定，在他们决定是否采取某种行为之前，行为的含义对行为影响的作用或许更大。他们假定行为个体在采取某种行为如产品购买时先形成某种态度，然后将主观规范引入研究模型中，分析其对个体采取某种行为到底是起推动作用还是起阻碍作用。在主观规范和态度的基础上，个体形成了是否参与某项行为的意向。在这个模型中，购买意向的准确性可以依靠测量对产品的态度和主观规范二者的准确性来决定。因此，理性行为理论被看作是行为理论的先行。可以这样说，菲什拜因和艾森关于态度与意向的理性行为理论的理论基础是非常扎实的，有多个理论可以作为其强大支撑。

　　尽管菲什拜因和艾森对其理论模型的预测和解释力非常自信，但是其对决策过程中所发生的偶然关系的说明还是受到了质疑。许多实证结果表明，理性行为理论对某些不完全由个人意志能力控制的行为往往无法予以合理的解释。在市场营销和消费者行为的有关文献中对菲什拜因等研究的模型缺陷、研究实践的含义以及决策的可控性都进行了较多的讨论。例如，福克萨尔（Foxall，1983，第93—97页）对其的批评就非常尖锐，他认为理性行为理论在理解和预测与管理相关的消费者选择方面的程度非常小。马登（Madden）、艾伦（Ellen）和艾森（1992）指出，理性行为理论模式在环境或资源受限，行动者无法完全依照个人的意志决策时，它的应用就会受限。

　　除此之外，许多学者还分析了降低或削弱行为意向与行为关系的主要因素，主要如下：

　　1. 间隔时间。指在行为意向与实际采取某种行为之间的时间（Armitage，1998）。

　　2. 异质性水平（Fishbein & Ajzen，1975，第13页）。例如，为什么在某种环境下，消费者采取的行为与意向形成时对其进行的预测完全一样。

　　3. 无法预见的环境实践（Sinclair，1998，第213页）。例如，当去某地的旅游团队机票卖完了以后，顾客就无法作出购买行为。

　　4. 自控程度（Bandura & Wood，1989）。例如，尽管儿子非常想独自去某地进行背包旅游，但他母亲坚决不同意，于是意见被母亲所否定。

　　5. 意向的稳定性程度（Chang & Alebert，1994）。有些意向是比较稳定的，但有些在很弱基础上形成的意向就是易变的。

　　6. 新信息（Arts，1997）。新信息可以改变一个消费者对某种产品的信任度和态度，从而改变其行为意向。

学者们认为，以上这些行为主体的行为影响因素中有许多可以影响行为意向，特别是当人们自我控制力非常有限时尤其如此。相关研究的分析结果可以说明，理性行为理论框架中的行为意向只能解释行为变量38%的方差（Wolfgang，Kühnel & Schmidt，1990）。为了适应环境的变化，有些行为意向在行为产生的过程中就必须进行改变，有些行为意向则整个被放弃，从社会科学研究人员的观点来看，如果事前行为和意向的条件相互匹配的话，它们就可能会相互对应，否则就会背离。

这说明，首先，行为意向的测量必须反映样本对实际可能发生的行为的意向；其次，行为必须置于意志控制之下。这是因为理性行为理论假设行为的发生是基于个人的意志力控制对个人的行为进行预测与解释，但实际情况是，许多因素均会影响个人意志控制程度（Ajzen，1985）。例如，想参与旅游的人，若时间无法配合或得不到旅游的相关信息，其旅游行为将很难达成。因此，旅游休闲行为常受到资源、机会、阻碍等非意志力因素的强烈影响，但理性行为理论对这些不完全由个人意志所能控制的行为，往往无法予以合理的解释。戴维和威廉（David & William，1999）也作过一个与此相关的研究，他们通过测试在国家森林公园游客的行为意向和行为来检验理性行为理论的预测力，研究结论认为，理性行为理论可以通过提高休闲行为参与度的影响因素之间的关系来提升理论模型的解释力，这样，模型就可以更好地应用到行为的预测过程中。

理性行为理论研究了人在自利情形下行为的发生。但是人并非完全自私自利的，至少在很多时候，人的决策行为是有限自利的，甚至在社会规范与道德约束下表现为利他的行为。与此同时，人在决策时也很难做到完全理性，究其原因，既存在外部风险等不确定性或信息过于复杂等外因，也存在着行为决策人认知或计算能力有限而无力支付决策成本等内因。这些都直接影响模型对行为的预测程度。

从以上可以看出，如果行为是属于可以完全由个人的意志所控制的，无需考虑对其他情况的掌握或资源获取等问题，便可以适用理性行为理论。但是，在现实生活中这种情形很少发生，行为主体的大部分行为都不是个人意志能够完全控制的。因此，艾森在理性行为理论的基础上进行了修正并发展出了计划行为理论。

三　计划行为理论

由于理性行为理论是在人们对行为和态度的控制完全是自主的情况下描述行为主体的行为发生的，因此，当人们对自己的行为和态度几乎没有任何控制能力时，理性行为理论就碰到了麻烦。为改善该理论，艾森加入了行为控制认知作为单独的变量，从而形成另外一种理论——计划行为理论。相对理性行为理论来说，计划行为理论是在信息和动机对行为的影响方面提供的解释更少的情况下对行为的发生过程进行解释的一种理论。

在计划行为理论中，艾森将行为意向定义为"尽量去执行某一特定行为的倾向"。行为意向并不预测目标的达到程度，即使有超出个体控制范围之外的因素阻碍了行为主体执行其原有的意向，但它还是可以预测个体是否愿意执行某一特定行为。因为行为总是处于完全自主到完全不自主这一连续体的某些点上，所以，当行为主体的行为完全自主时，便可以运用理性行为理论来预测。然而，在行为主体的行为无法完全自主时，即使行为主体对该行为有很好的态度和主观规范，因为周围环境条件的影响，他也未必有实际的行为。在这种情况下，可以用计划行为理论来预测，因为计划行为理论考虑的几乎都是处于不完全自主情况下的行为。理性行为理论和计划行为理论的主要区别在于影响行为意向的第三个变量——行为控制认知,它是行为主体对自主控制执行某一行为程度的一种认知。

如果用回归的数学形式表现,计划行为理论对行为的预测则表现为以下形式:

$$BI = W_1 A + W_2 SN + W_3 BCP \qquad (2.2)$$

$$B = W_4 BI + W_5 PBC \qquad (2.3)$$

其中,A 代表态度,SN 为主观规范,BCP 为行为控制认知,BI 为行为意向,B 为行为,W_1、W_2、W_3、W_4 和 W_5 可以看做回归系数。

艾森(1989)将计划行为理论分析框架表现为图 2.2 的形式。

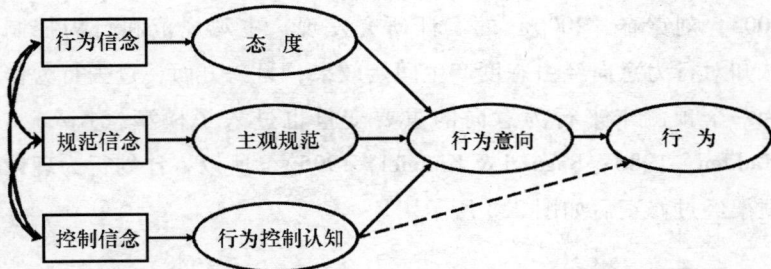

图 2.2 计划行为理论框架

资料来源:Ajzen,"Prediction of Goal-directed Behavior:Attitudes, Intentions, Perceived Behavioral Control," *Journal of Experimental Social Psychology*, 1989, 5 (22):453-474.

从以上可以看出,计划行为理论的优势在于假定了影响行为的所有其他因素都是通过态度、主观规范、行为控制认知及其相对权重间接影响行为的。因此,对影响行为因素的探讨,可以从态度、主观规范和行为控制认知三个方面入手。

但是，就像理性行为理论一样，计划行为理论也受到了众多的批评。如巴戈齐和纳塔拉詹（Bagozzi & Nataraajan，2000）就认为计划行为理论有三大缺陷：首先，尽管态度、主观规范和行为控制认知为行动提供了前提，但是它们却不能为行动提供动机性的动力；其次，计划行为理论仅将行为作为讨论目标，因而理论中的变量就完全忽略了决策过程中目标的作用；最后，实证研究表明，如果不考虑期望和情感因素，行为主体的行为近时性和频率或者过去行为都在很大程度上影响了行为意向和行为。

在早先的计划行为理论框架中，态度、主观规范和行为控制认知作为平行的自变量共同对行为意向产生影响，它们之间并没有产生任何相互作用。但是后来，一方面，经过许多学者（Ajzen，1992；Chang，1998；李能慧、古东源、吴桂森等，2003；刘克春，2006）的实证研究发现，主观规范和行为控制认知对行为意向经由态度产生间接效果；另一方面，过去行为作为一个预测未来行为意向的重要变量也进入了模型（Ajzen & Madden，1986；Bagozzi & Kimmel，1995），所以，计划行为理论框架经过修正后如图2.3所示。

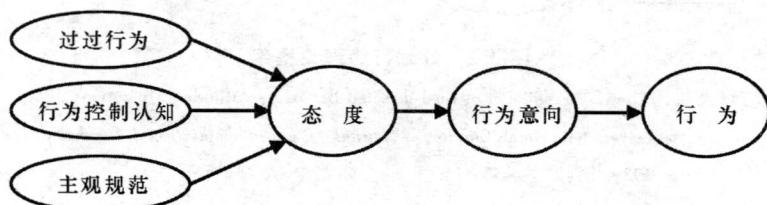

图2.3   修正后的计划行为理论框架

资料来源：由本研究整理得出。

第二节 顾客价值研究述评

提高顾客忠诚度、发展忠诚顾客是每个企业所追求的目标，是企业保持和提高自身竞争优势的重要途径。早在 1954 年，德鲁克（Drucker，1954）就指出，顾客购买和消费的绝不是产品，而是价值。① 自从 20 世纪 60 年代初莱维特发表著名论文《市场近视症》之后，顾客价值一直是市场营销理论的核心概念（施炜，2005）。顾客价值研究的兴起是企业不断寻求竞争优势的合理和必然结果，其内在原因是顾客价值作为顾客的取向导致了企业与顾客消费行为之间建立起关系。简而言之，价值的比较结果驱动着大部分的消费者行为（叶志桂，2004），它决定了顾客购买行为和选择产品的关键因素。所以，科特勒说，顾客在一定的约束条件下是价值最大化的追求者。因此公司为顾客创造了价值，也自然吸引了顾客，这也就是创造了顾客。由此，顾客价值被理论界和实践认为是企业竞争优势的来源。

目前，虽然对顾客价值领域的研究成果非常丰富，但由于学者们所选择的研究对象、时间范围、研究角度的不同，不同的学者对顾客价值这个概念仍然存在不同的意见。表 2.2 列出了顾客价值的一些代表性定义。

---

① 转引自 Ulaga，W.，"Customer Value in Business Markets: An Agends for Inquiry," *Industrial Marketing Management*，2001（30）：315 – 319.

表2.2　　　　　　　　　　　　顾客价值的代表性定义

学　者	对 顾 客 价 值 的 定 义
福比斯和梅赫塔（Forbis & Mehta，1981）	顾客经济价值是指在已知核心产品与其他产品的综合信息，可获得竞争产品的情况下，消费者愿意支付的最高值
克里斯托弗（Chirstopher，1982）	顾客为了得到商品而愿意付出的价值，这种支付意愿是商品提供给顾客并被感知的收益
蔡特哈姆尔,贝里和帕拉苏拉苏拉曼（Zeithaml，Berry & Parasuraman,1988）	价值就是消费者基于所得与所失的感知，对产品效用所作的总体评价
门罗（Monroe，1990）	购买者的价值感知代表产品的感知质量或感知所得与产品价格的比较相权衡
门罗（Monroe，1991）	顾客价值就是感知利益相对于感知所付出的比率
安得森等（Andersonetal,1993）	组织市场中的价值购买方企业参照可选供应商的产品和价格，对某一产品为其带来的经济、技术、服务和社会利益中所获得的附加价值的感知
盖尔（Gale，1994）	顾客价值是经过产品相对市场价格调整以后的感知质量
布第特尔（Butzetal，1996）	顾客价值是顾客在试用厂商生产的产品并发现其产品提供了附加价值之后与该厂商建立起来的关系
伍德拉夫（Woodruff，1997）	顾客价值是顾客对产品的某些属性、属性的性能以及在具体情形中利于（或不利于）达到其目标和意图的产品试用结果的感知偏好和评价
理查德（Richard，1998）	价值就是顾客为了完成某种目的而获取特定产品的愿望
格伦罗斯（Grönroos，2000）	价值过程关系到营销的起点和终点，关系范畴中的顾客感知价值可以表述为下面公式：顾客感知价值（CPV）=（核心产品＋附加服务）/价格＋关系成本）
科特勒（Kotler，2001）	顾客让渡价值就是顾客的总价值与总成本之差

　　资料来源：Woodruff, R. B. , "Customer Value the Next Source for Competitive Advantage," *Journal of the Academy of Marketing Science*, 1997, 25（2）: 141, 并经笔者整理。

从以上定义可以看出，各学者对顾客价值内涵的认识有所不同，这些认识大致可以分为四类：（1）价值是低廉的价格。一些顾客将价值等同于较低的价格，这充分说明了在价值感受中顾客对自己所要付出的货币成本是非常敏感的。（2）价值就是顾客自己希望从所购买产品中所获取的东西。这点明显与第一类不同，第一类观点认为顾客关注的是货币成本，即其支出，而在第二类认识中，顾客把从服务或产品中所获得的利益看成是最重要的价值因素，即其所得。从经济学定义来说，利益是顾客获得的效用，也即顾客对从消费产品中获得满意程度的主观衡量。（3）价值就是顾客付钱买回的质量。有的顾客将价值概念化为"付出的金钱"与获得的"质量"之间的权衡，实际上这里的质量与"所得"表达的含义基本是一样的；（4）价值就是顾客自己付出的"全部"后所能得到的"全部"。与前三类不同的是，这里认为顾客进行比较的主体就不仅仅是金钱了，还包括为获得产品所付出的时间、体力、精力等成本。所以，顾客所获得的除产品本身之外，还有自身在心理、社会交往上的变化。

20世纪80年代中期以来，具有重大影响的顾客价值理论包括波特的买方价值理论、蔡特哈姆尔的顾客感知价值理论、格伦罗斯（Grönroos）的顾客价值关系理论、伍德拉夫理论、科特勒的顾客让渡价值理论。

一　买方价值理论

波特在其1985年所著的《竞争优势》一书中首次提出"价值链"这一概念，他指出，作为消费者也有自己的价值链，即买方价值链。在波特的买方价值理论中，价值就是客户愿意支付的价钱。企业可通过采用提高买方效益或者减少买方成本的方式来创造买方需要的价值，买方成本不仅包括财务成本，还包括时间或方便的成本等。波特将买方购买标准分为两类：一类是使用标准，是衡量企业所创造的客户价值的尺度，是企业影响客户价值的方式，一般与企业产品、物流和服务活动相关；另一类是信号标准，是买方推测和判断企业实际提供的客户价值的尺度，常与企业的市场营销活动有关（波特，1997）。买方价值取决于产品为消费者所提供的一系列的效用和买方须为这一系列效用所付出的价格（Allen，1993）。

买方价值理论实际上是一种从顾客角度考察价值的理论，它将顾客价值看成是顾客心目中的衡量，这种衡量就是顾客在消费过程中期望或感知到的产品和服务给他带来的价值。

波特的买方价值理论突破了以前仅从财务成本角度定义买方成本概念的方式，而引入了时间、方便等因素。就价值创造而言，波特只将实际价值与之关联，而信号标准则仅仅作为顾客对实际价值外显的认识、推测以及判断的线索（熊本峰，2003）。波特的买方价值理论在一定程度上揭示出顾客价值的构成，从而为公司创造实际价值和影响顾客对实际价值的认识确立了方向。

二 顾客让渡价值理论

简单而言，所谓顾客让渡价值是指顾客总价值与顾客总成本之差，其中，顾客总价值就是顾客从某一特定产品或服务中所获得的总利益，它包括产品价值、服务价值、人员价值和形象价值等，顾客总成本是指顾客为了购买一件产品或服务所耗费的时间、精力、体力以及所支付的货币资本等，它包括货币成本、时间成本、精力成本和体力成本。由于顾客在购买产品时总希望把有关成本，包括货币、时间、精力和体力成本等降低，而同时又希望从中获得更多的实际利益，以使自己的需要得到最大限度的满足，因此，顾客在选购产品时，往往从价值与成本两个方面进行比较分析，从中选择价值最高、成本最低，即顾客让渡价值最大的产品作为优先选购的对象，这种分析思路是符合传统上对顾客购买行为的认知的。

顾客让渡价值与顾客满意之间具有非常显著的相关性，因此，企业为了在竞争中战胜竞争对手，吸引更多的潜在顾客，就必须以满足顾客的需要为出发点，或增加顾客所得利益，或减少顾客消费成本，或两者同时进行，其目的都是为了向顾客提供比竞争对手具有更多顾客让渡价值的产品，这样才能使自己的产品引起顾客的注意并购买。但是顾客让渡价值理论着重于顾客价值的含量，其各项指标在实践中除了货币价值能够通过价格反映出来以外，其他各项都不是十分直观的，难以量化。

从表 2.2 中科特勒对顾客让渡价值的定义可以看出，顾客让渡价值实际上是顾客在决策与实施购买行为时的预期收益。顾客在作出购买决策与实施购买行为的过程中，其行为基础是顾客自己确认与购买动机相关的知识与经验，在这种知识与经验的基础上形成购买期望，即希望通过此次购买获得所期望得到的价值，但顾客也对在购买行为中即将付出的各项成本没有绝对的控制把握，这种对成本的估计只能是一种预算。作为一种价值的期望，顾客都希望顾客让渡价值是正向的，而且越大越好。

顾客让渡价值从数学意义上说，表现为整体顾客价值和整体顾客成本之差。大多数企业的顾客让渡价值还在一定程度上受到互补产品的影响。以上可用图 2.4 表示。

因此，为了留住顾客，企业就必须要提高顾客让渡价值，关系营销可增加顾客让渡价值，改善对价值的感知。贝里（1999）提出了三种方法：一是增加财务利益来加强与顾客之间的关系，比如增加赠品、价格优惠等，但是对竞争对手来说要模仿这些做法非常容易；二是增加社交利益和服务利益，主要通过企业对顾客服务的个性化手段来实现；三是增加结构性联系以及财务和社交利益，比如企业为顾客提供特定的设备、营销支持、人员培训等，这种方法是竞争对手最不容易模仿的，在一定意义上构筑了一种转换壁垒，也容易形成企业的竞争优势。

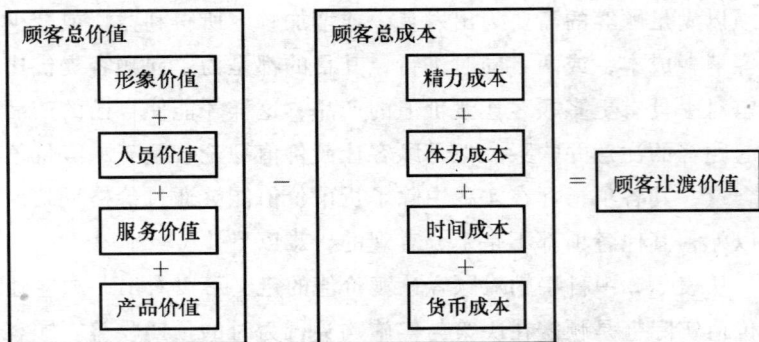

图 2.4 顾客让渡价值示意图

资料来源：王成慧、王生洪：《顾客价值理论的发展分析及对实践的启示 》，《价值工程》2002 年第 2 期，并经笔者整理。

所以，许多学者从企业整体经营的角度对顾客价值进行分析，这些分析有助于将顾客让渡价值提高到企业的战略层面。例如，马里斯（Maris）和戴维森（Davison）（1999）就认为顾客价值是企业能够从满足顾客需求中所获得的利益。这充分说明，顾客让渡价值理论实际上是从企业角度来探讨顾客价值的理论，它把顾客看作企业的资源，所以，不同的顾客能给企业带来不同的价值。

三 顾客价值过程理论

拉瓦尔德（Ravald）和格伦罗斯（1996）对顾客价值的阐

述是从关系营销的角度出发的。他认为价值过程是关系营销的起点和结果，关系营销应该为顾客和其他各方创造出比单纯交易营销更大的价值，顾客必须感知和欣赏持续关系中所创造的价值。由于关系营销是一个长期的过程，顾客价值是在一个较长的时间内实现的，格伦罗斯将此称为"顾客价值的过程"。

拉瓦尔德和格伦罗斯（1996）认为，在关系范畴中，企业所提供的产品同时包含核心产品和各种类型的附加服务，代价包括价格和处于关系中而发生的额外成本，这被称为"关系成本"。因此，考察顾客价值的方法是区分所提供的产品的核心价值与关系中额外要素的附加价值。关系范畴中的顾客感知价值可以表述为下面两个公式：

$$顾客感知价值（CPV）=（核心解决方案+附加服务）/（价格+关系成本） \qquad (2.4)$$

$$顾客感知价值（CPV）=核心价值+附加价值 \qquad (2.5)$$

在关系营销中，顾客感知价值是随着时间发展和感知的。在式（2.4）中，价格是个短期概念，原则上在核心产品送货时交付。但关系成本是随着关系的发展而发生的，而且边际成本随关系的发展呈现出递减趋势。核心产品和附加服务的效用也是在关系的发展过程中体现出来的。在式（2.5）中，附加价值是一个长期概念，它随着顾客与企业之间关系的发展而表现出来。

顾客价值过程理论是在关系营销理论发展过程中提出来的，所以拉瓦尔德和格伦罗斯认为，作为关系营销核心的交互过程和支持关系建立与发展的对话过程对顾客价值实现发挥着不可或缺的作用。所以他总结说，成功的关系营销战略要求在关系营销计划过程中同时考虑交互过程、对话过程和价值过程三个过程。交互过程是关系营销的核心，对话过程是关系营销的沟通侧面，价值过程则是关系营销的结果。如果顾客的价值过程没有得到认真分析，在交互过程中就很容易出现错误和不正当的行动。如果对话过程与交互过程冲突，价值过程很容易产生消极的后果，因为顾客可能得到冲突的信号和不能兑现的承诺。所以，交互、对话和价值构成关系营销的三极，其中任何一极如果不加以仔细分析和计划，关系营销的实施就会受到影响。

在关系营销中，顾客价值过程理论将顾客与企业结合起来进行分析，所以，顾客价值理论研究的重点是把营销看作企业与顾客的价值交换，这种交换不仅实现了顾客与企业各取所需的交易，而且形成了顾客与企业一些其他的经济和非经济的关系。

目前在使用"顾客价值"这个术语的学术文献中存在三个视角：顾客视角、企业视角、顾客—企业视角，这三个不同的研究视角直接导致了不同的顾客价值理论研究方向（董大海，2003）。对近年来与顾客价值理论有关的研究成果加以梳理后不难看出，顾客价值是由顾客决定而非企业决定的，它总是顾客在消费产品或服务之后进行权衡的结果。所以，尽管顾客价值由企业提供，但它最终是顾客感知的价值。

四　顾客感知价值理论

顾客感知价值理论是建立在"不一致"的研究范式基础上的，这个范式最早是由奥利佛（Oliver）在 1980 年为研究顾客满意问题而引入营销研究领域的。它的基本思路是，顾客在消费产品之前，会首先根据自己搜集到的信息与自己的消费意向来形成对产品或品牌的期望，然后通过对产品选择、实际购买行为与亲身体验的有关服务，在自己的心目中树立其对产品的实际感知，将顾客期望与顾客感知相比较，会形成不一致或者差异，并最终产生对产品的满意/不满意评价。不仅顾客的期望会影响顾客满意度，期望与感知之间的差异也对顾客满意度具有非常关键的影响。如果差异是正向的，也就是说，感知超越了消费者自身的预期，则顾客会感到非常满意；如果两者恰好相符，即没有差异，则顾客会感到满意；如果感知低于顾客的预期，这意味着差异是负面的，则顾客会感到不满意。

实际上，感知价值的概念最初是由塞勒（Thaler）于1985年提出的，他认为，感知价值是由交易效用与获得效用的差值构成的（罗正清、方志刚，2002）。其中，交易效用是指由消费者心中的参考性货币付出与实际知觉的货币付出相比较后获得的，而获得效用则是由知觉利益与实际知觉的货币付出比较而来的。对产品来说，消费者的知觉利益包括其购买前后所得到的一切利益，这样，产品质量以及与产品有关的服务质量便构成了知觉利益的重要组成部分。

20世纪80年代，日本掀起了轰轰烈烈的全面质量管理运动，人们对质量管理开始关注起来。随着质量运动的发展，服务质量问题也日益受到重视。

针对顾客感知的服务质量，日本的加纳（Noriaki Kano，1984）提出了客户感知模型（见图2.5）。

加纳客户感知模型可以用来区分客户的三种感知特性："必须具备的因素"、"越舒适、越快、越好的因素"以及"令人高兴的因素"。这三种感知特性有助于区分可能导致客户不满、满意和高兴等心理状态。这是一种广为现代营销领域所使用的工具。但是，加纳模型并没有直接将顾客的感知质量描绘成顾客价值，也没有在顾客满意度和顾客价值之间建立起直接联系。在这种背景下，1988年，蔡特哈姆尔从顾客心理的角度提出了顾客感知价值理论，将顾客感知价值定义为顾客所能感知到的利益与其在获取产品或服务时所付出的成本进行权衡后对产品或服务效用的总体评价。他认为，由于顾客价值是由顾客而非企业决定的，企业为顾客设计、创造、提供价值时应该坚持以顾客为导向，把顾客对价值的感知作为重要的决定因素。

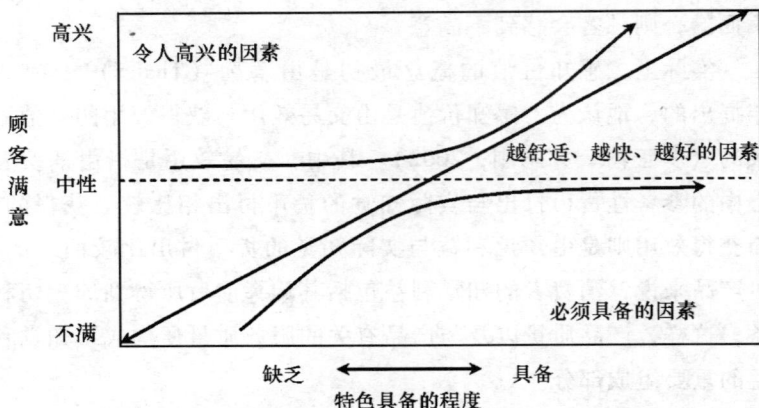

图 2.5　加纳客户感知模型

资料来源：转引自顾明义《面向客户全程价值的协同营销研究》，同济大学
2007 年博士学位论文。

　　但是因为服务具有产出与消费同时发生的特点，不像有形产品那样有一定的客观标准，所以服务质量的测量就成为服务质量管理的一个难点。后来，PZB 在研究服务营销问题的过程中，根据服务产品的特质又提出了著名的服务质量差距模型（如图 2.6 所示）。

　　他们认为，在服务营销中可能存在五种类型的差距，包括顾客期望与企业对此的感知之间的差距、管理者认识与感知顾客期望之间的差距、服务实际绩效差距、由于承诺过大以及一线员工缺乏必要的信息支持而产生的服务实际提供与夸大的外部承诺之间的差距以及顾客期望和服务的实际感知之间的差距。可以看出，这五种差距都是基于质量在不同服务运营过程之间的比较得来的。

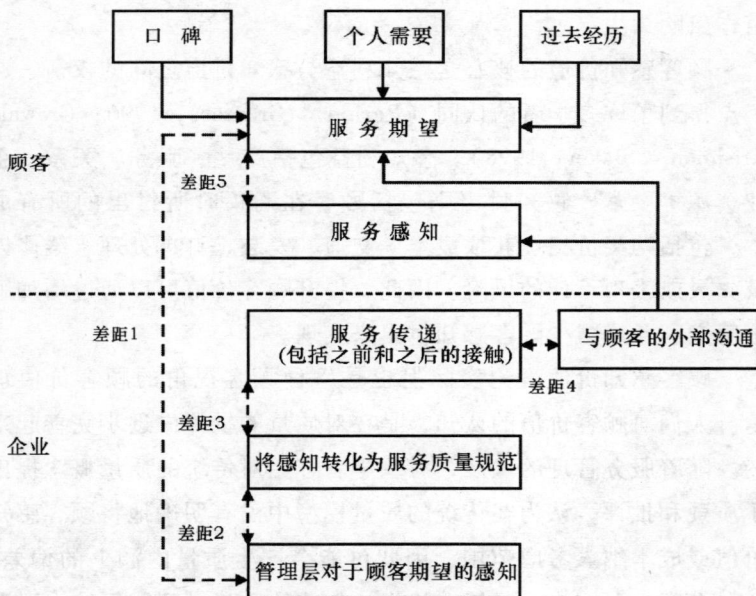

图2.6　服务质量差距模型

资料来源：V. A. Zeithaml, L. L. Berry, and A. Parasuraman, "Communication and Control Processes in the Delivery of Service Quality," *Journal of Marketing*, 1998 (52): 36－37.

蔡特哈姆尔通过大量实证研究得出结论：价值中收益成分包括显著的内部特性、外部特性、感知质量和其他相关的高层次的抽象概念。所以他将顾客感知价值定义为顾客能感知到的利益与其在获取产品或服务时所付出的成本进行权衡之后对产品或服务效用的总体评价。这一概念包含着两层含义：首先，价值是个性化的，因人而异，不同的顾客对同一产品或服务所感知到的价值并不同。其次，价值代表着一种效用（收益）与成本（代价）之间的权衡，顾客会综合考虑各种因素，并根据自己感知到的价值作出购买决定。

顾客感知价值的核心是感知利益与感知付出之间的权衡，这一点得到了许多学者的认同（Ravald & Grönroos，1996；Grewal，Krishnan & Baker，1998）。感知利益包括产品、服务、关系、企业资源等要素。感知付出则包括顾客在购买时所付出的所有成本，包括购买价格、获取成本、交通、安装、订单处理、维修以及失灵或表现不佳的风险。因此，提升顾客价值可以通过增加顾客感知利益或减少顾客感知付出来实现。

顾客感知价值理论实际上也是一种顾客视角的顾客价值理论。人们对顾客价值的认知，是在对质量的批评中逐步完善起来的。随着服务管理的发展，有些学者开始对传统的质量概念提出了质疑和批评，认为在传统的质量模型中没有明确地将顾客感知价值或成本纳入考虑范围，因此可能会产生质量内涵上的偏差。亚科布奇（Iacobucci）等人认为，传统的质量模型需要纳入财务指标，使顾客对特定提供物的质量评价变为顾客的获得与付出之间的比较，感知价值随之成为对感知质量修正的结果，顾客对整体顾客价值的感知而形成的感知价值是对感知质量的发展（杨依依，2006）。由此，顾客价值分析开始成为一个与产品质量相联系的过程，也开始与组织的获利程度联系起来。

蔡特哈姆尔和比特纳（Bitner）（1996）为了研究服务品质对组织获利的影响，提出了"服务品质与行为意向模式及财务结果关系模式"，他们整理出 13 项指标来衡量顾客的行为意向，经过因子分析后得出忠诚度、转换、溢价、外部响应、内部响应五个指标，这五项衡量行为意向的指标为本研究提供了参考

（见表2.3）。

表 2.3　　　　　　　　　蔡特哈姆尔的行为意向调查

行为意向量表指标	测 评 项 目
忠诚度	1. 会向其他人宣传这家公司的优点 2. 有人请我推荐，我会推荐这家公司 3. 会鼓励亲戚朋友购买这家公司的产品或服务 4. 会将这家公司列为购买产品或服务的第一选择 5. 在未来几年，我会常购买这家公司的产品或服务
转　换	6. 在未来几年，我会减少购买这家公司的产品或服务的次数 7. 如果别家公司的产品或服务的价格较优惠，我会选择到该家公司
溢　价	8. 如果这家公司的产品或服务的价格稍微调涨，我也愿意来此消费 9. 如果这家公司比其他公司贵，我也愿意来此消费
外部响应	10. 遇到难解决的问题，会选择其他的公司 11. 遇到难解决的问题，会向其他顾客抱怨 12. 遇到难解决的问题，会向有关单位反映
内部响应	13. 遇到难解决的问题，会向这家公司的员工反映

资料来源：Zeithmal, V. A. & Bitner, M. J., *Service Marketing* (McGraw-Hill Boston, Mass, 1996), p. 322.

　　近几年来，国内学术界对顾客感知价值的研究也越来越多。白长虹（2001b）在总结了蔡特哈姆尔的研究之后认为，企业为顾客设计、创造和提供价值时应该从顾客导向出发，把顾客对价值的感知作为决定因素。顾客价值是由顾客而不是企业来决定的，顾客价值实际上就是顾客感知价值。项保华和罗青军

（2002）将顾客价值看做顾客感知利益与顾客感知价格之间的差额。顾客感知利益是顾客感知到的收益总和，是顾客对品种、价格、质量、服务、信誉、速度等多要素的满意感觉程度，顾客感知价格是顾客感知到的支出总和，它并不只是顾客支付的商品价格，而是由顾客在消费产品或服务整个过程中所涉及的时间、金钱、心理等成本的总和。还有很多其他学者进行了类似的分析，后来逐渐有学者开始进行顾客感知价值与顾客忠诚之间关系的实证研究，如龚振和谭红玲（2006）研究了顾客价值和顾客忠诚的关系，认为可以从提高顾客价值入手，提高顾客忠诚度（如图 2.7）。

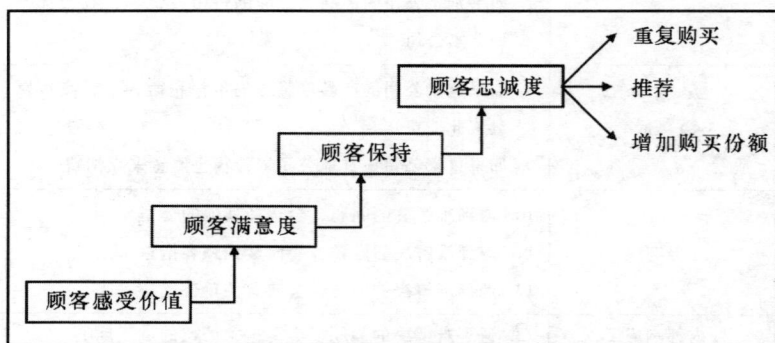

图 2.7　价值创造和忠诚度

资料来源：龚振和谭红玲：《如何提升客户感受价值》，《商业时代》2006 年第 5 期，并经笔者修正。

　　如前所述，顾客忠诚是积极行为意向，所以，顾客感受价值与顾客行为意向之间存在理论上的相关关系。

　　从顾客价值的概念中，我们可以看出：（1）顾客价值是在顾客的个人主观判断基础上产生的顾客对产品或服务的一种感

知，它是与产品和服务相联系的；（2）顾客感知价值的核心是
顾客所获得的感知利益与为了获得此利益而付出的感知代价之
间的比较，即利得与利失之间的比较；（3）顾客价值具有层次
性，它是从产品属性、属性效用到期望的结果，再到顾客所期
望的目标。在以上四种顾客价值理论中，虽然不同学者对顾客
价值的表述有很多，分别从不同角度诠释了顾客价值理论，但
都是从交换的角度来看待价值的，从这一点来看，他们对顾客
价值的认识在本质上并没有什么不同，他们都认为企业应该真
正站在顾客的角度来看待产品和服务的价值，这种价值不是由
企业决定的，而是由顾客决定的。而且他们都认同顾客价值实
际上是顾客的感知价值，而顾客感知价值的核心是感知利得与
感知利失之间的权衡。所以，相比较而言，顾客感知价值理论
更多地为人所应用，且在其基础上发展出来的调查量表如 SE-
RVQUAL 量表也比较成熟。

本研究将对乡村旅游者价值进行定量调查，从调查的可操作
性和量表制订的成熟性考虑，本研究以顾客感知价值理论为基
础，乡村旅游者价值指的是乡村旅游者对乡村旅游中相关因素的
感知价值。

第三节 旅游行为研究综述

一 旅游行为的分析方法

旅游行为意向的研究根源于对旅游行为的研究，旅游行为意
向是旅游行为发生的先决性条件。以往学者对旅游行为的分析主
要从经济学、心理学、社会学、地理学、人类学等角度入手。有
据可查的最早的旅游者行为研究至少可以追溯到 1899 年意大利
政府统计局博迪奥（L. Bodio）发表的《外国人在意大利的移动

及其花费的金钱》，后来在 1923 年尼塞福罗又发表了《外国人在意大利的移动》。他们首先从游客的人数、逗留时间和消费能力等旅游主体的活动出发，分析旅游现象的经济含义。此后，旅游行为与经济的关系成为经济学者的一个研究重点。

旅游行为是个体在收集有关旅游产品的信息进行决策和在购买、消费、评估、处理旅游产品时的行为表现（何艳、马耀峰、孙根年，2006），是旅游者的旅游动机、旅游动力、决策行为和空间行为。具体而言，旅游行为包括旅游者对旅游地区、旅游季节、旅游目的和旅游方式的选择以及旅游意识、旅游效果、旅游需求等（冯晓虹，2003）。但要分析好旅游者的行为有很大困难，因为其中所涉及的变量非常复杂（Beerli & Martin，2007）。因此，旅游行为研究是一个比较复杂的领域，它所涉及的内容和学科体系都呈现出相对的交叉性和边缘性，所以，除经济学之外，旅游行为研究涉及了大量的社会学、心理学、地理学、统计学等学科知识。

旅游行为的核心是旅游者购买决策。旅游决策与其他决策之间呈现出较大的差异性，这是因为旅游产品是特殊的服务产品。因为服务产品是不同于有形产品的特殊性存在，所以，旅游者在购买旅游产品之前不能去亲身试用或感受。因此，与其他有形产品相比，旅游购买行为或决策包含了更大的风险以及对更广泛的信息搜寻的需要，整个行为必须依靠旅游者的主观判断。旅游者需要判断旅游目的地的产品是否能够满足他们的需求，所以，旅游者所购买的是一种特殊的不同于一般有形产品的服务产品。这使得旅游行为的产生往往要经历一个复杂的机制。

这种复杂的行为可以通过"效用"理论进行分析。传统经济学对消费者购买行为的分析以"经济人"假设为前提，在既定的价格条件下，消费者最终选择产品的边际效用与支付价格的比例相等的结果，从而使总效用最大化。产品价格是现阶段旅游企业的主要营销手段，在效用理论的引导下，产品价格通常被作为最主要甚至是唯一的手段来刺激购买行为的产生，这种做法的缺陷是非常明显的。

除经济学角度之外，学者们还分别从地理学、社会学、统计学以及心理学等角度来研究旅游行为，研究的重点有旅游需求、旅游行为发展趋势、旅游出游率、旅游动机、旅游偏好、旅游满意度等。如1967—1969年间，英国地理学家罗杰斯（Rodgers, H. B.）主持了第一次英国游憩试验性调查，获得了一些有意义的旅游流规律的相关资料。1978年，波兰的什韦切滕伯格（A. Szwichtenberg）首次采用问卷法对游客进行调查。奥地利的约翰·艾姆巴撒尔和弗朗西斯·巴特将能力范围网络分析方法应用于旅游者意向的研究中（王斌，2001）等。

心理学是研究旅游者行为的一个非常重要的角度，这个角度的研究为旅游行为研究作了大量的基础性工作。其中，小梅奥和贾维斯在这方面作了具有典型代表性意义的论述。小梅奥和贾维斯（1986，第19页）对旅游者的行为进行了分析，将旅游者行为决策分为惯例决策和外延性决策两个类别，这两个类别是一个连续的统一体。小梅奥认为，要理解旅游者个人是如何作出行为决策的，就必须深入了解影响其选择的心理因素，包括态度、动机、知觉、个性、学习等。另外，行为决策还受到社会阶层、有关团体、个人角色与家庭、文化与亚文化等的影响。除了小梅奥的分类之外，还有很多学者从行为目的、同行者等不同角度对旅游行为进行了分类（刘纯，1999）。毫无疑问，这些分类使我们对旅游行为的认识更加完善。

二　旅游动机和旅游决策研究

从旅游营销角度来看，旅游行为研究领域中非常重要的内容就是旅游动机和旅游决策研究，其他方面的旅游行为研究都在一定程度上受其影响。

如前文所述，旅游产品实质上是服务产品，由于服务产品的不同特点（Zeithmal，1996，第322页），旅游者对旅游产品的行为决策是建立在对整体产品的服务感知上的。目前，旅游消费行为研究主要集中于动机、类型、目的地选择和决策过程，特别是旅游动机的研究上。由于旅游动机的巨大影响力，旅游动机一直都是旅游行为研究中受到关注最多的研究领域（陆林，1997）。

早期关于旅游动机的研究方法主要以定性分析为主，研究内容主要从动机的基本理论分析入手，这些研究为深入分析打下了坚实的基础。旅游动机来源于人对旅游的基本需要，所以人的基本需要的多样性决定了旅游动机的多样性。罗伯特·麦金托通过实证研究，把旅游动机分为四大类，即身体健康动机、文化动机、交际动机、地位和声望动机。田中喜一也把旅游动机分为心情动机、身体动机、精神动机和经济动机四大类（邱扶东，1996）。旅游动机的产生需要具备三个条件：主体的旅游需要、符合主体需要的旅游对象以及主体对旅游对象的知觉，旅游动机是旅游主体产生旅游行为的内部驱动力（岳祚弗，1987）。

马斯洛所构建的需求层次理论是现有所有行为动机理论中最著名的理论之一，在许多应用领域都有很广泛的影响。尽管有人批评它缺乏明确、稳定的实证研究支持，但由于对动机分析的层次性分明，现在看来，学者们对旅游动机的研究深深地打上了它的烙印。刘纯（1999）在马斯洛需求层次理论基础上将旅游动机分为尊重、智力等六个方面的需求。

随着旅游业的发展和研究方法不断进步，对事物表层的定性分析已经不能适应现实发展的需要了。这时，对旅游动机的分析开始使用市场调查方法。邱扶东（1996）使用分层随机抽样的方法对上海旅游市场进行调查后认为，旅游动机可以分为身心健康动机等六大类，其中，年龄和职业对旅游动机水平有显著影响，家庭人均收入对旅游动机水平有非常显著的影响。此后不久，张卫红（1999）继续使用抽样调查资料和统计分析方法对旅游者的旅游动机进行定量分析和评价，经过分析后他认为，旅游者的旅游动机呈现阶梯状，且不同群体旅游者的旅游动机是不一样的，这种不同直接影响到旅游者对目的地的选择行为。

如前所述，旅游购买行为是旅游行为研究中最关键、最核心的领域之一。瓦哈卜（Wahab）、格拉姆彭（Grampon）和罗斯菲尔德（Rothfield）（1976，第322—331页）曾以度假旅游为对象对旅游购买行为进行研究，他们认为度假购买行为具有以下特点：（1）消费回馈具有无形性；（2）一次性消费支出比较大；（3）购买行为不是自发的；（4）支出包含了储蓄和预先计划。所以，他们构建了以下模型以描述消费者行为：

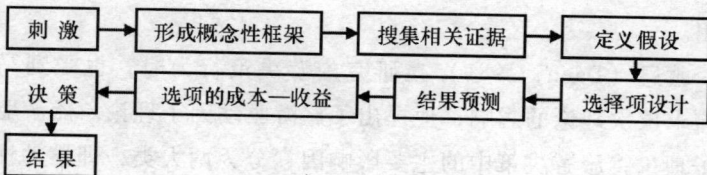

图2.8 瓦哈卜、格拉姆彭和罗斯菲尔德的旅游者行为模型

资料来源：Wahab, S., Crampon, L. J. & Rothfield, L. M., *Tourism Marketing：A Destination-orientated Programme for the Marketing of International Tourism*（London：Tourism International Press. 1976），pp. 322–331.

瓦哈卜等人认为，无论是即时性决策还是长时间决策，旅游者购买决策一般会经历上述几个阶段，为了对旅游者的购买决策产生影响，尤其是能够建立顾客忠诚的重复购买决策，企业应该在整个过程中的每个环节都"陪伴"决策者。这个模型不但对旅游消费行为分析有重要作用，而且对研究其他消费行为也有普遍意义。

20 世纪 70 年代，国际上开始出现离散选择模型研究方法。同时，旅游行为研究人员开始尝试运用心理测量类型的量表技术来更详细地分析旅游者感知，并且开始将"舒适"、"方便"、"信任"等变量定量化。

与此差不多同一个时期，施莫尔（Schmoll，1977）提出了一个新模型来解释旅游者的决策过程（如图 2.9）。

施莫尔的旅游决策过程模型将动机、欲望、需要和期望作为决定旅游购买行为的社会因素和个人因素，模型的目的是展示相关变量及其相互关系，但遗憾的是，此模型中没有反馈环节，也没有充分考虑消费者的态度和价值观，所以，我们难以将此模型看作动态模型。尽管如此，我们还是可以从中发现旅游形象这一因素的重要性，因为形象对需求产生的过程起着非常重要的作用。

戴恩（Dann，1981）在研究旅游决策行为时，也受到马斯洛需求层次理论的影响，他提出了旅游驱动因子理论。旅游驱动因子理论将旅游决策中的主要影响因素分为两大类，即推动性和拉动性因素，从而形成了人们所普遍使用的"推—拉"模型。推动性因素是那些促使人们想旅游的因素，拉动性因素是那些吸引人们到某处旅行的因素。由于其极强的实践操作性特点，这个模型到现在还被广为引用。

马西森（Mathieson）和沃尔（Wall）（1982，第 82—85 页）

I　旅游刺激　　　　　　　II　旅游行为的个体和社会决定因素

```
┌─────────┐      ┌──────────┐  ┌────────┐  ┌────────┐  ┌────────┐
│ 广告、促销 │      │ 社会经济地位 │  │ 个性特征 │  │ 社会影响 │  │ 态度和 │
└─────────┘      └──────────┘  └────────┘  │ 和渴望 │  │  价值  │
┌─────────┐                               └────────┘  └────────┘
│ 旅游资料 │
└─────────┘      ┌────────┐   ┌──────────┐   ┌────────┐
┌──────────┐    │ 动　机 │   │ 欲望/需求 │   │ 期　望 │
│ 其他旅游者的│    └────────┘   └──────────┘   └────────┘
│ 建议和看法 │
└──────────┘
┌──────────┐
│ 旅游中间商的│
│ 建议和推荐 │
└──────────┘
III　外部变量    ┌────────┐  ┌────────┐  ┌────────┐  ┌──────┐
                │ 旅游欲望 │  │ 信息搜寻 │  │ 旅游选择 │  │ 决　策│
┌──────────┐   └────────┘  └────────┘  │ 项评估 │  └──────┘
│ 对旅游中间商│                          └────────┘
│  的信心  │
└──────────┘    ┌────────┐   ┌──────────┐   ┌────────┐
┌──────────┐   │ 成本/价值 │   │ 提供的旅游吸 │   │ 旅游机会 │
│ 目的地服 │    │  关系  │   │ 引物和服务 │   │  范围  │
│ 务形象  │    └────────┘   └──────────┘   └────────┘
└──────────┘
┌──────────┐    ┌────────┐   ┌──────────┐
│ 历史经验 │    │ 旅游信息的质 │   │ 提供的旅游安 │
└──────────┘    │  量/数量  │   │ 排类型  │
┌──────────┐   └────────┘   └──────────┘
│ 客观/主观风│
│  险估计  │         IV　旅游服务供应商的特点与特色
└──────────┘
┌──────────┐
│ 时间/费用等│
│  限制  │
└──────────┘
```

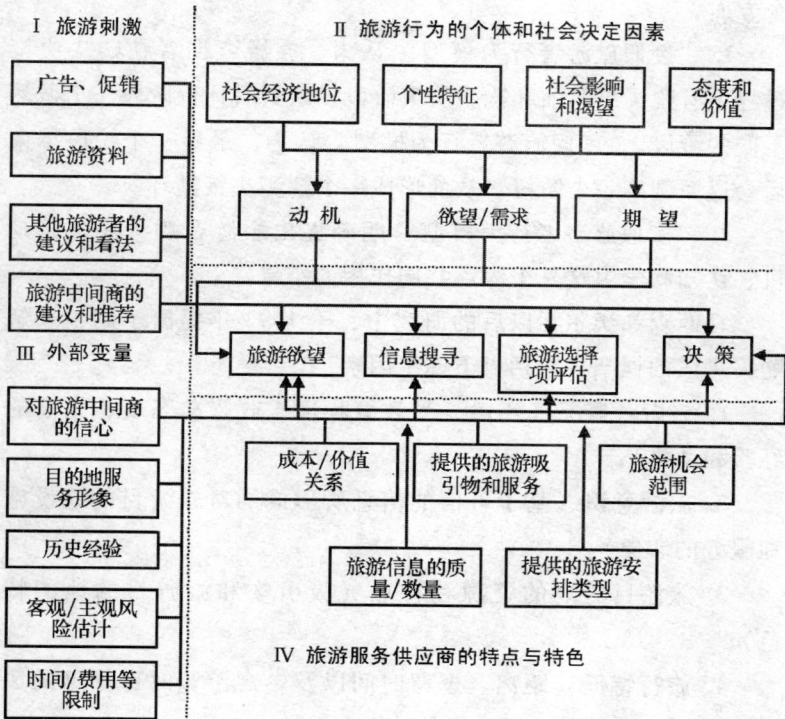

图 2.9　旅游决策过程模型

资料来源：Schmoll，G. A.，*Tourism Promotion*（London，Tourism International Press，1977），pp. 487－488.

提出了一个近乎直线过程的购买行为模型，这个模型似乎将购买决策看作一个直线过程，在决策制订时好像各个因素之间没有任何分别，不存在谁比谁重要的问题，所以，马西森购买行为模型受到了批评。

后来，穆坦（Moutinh，1987）提出了"度假旅游者行为模型"理论，这个理论中的模型与前面模型的不同之处表现在两个方面。

1. "度假旅游者行为模型"认为，旅游咨询者在购买决策过程中有购买决策前和购买决策阶段、购买后评价阶段三个截然不同的阶段。"度假旅游者行为模型"认为，最后一个阶段结束后会返回到第一个阶段，从而形成一个购买决策循环。

2. "度假旅游者行为模型"明确提出旅游者购买决策是动机、认知和学习这三个因素共同作用的结果。

马西森和沃尔在以后的研究中，于 1993 年提出了用于理解购买决策的框架，包括以下四个因素[1]：

1. 旅游者概况（年龄、受教育程度、收入、态度、先前的经验和动机）；

2. 旅游意识（基于可信的信息所形成的对旅游目的地设施和服务的印象）；

3. 旅游目的地的资源和特点（吸引物和旅游目的地的特色）；

4. 旅行特征（距离、逗留时间以及参观游览时可预见的风险）。

这四个因素尽管看起来像旅游地理学研究的内容，但为我们进一步研究打开了思路。后来的研究也证明了这些因素的影响作用。如吴必虎和唐俊雅（1997）、王家骏（1997）的实证研究都说明了旅游者选择目的地时的可能性随着距离增加而减少。

在国外相对较成熟的旅游决策行为模型基础上，国内学者（吴必虎，1994；聂献忠、汤家法，1998；王斌，2002）主要侧重于对旅游决策影响因素的研究。余颖、张捷和任黎秀（2003）

---

① 转引自［英］克里斯·库珀、约翰·弗莱彻和大卫·吉尔伯特等《旅游学——原理与实践》，高等教育出版社 2004 年版，第 60—61 页。

在老年人旅游决策研究中发现，老年人在旅游目的、旅游偏好、出游方式、旅游信息来源等方面都与其他年龄段的游客有较大的差异。

肖忠东和严艳（2001）从经济学基本理论和消费者行为理论出发，提出旅游决策是个人在某些约束条件下对效用最大化的需求，而效用来自旅游过程中所花费的时间和消费的其他物品的数量。旅游者在旅游过程中所花费的时间和消费的其他物品的数量，则受旅游者自己的收入及闲暇时间的约束。

以上从动机和决策角度进行的旅游行为研究获得了很大成功，学者们从不同角度对旅游行为的发生进行了分析，提出了各种影响因素。但是，纵观这些研究，它们并没有提供一个关于旅游者或潜在旅游者复杂的旅游决策活动的完全描述，而只是把那些主要的相关概念及其所代表的具体活动整合在一起，形成一个具有一定解释性的有效整体。所以，在本研究中，从动机和决策角度分析旅游行为意向便没有成为笔者选定的研究方向。

三 旅游行为的影响因素研究

1992 年，艾森和德赖弗（Driver）运用计划行为理论对旅游者休闲活动的选择进行了研究，研究结果证明，计划行为理论在旅游者目的地选择方面的解释力是比较强的，它提出的三个层次的影响因素囊括了大多数旅游决策模型中所提出的关键因素，如旅游者的态度、家庭和亲友的影响、以前的旅游经历和一些限制条件即主观感知的控制程度等。

在他们研究的基础上，许多研究者对不同类型旅游者行为进行了针对性研究并得出不同的看法。谷明（2000）结合旅游者心理、经济支持、社会体验等多维度变量研究了我国旅游者的消费模式与行为。他针对度假旅游者的消费行为进行分析之后提出了一个三维分析框架（如图 2.10）。

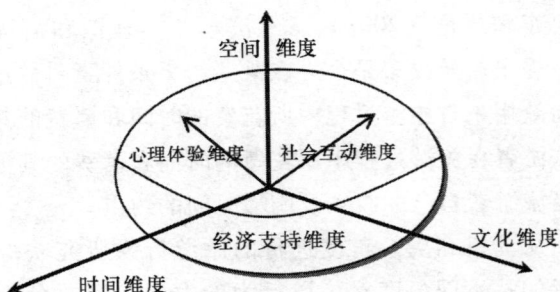

图 2.10　度假旅游者消费行为的三维分析框架

资料来源：谷明：《我国旅游者消费模式与行为特征分析》，《桂林旅游高等专科学校学报》2000 年第 11 期。

以上分析框架提出了多维度的模式，把心理体验、社会互动、经济支持这些旅游者消费的突出特征定义为内层维度，把空间维度、时间维度、文化维度这些限制内层的因素定义为外层维度，并且还分析了每一个维度的消费模式及相应的特征。

在当代，扎根理论在行为分析领域中也占有一席之地。扎根理论（Grounded Theory）的创始人为巴尼·格莱泽（Barney Glaser）与安塞尔姆·施特劳斯（Anselm Strauss），实际上，扎根理论不是一种理论，而是一种质的研究方法，是用归纳的方式对现象加以分析、整理所得出的结果。换句话说，扎根理论是经由系统化的资料搜集与分析而发掘、发展，并已暂时验证过的理论。发展扎根理论的人，不是先有一个理论然后去证实它，而是先有一个待研究的领域，然后自此领域中萌生出概念和理论。如克莱斯威尔（Creswell，1998）所解释的那样，扎根理论的意图是产生或发现一个理论，一个对某一独特境况相关现象所作出的抽象的分析性方案，是对质化研究数据进行比较、分析进而形成的理论。这里的"境况"是指个体间相互作用、采取行动或对某现象作出参与反应的过程。

马丁（Martin，2007）使用扎根理论在旅游行为研究方面提出了十大命题（如图2.11）。

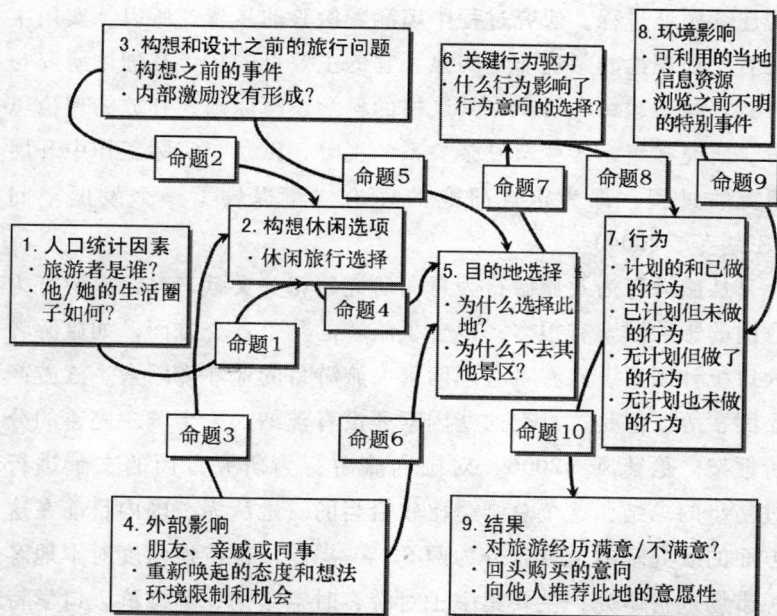

图 2.11 基于扎根理论的旅游者行为命题

资料来源：Martin，D.，"Management Learning Exercise and Trainer's Note for Building Grounded Theory in Tourism Behavior," *Journal of Business Research*，2007（3）：742 – 748.

　　这十大命题较完整地揭示了旅游者旅游行为发生的内外部环境和影响因素，为我们研究旅游行为提供了较好的基础，同时为实证研究提供了启示。但是，鉴于扎根理论的实际应用范围，它并没有解释这些因素是如何对最终的旅游行为产生作用的，不能从根本上解释旅游行为意向。

　　所以，扎根理论比较严格地遵循归纳与演绎并用的科学原则，同时也运用推理、比较、假设检验与理论建立，但这并不等于说它没有弹性。扎根理论是一个一面搜集资料、一面检验假设的连续循环过程，研究过程中蕴涵着检验的步骤。所以，实用主义对扎根理论的影响非常明显，它的主要目的在于在理论研究与经验之间架起一座桥梁，其严格的科学逻辑原则，开放的理论思考，研究多组、多变量复杂关系的视野，以及在实际工作中开展研究的过程，都为定性研究的理论构建提供了一个发展空间（王锡苓，2004）。

　　从旅游行为及旅游行为意向研究的相关文献来看，旅游行为意向的影响因素有很多，包含了旅游的几乎各个方面，如旅游者人口统计因素、旅游者心理因素、旅游目的地环境因素、旅游产品因素等。但是，目前这些因素还没有被纳入一个统一完善的分析框架。徐菊凤（2006）对国内旅游行为研究方面的文献进行过初步的总结，这个总结是比较恰当的。她认为，国内目前在这方面的研究基本上可以分为两类：一类是从接待地角度对本地客源市场进行研究，主要集中于对游客时空结构、客源群人口学特征、一般旅游行为方面等；另一类是以旅游市场的客源地为视角，研究客源市场外出旅游行为，分析他们的出游半径和目的地选择、旅游决策方式、人口统计学特征等。

　　目前关于旅游行为意向研究的文献大多都是描述性分析，缺乏更深层次的对旅游行为和行为意向的总体性研究。研究旅游行为意向形成机制的根本目标是要了解旅游者是如何产生其旅游行为意向的，而不是应该产生什么样的行为意向。因此，我们既要知道影响旅游行为意向的影响因素，还要研究这些影响因素是怎样对旅游行为意向产生作用的，以及它们之间的关系是什么，不了解这些就无从了解旅游行为意向是如何产生的。

第四节 本章小结

从文献梳理结果中可以发现，有两个比较重要的方向出现在学者们对行为意向的研究中：一是在计划行为理论基础上，研究态度、主观规范、行为控制认知等对行为意向及行为的影响，或者将态度作为中介变量，研究主观规范、行为控制认知等变量对行为意向以及行为的影响；二是在顾客价值理论基础上，研究顾客价值与其他影响行为意向的各因素之间的关系及其对行为意向的影响，或者将顾客感知价值作为中介变量，探讨影响顾客感知价值的各种因素之间的关系及其对行为意向的影响。这两个方向的研究在旅游行为和旅游行为意向方面的成果越来越多，它们的研究方法和研究思路也越来越成熟。

计划行为理论在经济人假设的基础上为进一步解释和预见经济人行为提供了一种分析范式，它认为个体的行为意向是预测行为的最好方法，揭示了经济人行为是从行为态度影响行为意向从而导致行为的内在本质过程。从文献的梳理结果中可以看出，虽然计划行为理论在行为意向的发生机制上具有非常良好的诠释能力，但是，计划行为理论所研究的对象是消费者的理性消费行为，即消费者在进行比较细致的信息搜寻并比较成本—收益之后作出的购买行为（青平、李崇光，2005）。根据国外学者（Armitage & Conner，2001）的研究，因为态度和主观规范以及行为控制认知三个变量能够解释的行为意向的方差有限，所以仅仅依靠传统的计划行为理论对现实中的行为意向进行解释是不够的，理论上需要引入其他的变量对余下的方差进行解释，这便需要构建新的基于计划行为理论的拓展模型进行研究。

旅游产品本质上是一种服务产品，消费者的主观体验对行为意向和行为的影响比较大，所以，旅游消费是一种非常复杂的过程。在这种复杂的消费过程中，旅游者的价值评估往往起到很重要的作用，它可能对行为意向的形成有重要影响，有时候甚至充当了态度影响行为意向的中介变量。但是，计划行为理论在分析过程之中，往往忽略了在旅游行为意向产生过程中重要的旅游者价值及其他因素。

因为顾客价值理论广为人们所接受，顾客价值理论可以从顾客自身的角度比较好地解释消费者为什么会形成某种行为意向，所以，国内外学者在顾客价值理论基础上对行为意向的产生作了大量分析。从一般意义上讲，顾客感知价值是顾客对产品整体优势的判断，顾客感知成本是顾客对产品客观价格的主观认知。因此，顾客是否作出购买决策便依据于感知价值与感知成本之间的比较。在通常的研究中，顾客价值这个词代表的是顾客感知价值与顾客感知成本比较后的结果。如果前者大于后者，则顾客价值为正；如果后者小于前者，则顾客价值为负。所以，在顾客价值理论中，顾客价值是导致顾客行为意向的直接前因，但是，顾客价值理论仅仅从顾客对产品的价值判断和成本比较入手来解释行为意向，从这个角度看，它对行为意向的直接前因解释是可以接受的。但要了解旅游行为意向的形成机制，便需要了解顾客价值的形成过程，仅仅依靠顾客价值理论并不能得到非常明确的答案。所以，仅仅使用顾客价值理论来分析旅游行为意向的形成机制也是有其片面性的。

　　顾客价值的产生受到许多方面因素的影响，其中，顾客的预期、顾客偏好、消费背景、消费偏好、价值观等多种因素都对其有直接影响，这些因素或多或少与计划行为理论的各个变量之间有直接联系。根据李能慧、古东源和吴桂森等（2004）的观点，态度指的是"个人对一事物、行为喜恶的感觉"，态度在一定程度上包括了影响顾客价值的许多因素。所以，对顾客价值来说，顾客的态度是其中最重要的决定因素。顾客态度影响到顾客对产品和服务能给自己带来多大价值的预期，也影响到顾客对产品和服务要花费多少成本的感受。所以，顾客的态度与顾客价值之间存在一种内在逻辑关系，这种逻辑关系的建立和明确能够更好地解释旅游行为意向的产生机制。

　　除计划行为理论和顾客价值理论对旅游行为意向的分析之外，许多学者研究了旅游行为的相关因素，主要有旅游动机研究和旅游决策研究两个方面。除此之外，还有许多学者从不同方面对旅游行为意向的影响因素进行了分析，其中，扎根理论提出的十大命题在这些因素中具有很强的代表性，包括人口统计特征、关键行为驱动力等。这些都为我们下一步从计划行为理论和顾客价值理论角度提炼乡村旅游行为意向的影响因素提供了扎实的基础。但是，也应该看到，因为缺少一个完善的框架对这些因素进行系统分析，这些影响因素只能从不同角度解释某种旅游行为意向发生的原因，而不能系统地解释旅游行为意向的形成机制。要对乡村旅游行为意向形成机制进行系统研究和分析，还必须在结合顾客价值理论对计划行为理论拓展的基础上构建模型来进行。

第三章　计划行为理论拓展模型构建

前一章我们对计划行为理论和顾客价值理论进行了评述。从已有的研究成果来看，这两种理论都能在一定程度上解释行为意向的形成，但并不完美。本章首先明确构建乡村旅游行为意向形成机制理论模型的理论基础，然后对影响乡村旅游行为意向的主要因素进行分析，初步提出基础理论模型中各种变量之间的关系，基于计划行为理论构建模型并确定研究方法，为后文进一步进行乡村旅游行为意向形成机制实证研究打下基础。

第一节　理论基础

计划行为理论是目前最为广泛运用的行为理论。艾森和德赖弗（1992）发现计划行为理论对各种旅游行为的预测力介于0.37—0.63之间，其中，又以登山旅游的预测力最高。相对于与旅游行为有关的其他理论来说，计划行为理论达到了一个比较高的解释程度。李碧霞（1998）作了规律运动意向和行为调查，研究结果证明了从事规律运动的态度、主观规范和行为控制认知可以有效地解释规律运动的意向。克纳（Kerner）和卡林斯基（Kalinski）（2002）使用计划行为理论研究高中生的态度、信念、行为控制认知和参与旅游活动的意向，结果发现，促进积极的态度有助于参与旅游活动的行为控制认知及参与旅游活动的意图。吴忠宏、范莉雯和苏佩玲（2003）研究发现大学生参与生态旅游的态度、主观规范以及行为控制认知对行为意向具有显著的正面影响。这些都说明计划行为理论在研究中适合被使用来分析旅游行为意向。

在计划行为理论中，行为意向主要受到三个内生的心理变量包括态度、主观规范和行为控制认知的影响。态度是在特定环境下针对某一个问题的稳定的倾向，这个倾向可以通过对这个问题的思考方式、感觉方式和行为方式反映出来，它由感知（信念、知识和理解）、情感（喜欢和不喜欢）和行为（参与）三个维度构成。这三个维度之间的关系是不确定的，其关系的强度会受到一系列因素的影响（Fishbein，1980），研究态度和行为关系的学者已经认识到先前关于态度和行为意向的研究并不能很好地揭示态度和行为之间的关系（卢小丽，2006）。理性行为理论用态度来解释行为，但是后来在越来越多的实证研究中，态度对行为意向的解释并没有达到理想的状态，也就是说，在理论上仅仅使用态度这一个中介变量来解释主观规范、行为控制认知对旅游行为意向的影响在实证分析中与令人满意的结果之间还是存在"缺口"的，有必要引入一个新的变量来弥补这个"缺口"。对于这个问题，有学者认为，这是因为测量的变量的标准没有统一，如果测量标准匹配的话，则预测力会强很多。比如单一的行为（例如校园停车时选择空间的经验性行为）和普遍的态度（对全球环境的态度）就是两个不同水平的测量，如果用后者预测前者则没有预测力（Berkowitz，1986，第169—173页）。但是，另一方面，根据阿米蒂奇和康纳（Armitage & Conner，2001）的分析，意向对行为的方差解释率在19%—38%之间，态度和主观规范可以解释意向的33%—50%，行为控制认知将对行为意向的解释能力又提高了 5%—12%。尽管这些结果可以说明计划行为理论的应用价值，但是意向和行为还是有相当一部分的方差没有得到解释，而且这个"缺口"比较大，除了研究方法的原因导致部分方差无法解释之外，还需要考虑在模型中增加新的变量以提高整个模型的预测能力（刘译文、宋照礼和刘华山等，2006）。

旅游行为与其他消费行为相比有一个很显著的特点，即旅游行为所获取的核心产品的本质是服务。服务的感受性特点决定了旅游者在消费产品的过程中受到许多非自身所能控制的因素的影响，而且这种影响还延伸到旅游者在消费前的消费倾向即行为意向（刘志飞，2004）。旅游者对各项因素的判断，尤其是行为意向受到旅游者对旅游产品价值感受的影响，汪纯孝、温碧燕和姜彩芬（2001a）对此进行过实证分析，结果证明在旅游者价值与行为意向之间存在显著关系。因此，顾客价值理论也能在一定程度上解释消费者的行为意向。董大海（2006）关于顾客价值对行为意向的分析结果显示，顾客价值对顾客忠诚即积极的行为意向的影响是非常显著的。

从顾客价值理论的角度看，在过去 20 多年的时间里，对顾客价值和行为意向之间的关系有许多国内外学者进行了大量研究，并提出了许多模型。这些学者在以下几个方面已经达成了一致意见。首先，顾客感知价值会直接影响顾客今后的行为意向；其次，顾客感知价值不仅会直接影响顾客的购买行为，而且会通过顾客满意感直接影响顾客今后的购买行为。在顾客价值和顾客满意度两个变量中，黑蒙（Haemoon，2000）认为，顾客感觉中的消费价值对顾客行为意向的影响较大，奥（Oh，1999）针对消费者对服务品质、满意度以及顾客价值的消费模式进行探讨，研究结果显示，在豪华饭店住宿的顾客对知觉价值感受越高，则再次住宿的意愿也越高。理查德、奥利佛和萨耶夫（Richard，Oliver & Sajeev，1997），克罗宁、约瑟夫和迈克尔等（Cronin，Joseph & Michael *et al.*，2000）以及科尔盖特（Colgate，2000）的研究结果也表明消费价值对顾客行为意向的影响很大。国内学者汪纯孝、温碧燕和姜彩芬（2001a）等对广东省游客进行的实证研究统计分析结果表明，服务质量、消费价值和游客满意程度对游客行为有直接的影响。吴明哲（2002）对台湾休闲牧场的游客感知价值、满意度及行为意向的实证研究结果也说明，游客感受到的顾客价值越高，对牧场的满意度越高，行为意向的反应程度也就越大。由此可见，旅游者价值对旅游行为意向解释力也比较强，而且由于顾客价值理论在分析顾客对同类产品的不同选择有较强说服力，它侧重的是顾客面对不同行为的价值比较，所以，结合顾客价值理论对计划价值理论进行拓展以构建研究框架对乡村旅游行为意向进行分析是非常有必要的。

在本研究中，要分析乡村旅游行为意向形成机制，就必须研究对行为意向产生影响的各项变量以及影响这些变量之间的相互作用关系。以往的行为研究一般来说都是分别从计划行为理论和顾客价值理论单一角度分别对行为意向进行分析的，也就是说，态度和顾客价值分别作为自变量或中介变量对行为意向产生影响。但也有少部分学者如王月兴（2002）就对态度和顾客价值对行为意向的影响同时进行了分析。另外，布莱克韦尔、塞因巴奇和巴恩塞斯等（Blackwell，Szeinbach & Barnses *et al.*，1999）在对顾客忠诚度进行分析时提出了价值—忠诚度模型，模型认为，感知价值对顾客的行为起决定性作用，而顾客感知价值本身受到情景因素的影响。因为态度和顾客价值之间具有共同的影响因素，所以它们相互之间可能存在影响关系，这也意味着态度和顾客价值是可以纳入同一个研究框架的。

另外，根据计划行为理论，消费者对某一产品的态度取决于消费该产品的"投入—产出"比。因此，只有比竞争者提供更高的顾客价值，厂商才能赢得消费者对该产品的积极态度。由此可见，态度与顾客价值不但可以纳入同一个研究框架，而且在二者之间存在影响关系。特里安迪斯（Triandis）曾对"消费者感知结果"与"态度"之间的关系进行了研究并建立了特里安迪斯模型，在模型中，每一种行动或行为的产生都是因为可预测到一个潜在正面或负面的结果，个人行为的选择正是基于一个特定结果的可能性（黎志成、刘枚莲，2002）。这样一来，消费者价值之所以存在，是因为态度对其有影响。如前所述，行为意向的另一个主要研究方向是旅游者价值研究，乡村旅游者价值符合模型引入新的变量的需要。因此，本研究引入乡村旅游者价值作为新的中介变量，力求构建一个新的对乡村旅游行为意向进行更好解释的计划行为理论拓展模型。

第二节　乡村旅游行为意向的影响因素

一　基于计划行为理论的旅游行为意向影响因素

从计划行为理论角度出发，一般认为，行为意向的影响因素主要有态度、主观规范、行为控制认知和过去行为，下面就这些因素对乡村旅游行为意向的影响进行分析。

（一）态度

态度可以分成对行为的态度和对标的物的态度两种。对行为的态度是指行为主体对行为本身所持有的态度，如通过旅游可以放松心情、增加新感受等，到某景区旅游可以缓解压力、结交朋友等。对标的物的态度是指行为主体对人、事、物或（行为以外的）问题所持有的态度，例如，景区的基础设施很好，工作

人员服务非常周到、态度热情等。也就是说，标的物的倾向态度
与行为之间并无直接关系，例如，通过个人对系统（标的物）
的态度无法直接预测他是否会使用该系统。相反，行为的倾向态
度与此行为的发生有直接关系，如果某个人对某一行为所抱持的
态度愈好，则从事该行为的意向会愈强。例如，如果人们认为到
某景区旅游的感觉很好（对到该景区旅游持有正面的态度），则
他到这个景区旅游的意向就会很强。换言之，衡量个体对行为的
态度，可以预测他执行该行为的意向。因此，计划行为理论模式
所衡量的态度，是一个人对于行为的态度，而不是对标的物的态
度，这跟本研究是一致的。

　　因此，态度是行为意向的首要决定因素，是个体对特定行为
正向或负向的评价，消费者是否采取某种行为如推荐或重复购买
等都是基于态度来决定的。当消费者对推荐等行为评价态度为正
的时候，他将倾向于这些行为；反之，则持消极的态度。态度由
行为主体对某一行为的看法并以对该行为结果的评价为权重来决
定，它直接影响行为意向并与主观规范和行为控制认知相联系。

　　态度和行为之间的关系目前并没有得到非常严格的实证证
明。虽然有很多研究结果没有支持二者之间的关系，但也没有完
全否认态度和行为的直接关联。态度作为一种可估量的心理构成
是相对持久和稳定的，它在一定程度上可以影响和预测行为的产
生（Kraus，1995）。现在有许多态度预测行为和行为意向的模式
研究大量存在于消费领域，并且在这些领域中还取得了很好的结
果。如周应恒和彭晓佳（2006）从食品安全的角度研究了消费者
的购买意愿，认为消费者对食品安全的态度影响他们对食品的接
受程度，进而影响购买意愿。桑德加德（Sondergarod，2004）通
过研究公众对食品的购买意愿，指出消费者对食品的态度是一种
自上而下的结构过程，态度在消费者形成购买意愿时起着先入为

主的作用，态度上的赞同容易产生积极的购买意愿。金和利特雷尔（2004）采用菲什拜因模型测量了游客的态度，其研究证明游客对旅游目的地文化的态度会影响他们对纪念品的购买意愿。

从态度与其他几个变量的关系来看，态度还作为行为控制认知和主观规范对行为意向产生影响的中介变量存在（李能慧、古东源和吴桂森等，2004）。所以，尽管对旅游行为意向的影响还不明确，但我们可以从各种研究文献中知道，态度是一个能被辨别的影响旅游行为意向的变量。所以，态度应被纳入本研究的模型之中。

（二）主观规范

主观规范是指个体在执行某种行为时，认为其他重要的人或关系对他采取这种行为的看法，换言之，它指的是个体对采取某种行为预期会承受的社会压力（Ajzen & Fishbein，1980）。

艾森（1991）认为，主观规范指的是行为主体执行特定行为时，重要的他人或团体对行为主体的影响，在主观规范和行为意向两个变量之间呈现出非常显著的相关关系。实际上，主观规范意味着行为主体所承受的或感觉到的来自相关人群的社会压力。当行为主体认为重要的相关他人支持该行为时，他将倾向于执行此行为；重要的相关他人可以由其配偶、亲友、朋友等相关角色组成。主观规范由规范信念（Normative Beliefs）和遵从动机（Motivation to Comply）两个概念所组成。其中，前者指对行为主体有重要影响的人对其行为的期望，后者指行为主体服从于这种期望的动机。主观规范也是由每个规范信念和相应遵从动机之积的综合作为间接测量指标。因此，主观规范为个人的规范信念和遵从动机的乘积函数总和（Igbaria，Iivari & Maragahh，1995）。

艾森和菲什拜因（1980）认为，行为有时受环境压力的影响大于个体态度的影响，它与态度对行为意向的影响都是存在的，但影响的大小程度却不一致，有时候主观规范的影响较大，有时候态度的影响较大。而有的时候，态度则可以决定行为意向，但还有的时候，主观规范主导行为意向，如有时员工迫于领导的压力而去执行某项任务。另外，有研究显示，主观规范也可能通过态度来间接影响行为意向。

最初，主观规范在理性行为理论中与态度是并行的关系，它们同时作为自变量对行为意向产生影响。后来，人们慢慢发现，主观规范与态度之间实际上是有联系的。有很多的实证研究都证明，主观规范对态度有显著影响。

同时，主观规范对行为意向的影响，在后来的实证研究结果中并没有呈现出显著的关系，这与计划行为理论并不一致。这可能是因为它对行为意向的一部分影响实际上以态度为中介传递，很多学者在后来的研究中对这种直接影响和间接影响的显著性差异提出了不同的意见。但是，无论主观规范对行为意向是产生直接影响，还是它的影响只具有经过态度对行为意向存在的一种间接效果，我们都可以确定，主观规范对旅游行为意向的形成机制有影响作用。所以，主观规范应被纳入本研究的模型之中。

（三）行为控制认知

行为控制认知指的是个人同时考虑到个人的技能、资源以及机遇而去做一个特定的行为的容易或困难程度，它反映了个人对行为的过去经验，并且影响个人预测从事该项行为可能产生的障碍。当行为控制认知与个体的实际行为控制能力接近时，行为控制认知可以直接对行为意向产生影响。

在提出理性行为理论之后，艾森（1985）后来认为，个体的行为意向不仅仅受到态度和主观规范的影响，还受到个体对执行该行为的意志力控制的影响。意志力控制指的是某种行为在意志力的控制下执行的程度，许多行为可以由完全的意志力控制。比如，即使一个乡村旅游者在态度、主观规范等其他方面的条件都具备，他也完全可能由自己的意志力控制来决定不出外旅游。为了在理论中能够体现出意志力控制对行为的重要性，艾森就提出了行为控制认知这一概念。

与理性行为理论相比，计划行为理论将许多通过态度和主观规范所无法解释的因素都归为行为控制认知。通过将行为描述为行为意向和可感知的行为控制，计划行为理论模型的改善使计划的行为和实际发生的行为之间的差异性可以得到更多的考虑（Conner & Armitage，1998）。此时，即使行为主体对该行为持有正面的态度并且重要的相关他人支持该行为（即主观规范为正向），他也不会有很强的意向去执行该行为。这种认知反映了行为主体以往的经验、对未来环境的预期及对周围一些规范的态度对个体动机的影响。因此，行为的执行除了个体的动机外，还包括部分非动机因素，如时间、技能、个体知识等。

另外，行为控制认知通过行为意向直接或间接影响行为。当控制认知与行为主体实际的行为控制一致时，行为控制认知有可能直接影响行为。例如，某人认为组织大家出外观光旅游可以带来好处（即有正面的态度），领导也鼓励这种行为（即有很强的主观规范），但他如果缺乏足够出外旅行的有关知识（即行为控制能力很低），那么他也不可能有组织大家出外旅游的想法（即行为意向很低）。

吴忠宏、范莉雯和苏佩玲（2004）对大学生参与生态旅游行为意向进行研究之后得出结论，旅游者的行为控制认知与态度、主观规范等一起对行为意向具有显著正面影响，且影响力比主观规范更高。综上所述，考虑到现实中阻碍意向形成及行为执行的因素，行为控制认知是研究中非常重要的一个变量。所以，行为控制认知应被纳入本研究的模型之中。

（四）过去行为

许多学者都认为，人们总是以某种方式来作出某种行为，所以，只要这种行为发生过，该行为重复的可能性就非常大（Bentler, Speckart, 1981；Budd, North & Spencer, 1984；Ouellette & Wood, 1998）。例如，如果某种行为的后果并不如行为主体的预期或后果不佳的话，这种行为一般就不大会再发生了。但是，行为是否再次发生与其环境条件也有很大关系，某种行为第一次发生时的环境条件如果不再具备的话，环境的变化也会阻碍这种行为的继续发生。由此可以看出，行为的产生存在一般的规律性。在这种情况下，影响行为发生的一个很重要因素是过去行为。所以，如果将人们的行为看成一个连续序列的话，过去行为将成为预测行为意向和将来行为的一个非常好用的工具。

艾森和马登（1986）将过去行为作为计划行为理论模型中的行为控制认知的一个部分，1991 年，艾森建议在计划行为理论的行为控制认知中加入过去行为变量来提高对行为的预测能力。但是，巴戈齐和希梅尔（Bagozzi & Kimmel, 1995）的研究表明，过去行为不能有效地包含在行为控制认知中，而应该作为一个独立的成分进入模型。根据过去行为理论，过去行为对行为意向有重要的影响。正如沙勒和恰尔迪尼（Schaller & Cialdini, 1988）所说的那样，他们之所以这样下结论，是因为没有任何其他指标能够比过去行为更能体现一个消费者在过去消费和未来消费之间前后一致的价值观。韦莱特和伍德（Ouellette & Wood, 1998）在对消费者行为习惯与行为意向之间的关系进行实证研究的时候也得出结论，过去行为对未来行为主要在两个阶段产生影响，良好的行为在特定的行为背景下会反复发生，而过去行为的频率反映了过去行为的强度以及对未来行为的直接影响。换句话说，当行为主体没有很好地体会行为或当这些行为进行的状态不稳定时，行为主体就必须有意识地进行是否执行该行为的决策。在这种条件下，过去行为就很可能对行为意向产生影响。过去行为和行为意向及未来行为之间的关系已经有实证研究加以证明，人们会按照他们的习惯来进行决策并产生行为，所以过去行为可以有效地预测未来行为。

2002 年，艾森调查研究了过去行为对后继行为的余效影响（Residual Effects）后得出结论认为，余效影响确实存在，但不能由此得出习惯化行为。研究显示，当行为意向与具体行为和谐一致时，余效影响是微弱的。而且，当行为意向非常强大，个人预想现实可靠，且已制定了执行行为意向的具体方案时，余效影响将可能变得很小。

如果消费者倾向于持之以恒地使自己行为保持一致的话，在其过去行为与将来行为之间就存在一个显著的相关关系。相对于态度、主观规范以及行为控制认知等变量来说，过去的经历和行为可以解释消费者行为更多的方差。行为主体的过去行为对将来行为主要是通过态度、行为意向等中介变量来产生影响的。这种途径如图 3.1 所示。

除此之外，还有很多其他实证研究都验证了过去行为对行为意向的直接影响。如韦普朗肯（Verplanken，1998）研究人们在将汽车作为交通工具使用的行为意向预测中就证明了人们的意向非常显著地受到先前对汽车使用的经验或经历的影响。埃蒙和毕比（Eamonn & Bibby，2002）通过对献血者过去的行为和未来献血意向之间的关系进行研究之后认为，行为意向可以由偶发性行为和过去行为来预测，并且，他们进一步的研究认为，对于经常献血的人群来说，在过去行为和未来行为之间存在一个倒 U 形

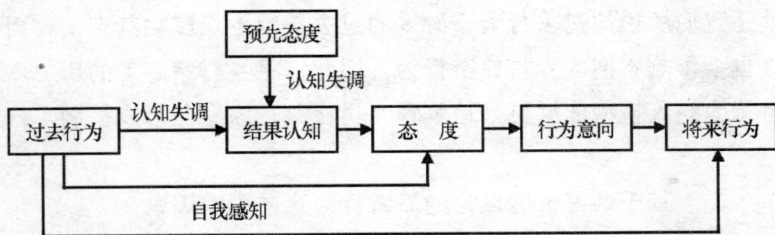

图 3.1 过去行为对将来行为的影响

资料来源：Albarracin, D. & Wyer, R. S., "The Cognitive Impact of Past Behavior: Influences on Beliefs, Attitudes, and Future Behavioral Decisions," *Journal of Personality and Social Psychology*, 2000, 1 (79): 5 - 23.

的曲线关系。克里斯蒂娜（Christina）、麦肯齐（MacKenzie）和韦尔斯（Wells）（2004）在对环境垃圾倾倒者行为进行研究之后认为，特别对于那些没有回收感知习惯的人群来说，过去行为与行为意向之间存在非常显著的关系。阿尔茨（Aarts）和戴克斯特休斯（Dijksterhuis）（1999）在对消费者的超市选择决策进行分析之后认为，消费者的过去行为对其未来选择决策行为产生了非常显著的影响，甚至超过超市本身所处的地理位置和其固有的服务水平等因素的影响。他们认为，这种影响的显著性可能是由于消费者不愿意承担大量的时间成本和挑选风险而决定的。从总体来看，这些研究的结果都证实了使用者的过去行为对行为意向有显著的影响，当其过去行为正确性程度越高，其行为意向也越高；过去行为正确性程度越低，其行为意向也越低。

目前有很多心理学家经过研究后认为："人们每天所做的事情中有超过90%几乎完全遵从惯常的程序。"① 这种惯常的程序

_____

① 《人类并不理性：多数行为遵从惯常程序》，http://www.singtaonet.com/reveal/200707/t20070730_586820.html.

就是我们所说的过去行为。游客的过去行为不仅影响其态度，而且也会影响本期的乡村旅游行为。因此，将乡村旅游者的历史旅游行为纳入模型能够更好地解释乡村旅游行为意向形成机制。

二　基于顾客价值理论的旅游行为意向影响因素

在顾客价值与行为意向之间关系的相关研究中，我们可以看到，顾客价值是导致消费者产生行为意向的直接原因。从本研究的实际出发，影响乡村旅游行为意向的主要因素有乡村旅游者价值、乡村旅游目的地形象、乡村旅游景区服务质量、替代景区吸引力以及乡村旅游合约方式等。

（一）乡村旅游者价值

创造新顾客和留住老顾客是企业最重要的任务，面对这个任务，传统的 4Ps 理论在近代营销学中经常被认为是最经典的理论，4Ps 的出发点主要从企业经营的角度出发，以创造企业最大业绩为目标。但是，旅游市场的激烈竞争和产品的综合性使旅游企业不能单纯从自身立场出发，而必须以旅游者导向为主。这样，旅游者才会从企业提供给他们的产品和服务的综合价值中去考虑和比较。所以，旅游企业必须通过各种渠道使顾客认知并认同为其提供的价值。

查金祥（2006）将顾客价值的定义分为理性观点和经验观点两种，持理性观点的学者如蔡特哈姆尔、门罗（Monroe）等强调效用最大化和偏好性，以效益和成本的比值或差值作为评价基础；持经验观点的霍尔布鲁克（Holbrook）、伍德拉夫（Woodruff）等则不仅强调消费结果，还强调消费过程，着眼于整体消费经验的好坏。尽管从本质上看，这两类观点并没有本质差异，但是经验观点更多地从社会人、契约人角度观察顾客价值变化。从现有研究文献来看，越来越多的研究人员在考虑顾客价值时纳入了比以往更多的变量，经验观点的顾客价值定义得到了广泛认同。

多兹（Dodds，1991）在研究中提到，消费者是否愿意购买决定于他从想要购买的产品中所获得的收益与为此产品所要付出的代价二者之间的相对关系。所以，消费者对某产品的感知价值源于该产品所带来的利得和为了得到该产品所需付出的利失。由此可以建立感知价值模型，把消费者的感知利得、感知价值和产品的价格等因素纳入模型中，购买意愿和感知价值正相关，而感知价值则受到感知利得和感知利失的影响。蔡特哈姆尔也从消费者心理的角度展开了消费者感知价值理论的研究，他通过大量的实证研究指出：消费者对产品或服务的感知利得越高时，对价值的感受也随之提高，高的感知价值则会提高消费者对产品的购买意愿。

从旅游产品角度看，感知价值存在于旅游者的旅游体验之中。体验是一种客观存在的心理需要。从本质上看，顾客体验是个体对某些刺激产生回应的个别化感受，是由于对事件的直接观察或是参与造成的，是所发生的事件与个人的心理状态之间互动的结果。在服务型企业中，由于服务生产和消费的不可分割性，体验其实也就是顾客对服务质量的感知在新的消费价值引导下的另一种形式，它是受顾客的感知利得与感知利失的比较结果影响的。但是，我们都知道，无论是利得还是利失，它的大小在很大程度上都与顾客的体验有关。格伦罗斯指出服务最重要且真正唯一的特性在于它是在生产和消费同时进行中产生服务结果的一个过程，服务的消费是"过程"的消费。从这个角度看，也意味着企业的产品即是一种交互过程，消费者价值基本上是在对服务过程的体验中形成的。针对体验与服务的关系，服务剧场模型则进一步认为服务的根本是塑造美好和难忘的消费者体验（Grove，

Stephen & Raymond *et al.*，2000，第99—107页）。

如前所述，对旅游者来说，从最直观上分析，旅游者价值指的是旅游者对"利得"与"利失"的比较。"利得"指的是旅游者在进行某项消费时，感受到由产品或服务所带来的总体效用，如景观、资源、服务等带来的精神愉悦感等，"利失"则指的是旅游者为消费所付出的总和，表现出来的是在物质、时间、体力和精力方面的耗费。蔡特哈姆尔、贝里和帕拉苏拉曼（1988）在谈到价值时认为，价值就是在知觉到接受与付出之后顾客对商品的总体评价，这就是一种利得与利失的比较结果。当前者大于后者的差越大的时候，顾客价值就越大。拉尼什（Rajneesh）、朗（Long）和门罗（2003）也对此提出了相类似的看法，他们研究了消费者的认知价值，并将认知价值表述为"认知价值=认知利益/认知牺牲"。

王月兴（2002）在研究顾客忠诚驱动因素的时候，认为顾客价值对顾客忠诚即积极的行为意向具有显著的影响作用。汪纯孝、温碧燕和姜彩芬（2001b）曾对旅行社旅客的服务消费经历与行为意向进行过实证研究，研究结果证明，服务质量和顾客价值对顾客行为意向有直接影响，这三个概念的关系如图 3.2 所示。

许多研究人员在考虑旅游者价值的时候，为了简便起见直接将其作为旅游者成本和效益两者衡量后的结果来考虑。旅游者的成本主要是买方为获得产品质量与相关利益所需付出的金钱、时间与努力，旅游者的效益则指的是旅游者在旅游过程中其旅游欲望与需求获得满足所产生的效益。当旅游者认为旅游所提供的效益愈高，其愿意支付的价格愈高。许多实证研究也证明了这一点，伍德赛（Woodsie）和雅各布斯（Jacobs）（1985）以美国、加拿大及日本三个国家国民前往夏威夷旅游的效益体验，分析旅

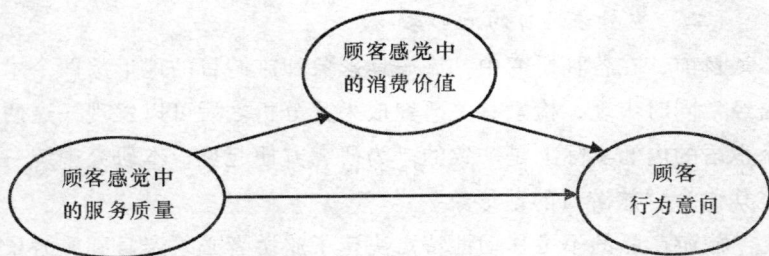

图 3.2　服务质量、顾客价值与行为意向的关系

资料来源：汪纯孝、温碧燕和姜彩芬：《顾客的服务消费经历与行为意向的实证研究》，《中山大学学报》（社会科学版）2001 年第 3 期。

游推力与拉力因素，了解来自不同国家的旅游者的旅游动机，结果发现旅游者价值的追求是决定其出游的最重要影响因素之一；辛克莱（Sinclair）和斯特布勒（Stabler）（1998，第 213 页）以个体经济理论为基础，探讨游客如何作出旅游活动的决策，导出游客对旅游活动的需求，研究发现经济因素（例如旅游成本、汇率等）是决定旅游行为意向和行为发生的重要因素；墨菲（Murphy）和威廉姆斯（1999）研究发现吸引日本旅游者至北美洲乡村旅游，是以旅游者的货币成本与所花费的时间成本来衡量旅游者的成本效益的，其研究结果显示成本效益会影响旅游者的旅游行为意向。

顾客价值不仅对行为意向有直接影响作用，而且在其他变量对行为意向的影响中起到了中介变量的作用。根据董大海（2006）的研究，价值充当了产品（服务）质量、消费者成本、满意度等诸多变量对行为意向影响的中介变量。所以，顾客价值在这些变量中的地位是非常突出的。因此，旅游者价值对旅游者行为意向的形成会产生重大影响，应被纳入模型中。

（二）乡村旅游目的地形象

目前，在各种研究中，旅游地形象和旅游目的地形象两个术语经常同时出现，检索有关研究成果并分析之后可以发现，这两个术语的内涵实际上是一致的。为研究方便起见，本研究中统一将其称为"旅游目的地形象"。

旅游产品的不可移动性特点决定了旅游者必须亲身到旅游景区去游玩，游玩之前不可能去亲身试用或感受产品。因此，包括旅游购买决策在内的旅游行为相对其他消费行为来说，包含了更大的风险和更广泛的信息搜寻，旅游行为决策在很大程度上必须依靠旅游者对旅游目的地的产品是否满足他们的需求心理判断作出，凭借来自不同渠道的信息所构成的间接形象来决定消费需求的欲望与选择趋向。在这种情况下，只有唤起旅游者美好印象的景区才能使旅游者产生旅游向往，从而对其产生吸引力。所以，旅游目的地形象在刺激消费者动机方面有着非常重要的作用。越来越多的研究者（Gartner，1989；Kent，1990，P.45；Crompton & Ankomah，1993）发现，旅游目的地形象是吸引旅游者最关键的因素之一。

国外曾有许多学者提出形象认知的概念，形象认知指的是单一事物带给人们的想法与印象，进而会影响消费者的选择行为，人们对无形服务的旅游活动的认知状态与形象均会影响其选择行为及观光态度，引发理性动机和情绪动机（Fodness，1994；Milman & Pizam，1995；Baloglu & Brinberg，1997；Baloglu & Mangaloglu，2001）。国外早在1978年便有学者研究旅游目的地形象与旅游地游览意愿的关系（Goodrich，1978）。最近关于旅游目的地形象的研究主要集中于将其作为消费者对自己关于对象的知识及信念的感知评价（Gartner，1993；Baloglu & Brinberg，1997；Baloglu & McCleary，1999；Beerli & Martin，2004；

Walmsley & Young，1998）。研究结果均表明，从形象认知角度看，积极正面的旅游目的地形象对旅游者选择目的地具有非常显著的正向影响。

从国内关于旅游目的地形象的研究来看，陈传康（1998）较早地比较系统地对旅游目的地形象展开了研究，他以文脉为切入点导入旅游目的地形象。王磊、刘洪涛和赵西萍（1999）又从主观与客观、个体化与社会化两个维度，阐释了旅游目的地形象的内涵。后来李蕾蕾（1999）又对旅游目的地形象的策划和定位进行了比较深入的分析。崔凤军（2001）等学者也从各个不同的角度对旅游目的地形象进行了理论分析和实证研究。目前在国内大量的旅游发展规划中也较多地引入了旅游目的地形象这一概念。

旅游目的地形象是人们对旅游目的地总体的、抽象的、概括的认识和评价，是对旅游目的地的历史印象、现实感知和未来信息的一种理性综合，它实际上是旅游者对某一旅游地的总体认识和评价，是"对区域内在和外在精神价值进行提升的无形价值"。法克耶（Fakeye）和克朗普顿（Crompton）（1991）在研究过程中把旅游目的地形象定义为个体对特定的旅游目的地的知识、感觉和整体感知的精神上的表现。比涅（Bigne）、伊莎贝尔（Isabel）和哈维尔（Javier）（2001）对旅游目的地形象、评价变量以及购后行为之间的关系进行了研究，研究结果证明旅游目的地形象直接影响到旅游者的感知质量、满意度、再次游览以及推介该目的地的意愿性等，旅游目的地形象作为旅游目的地市场营销中关键要素的地位得到确认。旅游目的地形象的作用主要体现在三个方面：（1）使地方旅游决策部门和公众对旅游的地方性有较深的理解，使决策者在众多的旅游资源中识别出最核心的部分；（2）为旅游者的出游决策提供信息帮助；（3）为旅游企业，特别是旅行批发商和旅行零售商提供产品组织及销售方面的技术支持（吴必虎，2001）。

郑基（Choong－Ki）、杨基（Yong－Ki）和庞顾（BongKoo）（2005）以2002年韩日世界杯为研究背景，将研究聚焦于四个不同维度的旅游目的地形象对现场经历、整体评价以及行为意向等变量的影响。研究结果认为，四个维度的旅游目的地形象对这三个变量均产生了影响，并最终对旅游者的旅游行为意向和行为产生影响。但是，就像他们所指出的，尽管学者关于旅游目的地形象对旅游决策过程的影响方面的意见趋于一致，但是相关的研究却不多。尤其对旅游行为意向来说，旅游目的地形象与其之间的关系并未被实证证明。实际上，旅游目的地形象对行为意向的影响可以通过它们之间的结构关系来验证。结构关系分析结果显示，旅游目的地形象对行为意向如再次游览意向和推介意愿等有重要的影响。

综合各种研究结果表明，旅游目的地形象通过直接和间接两个方面影响旅游者行为意向（Bigne，2001），影响的路径如图3.3所示。

由此可知，旅游目的地形象对旅游者行为的影响有两个方面：一方面，它影响旅游目的地选择的决策过程；另一方面，它影响旅游者决策后的行为，包括参与、评价以及未来的行为意向。所以，旅游目的地形象不仅影响决策过程，而且影响旅游者决策后行为的条件。换言之，旅游目的地形象的影响并不仅仅局限于选择目的地阶段，而且它还影响到旅游者的行为意向。因此，努力打造和提升旅游目的地形象有助于强化忠诚旅游者的再次游览行为或推介行为，这对旅游目的地的发展来说也是非常重要的。

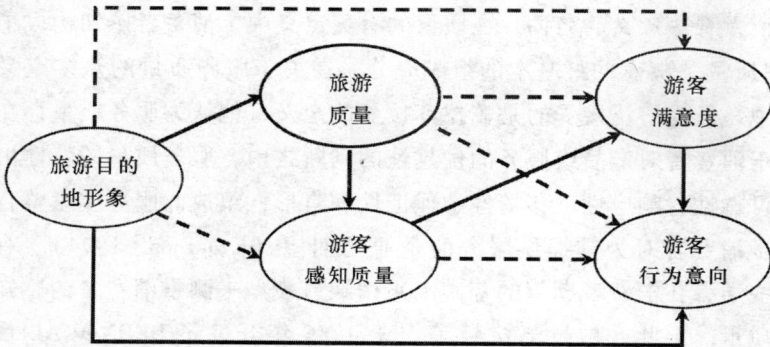

图 3.3 旅游目的地形象对行为意向的影响路径

资料来源：Chen, C. F. & Tsai, D. C., "How Destination Image and Evaluative Factors Affect Behavioral Intentions?" *Tourism Management*, 2007 (28): 1115 – 1122.

所以，旅游目的地形象对旅游行为意向形成机制具有重要影响，应被纳入研究模型中。

（三）乡村旅游景区服务质量

在前文对旅游目的地形象的分析中，对象是旅游者对旅游目的地各种不同要素、设施的印象。与此不一样，景区服务质量强调的是旅游景区借助这些要素、设施向旅游者提供的产品的好坏程度。所以，在旅游目的地形象和景区服务质量之间便存在明显差异，前者偏重"硬条件"，后者偏重"软条件"。举例来说，在本研究中，乡村旅游产品的核心在于服务，尽管许多旅游吸引物本身凝结了人们的辛勤劳动，提供的单项旅游产品给旅游者留下的印象是正面的，但可能会因与旅游地品牌或旅游者整体认知不协调一致，而造成旅游目的地形象较高，服务质量却不理想的状况。

"质量"这个词在市场学中被普遍认为是一个主观的、带有个人看法意义的名词，在质量的有关定义中，消费者感知构成了"质量"概念的最基本的组成成分。在关于服务质量的众多定义中，最为广泛接受的是帕拉苏拉曼的定义，他认为服务质量存在于消费者对产品或服务的优越性的判断之中，服务质量的特性由可靠性、响应性、移情性、保证性和有形性组成。服务质量整合了消费者对为其提供服务的企业的期望（Grönroos，1994）。有些学者在消费者期望的基础上采用缺口模型来测量消费者的感知质量。由此，帕拉苏拉曼等人于 1985 年开发了 SERVQUAL 量表，尽管有些实证研究认为这个量表还存在信度和效度等方面的问题，但是至今为止 SERVQUAL 量表还是被认为是测量消费者对服务产品的期望质量和感知质量最为有效的工具。后来，有些学者建议直接使用消费者感知来测量服务质量（Cronin & Taylor，1992），因为这样反倒可以为心理测量和预测价值提供更好的标准（Zeithaml，Berry & Parasuraman et al.，1998），这个建议也得到了实证研究的证明。

服务质量的重要性早就引起了企业管理者的关注，服务质量的价值不是单纯意义上将企业各个产品或服务相加，而是企业所包含的各种信息协同后产生的效应，服务质量不是孤立地单方面考虑企业生产成本和效益，而是要立足于顾客，考虑他们所获得的实际体验。顾客对实际体验的评价是基于其对服务接触的感知来进行的，了解顾客如何评估服务质量对于设计有效的企业战略是很重要的（Zhonggen & Lee，2006）。

但是，如果消费者服务感知质量作为满意度或者满足先前的期望提出来，在服务质量和满意度两个概念之间就会出现某种程度的混淆。正是因为它们在意义上的相似性，有些学者认为尽管服务质量和满意度是不同的概念，但至少它们之间存在一种相互关系（Cronin，Joseph & Michael et al.，2000；Spreng & Mackoy，

1996；Bansal & Taylor，1999）。后来出现的定义将服务质量和满意度之间的差异表达得更清楚，比特纳（Bitner）在 1990 年直接将顾客满意度看做对服务的态度，比特纳和休伯特（Hubert）（1994）认为，顾客满意度根源于个人交换，所以服务质量包括了对服务产品和服务产品提供者的优缺点的印象。

到目前为止，有关顾客满意度和服务质量之间关系的实证研究文献不多，主要原因是顾客在判断不同层次的质量感知以及质量和满意度之间的关系方面具有比较大的模糊性，这种模糊性又导致了实证研究中的数量关系容易产生混淆（Btiner & Hubert，1994）。

按照有些学者（Bitner，1990）提出的观点，顾客满意度代表了顾客对服务质量的感知程度，顾客满意的服务质量在长时期中会引导他们去发展或修正对产品的态度。但有些学者研究的结果却与此不同，克罗宁（Cronin）和泰勒（Taylor）（1992）认为顾客满意度一定是作为服务质量感知的结果出现的。关于这方面的研究成果还有很多，这些文献所研究的服务质量和行为意向的关系不同，研究的结果变量也不相同（见表 3.1）。

表 3.1　　　　服务质量和行为意向的关系研究成果

学　者	研 究 的 结 果 变 量
直 接 关 系	
克罗宁和泰勒（1992）	重复购买
博尔丁（Boulding）、卡尔拉（Kalra）和施特林（Staelin）等（1993）	重复购买和推荐
贝克（Baker）和克朗普顿（2000）	购买意向、忠诚度和支付溢价的意向性
间 接 关 系	
马奇（March）和伍德赛（1989）	购买意向
格雷姆勒（Gremler）和布朗（1997）	忠诚度

续表

学　　者	研 究 的 结 果 变 量
奥（Oh，1999）	重新购买意向和口传
博乌（Bou）、塞萨尔（César）和安娜（Ana）（2001）	购买意向
金、帕克（Park）和郑（Jeong）（2003）	重新购买意向和口传

　　资料来源：笔者研究整理。

　　从服务质量与购后行为相关的研究模型来看，大部分已有的模型都使用消费者对服务质量和满意度的评价来预测购买后行为，购后行为反映了消费者的行为意向，它比较清晰地指明了消费者是否愿意继续购买或放弃这家企业的产品，包括对企业作出有利评价、推荐、支付溢价或保持对企业的忠诚等。蔡特哈姆尔和比特纳（1996）还开发出了一个多维的测量工具以测量口传、购买意向、价格敏感度以及抱怨行为。从中可以看出，服务质量与行为意向之间存在相关关系。

　　尽管如此，从目前的研究结果来看，学者们在服务质量和行为意向之间到底是直接关系还是间接关系还存在不一致的看法。有人认为，除以上的直接关系之外，服务质量与行为意向之间可能还存在不直接关系。如果服务质量与行为意向之间存在不直接关系的话，顾客满意度可能就会作为缓冲变量影响服务质量和行为意向之间的关系（Bou，César & Ana，2001；March & Woodside，1989）。克罗宁和泰勒（1992）与格雷姆勒和布朗（1997）研究之后认为，顾客满意度和服务质量能够成为消费者行为意向的前因。达布霍尔卡和索普（Dabholkar & Thorpe）在1994年还认为顾客满意度和行为意向之间存在直接相关关系。帕拉苏拉曼（1994）对不同产业的服务质量和顾客忠诚进行实证研究之后发现，它们之间的相关度在不同行业间存在差异，不同行业服务质量对顾客忠诚的影响是不同的。此外，许多研究认为服务质量是通过顾客满意感和消费价值对顾客的行为意向产生间接影响的，有些学者对此进行了实证研究，汪纯孝、温碧燕和姜彩芬（2001）对服务消费经历和行为意向进行实证研究后认为，服务质量对顾客的行为意向有直接的影响。马利亚（Maria）、阿伦（Alen）和洛伦索（Lorenzo）等（2007）开发了一个模型来描述服务质量感知和顾客满意度是如何影响消费者行为意向的，他们通过研究旅游者到水疗（Spa）主题景区游览的意愿性进行问卷调查，证明了在旅游业中服务质量和顾客满意度对行为意向有显著影响。此外，服务质量对旅游者价值也存在一定的影响作用。

从以上分析可以看出，景区服务质量在旅游行为意向形成机制中有重要影响作用，应被纳入研究模型中。

（四）替代景区吸引力

按照迈克尔·波特的产业结构分析的基本观点，在一个产业中，替代品的威胁、潜在进入者的进入威胁、购买者与供应者讨价还价的能力以及产业内现有竞争者的竞争构成影响产业整体盈利水平的基本竞争力量。所以，替代品的威胁成为关系到一些产业能否继续生存的重要因素。在同一个产业中，生产同类产品的企业之间互相替代。同样地，企业必须日益关注替代品的产生、发展以及对本企业的替代威胁。对乡村旅游景区而言，其他乡村旅游景区属于直接产品替代。换言之，乡村旅游者可以到这家乡村旅游景区游览，也可以到另外一家乡村旅游景区游览，所获得的价值可能是相似的。旅游景区的吸引力便是决定替代可能性大小的关键因素。

在研究文献中，对替代品和替代品吸引力的定义大致是相同的。约翰逊（Johnson）、巴克斯代尔（Barksdale）和博尔斯

（Boles）（2001）定义替代品为"拥有可以提供相同或更好服务的替代厂商"，沃尔特（Walter，2003）定义替代品吸引力为"客户对其所需要资源拥有替代来源的程度"，它指的是顾客认为其他服务提供者可以替代原提供者的程度。金、帕克和郑（2004）将替代品吸引力分成三个方面加以衡量：替代服务提供者的信誉、替代服务提供者的形象以及替代服务的品质。这三个方面都必须要比现在的服务提供者优秀。如果在市场中没有或很少有吸引力的替代者，那么顾客就会倾向于选择购买原来企业的产品（Bendapudi & Berry，1997）；如果有具有较大吸引力的替代者，则顾客不能保持原有的忠诚度。

顾客满意向顾客忠诚即积极的行为意向的转换过程主要受到产品标准体验、转换障碍、关系信任和替代品吸引力等因素的影响（周丽娟，2006）。转换障碍是顾客从原来的供应商转换到另一家供应商所付出的成本因素（货币成本、时间成本及精力、机会、社会、心理等）（张泊、赵占峰，2006）。琼斯（Jones）、马瑟鲍（Mothersbaugh）和贝蒂（Beatty）（2002）的研究表明，在高转换成本下，顾客满意对行为意向的影响减弱，但当转换成本非常小时，由于大部分人喜欢尝试多样性，即使一些顾客高度满意，但重购率并不高。所以，替代品之间的转换成本是测量行为意向的重要变量之一。乡村旅游景区的竞争对手可以通过一系列的营销组合策略来降低旅游者的感知成本从而提高旅游者对原景区的感知成本，进而降低原始转换成本，使之发生购买转移。

张泊和赵占峰（2006）在对顾客价值与顾客忠诚的关系进行研究时，曾经将转换障碍作为重要变量纳入影响行为意向的模型中。但在很多研究中，转换障碍与替代品吸引力经常在同一个范围内同时加以分析，分析结果显示，转换障碍的大小与替代品的吸引力有显著的相关关系，所以，为了简化分析，研究人员经常主要只分析替代品的吸引力。

　　毫无疑问，替代景区吸引力从本质上说是旅游吸引力，旅游吸引力是一种心理学的刺激也即一种反应模式。它是旅游活动发生和发展的基础，影响旅游行为的决策、方式、方向以及空间分布和变动，进而影响宏观旅游业的总体发展特征（王海鸿，2003）。它来源于旅游资源子系统与旅游客源市场子系统之间在自然、经济、文化等方面的差异（谌贻庆、毛小明和甘筱青，2005）。对乡村旅游来说，这种差异主要表现在形象、声誉、服务、旅游资源、自然环境、传统民俗和旅游风气等方面。

　　利斯克（Leask）和约曼（Yeoman）认为，旅游吸引力也有大小层次之别（郑健雄，2003）。例如杭州的胡雪岩故居只是单一景点，其吸引力总是局限于杭州的单一地域范围，仅对杭州区域范围内的旅游者有影响，但像北京故宫、八达岭长城、九寨沟、丽江古城等旅游景点，虽然是单一景点，但却具有强大的旅游吸引力，同时也具有区域级的吸引力、国家级吸引力以及国际级吸引力。所以，替代景区的吸引力是有层级之分的，不同的替代景区所产生的吸引力完全不一样。

　　在此基础上，陈岩英（2004）进一步认为，旅游目的地的各要素吸引力实质上构成了旅游吸引力系统，其运行结构主要由三大部分组成，即旅游资源吸引力系统、旅游服务吸引力系统和旅游环境吸引力系统。杨玲、胡小纯和冯学钢（2004）使用因子分析法分析旅游吸引力并建立了相关模型。其研究结果显示，旅游吸引力的主要影响因素包括区位、服务设施、旅游资源、旅游地经济发展水平、旅游目的地形象感知、两地经济距离及其他因素等。相比之下，此结果更加完善地说明了符合旅游者感知的旅游吸引力所包含的内容。宋婷（2005）也曾使用同样的方法对风景旅游地吸引力进行研究，研究结果证明旅游吸引力的根本在于旅游者的体验，要增加旅游吸引力，就必须发掘旅游者的内在需求。只有这样，旅游景区的吸引力才能增强，进而提高旅游者的旅游行为意向。

从以上分析结果可以看出，替代景区吸引力可以被认为是影响旅游行为意向的重要变量之一，应被纳入研究模型中。

（五）乡村旅游合约方式

丰东（Fondon）和吉尔布雷恩（Gilbrethy）（2003）在对旅游者的消费特性进行研究之后认为，不同的旅游背景对旅游者的旅游感受有显著影响，而影响旅游环境的一个直接变量就是旅游费用支付方式的差别。菲兹西蒙斯和莫娜（Fitzsimmons，2003，第117—118页）也提到，服务背景的变化很明显会影响消费者的服务感知，其中，其他顾客是构成服务背景的重要部分。所以，不同服务背景下旅游者的服务感知是不一样的。不同的服务背景可以由很多原因引起，比如游玩伙伴、出游随意性大小等，这些因素都可以造成旅游者出游的服务背景产生变化。在旅游经济实践中，最常见的造成旅游者出游服务背景改变的因素是费用支付方式。到底是由旅游者自己逐项支付旅游费用还是将费用统一支付给旅行社或者是居于其间，给旅游者提供的服务背景都有很大不一样。但是，不同的费用支付方式并不是直接原因，费用支付方式所引起的影响旅游者游玩过程中的合约关系的改变才是服务背景改变的真正原因。

合约可以分为完全合约和不完全合约两种。完全合约是指准确地描述了交易有关的所有未来可能出现的情况，完全合约理论要求当事人能预见合约过程中一切可能发生的事件并对其作出决策，并要求当事人自觉遵守合约的条件。但由于现实世界是一个不确定的世界，会有许多偶然性的情况发生，签订合同的双方对这种偶发性都无法准确估计；还由于当事人的机会主义和风险规避、信息不对称等因素，签订一个完全顾及方方面面的合约是不可能的，亦不是最优的，最优的合约应是将来可以修正的合约（郭熙保、张克中，2000）。在这种情况下，就产生了不完全合约。不完全合约的存在主要有三个原因。第一，在一个复杂的世界里，人们不可能想得很远并能够估计到各种偶发事件的发生。第二，即使人们能够估计到偶发性，但当事人仍难以签订一份完全合约，因为对于偶发性很难用一种共同的语言加以描述。第三，即使合约双方能够预计并且讨论将来事宜，他们也很难签订一份这样的合约，因为对于签订合约的外部权威（法庭）也要知道合约双方签订合约的各种背景，这显然是不可能的（哈特，1995）。

合约体现在大众旅游中，主要表现为旅游者与旅行社的不同关系上。张朝枝和向风行（2002）研究了旅行社对旅游决策的影响，提出：（1）旅行社的宣传促销可能影响旅游者对旅游目的地的感知印象，从而影响其旅游决策行为；（2）旅行社的广告宣传等活动可能影响旅游者的旅游偏好，从而影响旅游决策行为；（3）旅行社的经营活动可以在一定程度上帮助旅游者实现旅游效益最大化，从而影响其旅游决策行为。由此可以看出，旅行社的合约安排对旅游者的行为意向具有重要影响。基于研究的需要，本研究在不完全合约理论基础上参考杜江（2001，第67—68页）对旅行社产品分类的方法将乡村旅游者分为包价乡村旅游者、散客乡村旅游者以及居于中间形态的半包价乡村旅游者。

从以上研究可以看出，合约方式对旅游行为意向的形成机制具有重要影响，应被纳入研究模型中。

第三节   计划行为理论拓展模型构建及变量分析

一   变量设置

如前所述，对行为意向的研究主要有计划行为理论和顾客价值理论两个不同的视角。计划行为理论视角的研究主要将行为意向的形成作为一个过程来研究，其主要涉及的是态度、行为控制认知、主观规范等变量。后来鉴于过去行为的巨大作用，巴尔加米（Bargami）和巴戈齐（2000）认为应该将它作为一个独立变量进行研究。很多文献就这四个变量对行为意向的影响进行了实证分析，一般来说，态度都被作为中介变量出现。顾客价值理论视角的研究主要将行为意向的形成作为一个成本和效益比较的结果，主要涉及替代景区吸引力、旅游者价值、旅游目的地形象等变量，其中，旅游者价值作为主要的中介变量，直接对行为意向产生影响。

根据前人的相关研究，结合笔者的实际经验，本研究提出如图3.4 所示的旅游行为意向形成机制的概念框架。该概念框架中所包含的主要变量有态度、游客价值、行为控制认知、主观规范、过去行为、替代景区吸引力、景区形象、景区服务质量等变量。

本研究的对象是乡村旅游行为意向，主要目的是探究乡村旅游行为意向的形成机制，形成机制是指乡村旅游行为意向形成过程中各要素的性质、结构及相互关系。所以本研究的任务是要实证分析影响乡村旅游行为意向的变量、各变量之间的关系、结构以及各变量在行为意向形成过程中所扮演的角色。

二   METPB 模型构建

根据前文对计划行为理论、顾客价值理论的梳理以及对影响

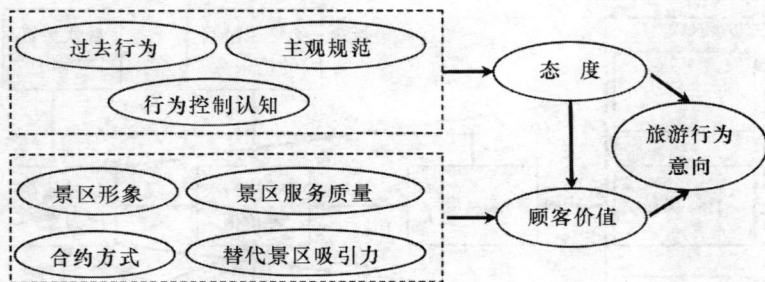

图 3.4　乡村旅游行为意向形成机制研究的关键变量

乡村旅游行为意向因素的分析，本研究基于计划行为理论的拓展构建了揭示乡村旅游行为意向形成机制的 METPB 理论模型（Model of Extended Theory of Planned Behavior）（如图 3.5 所示）。

在乡村旅游行为意向形成机制的 METPB 理论模型中，态度和过去行为、行为控制认知一起对行为意向有直接影响作用，且在过去行为、主观规范和行为控制认知三个变量对行为意向的影响过程中起中介作用。乡村旅游者价值在态度对乡村旅游行为意向的作用过程中起中介作用，态度还同时与乡村旅游目的地形象一起对乡村旅游者价值有直接影响。乡村旅游者价值和替代景区吸引力一起对行为意向有直接影响作用，同时，它还受到乡村旅游景区服务质量和乡村旅游合约方式的影响。这两个变量同时对乡村旅游行为意向产生直接影响。

三　变量分析

（一）特征变量

在本研究中，乡村旅游者特征维度变量主要包括性别、年龄、教育程度、月收入、职业、婚姻家庭状况等。根据前文的研究，它们在模型中通过行为控制认知这一变量对行为意向产生

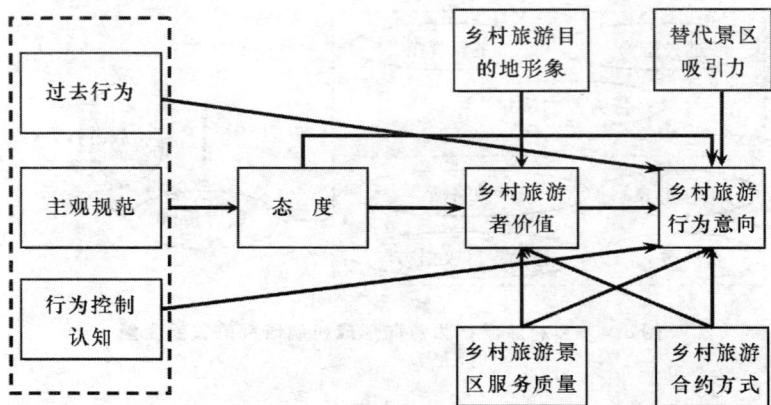

图 3.5 乡村旅游行为意向形成机制的 METPB 理论模型

影响。

1. 性别。旅游者性别不同，其旅游偏好和旅游决策过程是不一样的。一般来说，男性比女性更偏好冲动性购买，更容易受到外来因素的影响，而女性的行为表现更稳定一些。

2. 年龄。不同年龄旅游者的偏好和能力是不一样的。一般来说，年轻人考虑外在性因素比较少，收入也比较少且不稳定，行为意向较多从自己的特点和兴趣出发，随着年龄的增加，特别是到了中年以后，收入比较稳定且达到高峰，考虑问题也更周全，到了退休年龄时思考问题又开始倾向于保守，收入开始急剧下降。所以，在不同年龄阶段上，人们收入和旅游偏好的差异性决定了年龄应该成为考察旅游行为意向的一个重要因素。

3. 教育程度。旅游者的受教育程度越高，预示着其收入稳定性也越高，旅行前获取信息比较容易，考虑问题相对比较全面和理性，在进行旅游行为决策时更有计划性，所以，受教育程度越高的旅游者，其乡村旅游行为意向越容易受到更多方面因素的影响。

4. 平均月收入。平均月收入是支付能力的重要衡量指标，毫无疑问对旅游者产生旅游行为意向有实质性的影响。在国外的实证研究中，为了区分单薪家庭与双薪家庭，有些文献还专门将个人收入与家庭收入分开当作两个变量来考虑。本研究主要考虑旅游者个人意向，所以仅调查旅游者个人平均月收入。

5. 职业。旅游者的收入稳定性与旅游者对未来行为的决策之间存在比较强的相关关系。但是，旅游者的收入稳定性无法直接测定，因此，需要通过其他变量来替代，职业便是一个比较好的间接变量。

6. 婚姻家庭状况。婚姻家庭状况的不同往往意味着在两个方面会产生差异。首先是家庭收入，未婚乡村旅游者受到的个人规范影响比较小，已婚乡村旅游者则比较大。其次是旅游偏好和决策影响因素，不同的家庭结构如满巢家庭与空巢家庭旅游偏好和决策都是显著不一样的。

（二）自变量

根据 METPB 理论模型，本研究中过去行为、主观规范、行为控制认知、乡村旅游合约方式、乡村旅游目的地形象、替代景区吸引力、乡村旅游景区服务质量为自变量。

1. 过去行为。过去行为指的是乡村旅游者在进行本次旅游相关决策之前的乡村旅游有关经历，这种经历包括旅游者对乡村旅游景区的游览信息搜寻、游览方案制定、游览方案选择、游览经历、游览价值感知以及游览之后的信息反馈等的完整过程，这个过程是以乡村旅游景区游览体验为中心的。在一般情况下，如果过去乡村旅游行为次数越多，则说明过去的游览经历给旅游者所带来的影响越积极，它对行为意向的影响也越积极。过去行为可以通过直接询问调查样本过去是否有过相关行为以及在过去一年中发生该行为的次数来进行调查，问卷问项采用单项选择形式。

2. 主观规范。主观规范指的是人们对是否进行乡村旅游行为的社会压力的知觉。也就是说，乡村旅游者对他们所在乎的人或机构会如何看待他们表现出的乡村旅游行为的信念，这种信念会左右乡村旅游者是否会继续强化他的行为意向，它是左右行为的规范或者乡村旅游者想顺从规范的意愿性。主观规范可以分为社会规范和个人规范两种。乡村旅游者的社会规范可以从旅游行政管理部门、大众媒体、专家、乡村旅游景区、环保人士或单位、景区周边社区居民等对乡村旅游所产生的社会压力着手调查，个人规范则可以从家人或极为重要的人、同事或同学、朋友、认识的所有人等对他们进行乡村旅游所产生的社会压力着手调查。问卷问项采用李克特五点量表法进行设计。

3. 行为控制认知。行为控制认知指的是个人产生乡村旅游知觉到完成乡村旅游行为的容易或困难的程度，这种程度在很大意义上来说是受乡村旅游者所拥有的资源和机会影响的。所以行为控制认知可以从个人对时间、金钱、体力、信息、意愿性等的支配程度来进行分析。问卷问项采用李克特五点量表法进行设计。

4. 乡村旅游合约方式。乡村旅游合约方式指的是在乡村旅游过程中，旅游者与旅行社之间缔结的合约内容，它突出表现在乡村旅游的费用支付方式上。乡村旅游合约方式决定了乡村旅游者旅游过程中的背景顾客对乡村旅游者价值的影响，这些影响最终对旅游行为意向产生作用。本研究从乡村旅游费用支付方式角度对合约进行分类，将乡村旅游者主要分为包价乡村旅游者、散客乡村旅游者以及居于中间形态的半包价乡村旅游者，其费用支付方式分别是"参加旅行社的旅游团，所有费用都支付给旅行社"、"所有费用在消费时由自己支付"以及"部分费用在消费时支付，部分费用交给旅行社支付"。乡村旅游者在旅游过程中的合约方式不一样，旅游者的旅游体验也是不一样的。包价旅游产品消费过程中，旅游团体相对固定，行程也相对较封闭，易于受到团内旅游者的影响；散客旅游产品消费过程中则旅游者自主性大，单项旅游产品价格敏感性强，时间不固定，且接触面较广，容易接受来自四面八方的信息；半包价旅游产品消费过程中的旅游者接触面则介于两者之间。在这三种旅游形式中，各变量对旅游者行为意向的作用是不一样的。问卷问项采用调查样本单项选择的方式设立。

5. 乡村旅游目的地形象。乡村旅游目的地形象指的是乡村旅游者对乡村旅游景区的现状和特征等的主观看法和态度倾向，它是乡村旅游者的一种主观认知，往往在乡村旅游者产生乡村旅游行为意向之前便已客观存在，其存在的范围不只包括乡村旅游者，而且对其他旅游者进行旅游决策产生很大影响。从目前来说，旅游目的地形象的测量方法包括结构法和非结构法。结构法的基本思路是选取一系列评价属性，运用标准工具获取定量评价并通过数理统计得到某地的形象量化数据（黄震方、李想和高宇轩，2002），主要用于因果性研究、解释性研究和探测性研究（李飞、黄耀丽和郑坚强等，2005）。对结构性数据的分析方法主要包括因子分析、聚类分析、多元回归、结合分析、方差分析、T检验等。非结构法则主要采用自由问卷记录被访者对旅游目的地形象的看法（黄震方、李想和高宇轩，2002），这种数据主要采用定性分析方法。本研究对乡村旅游目的地形象的测量采用结构法，根据刘静艳（2006）利用因子分析法得出的研究结论，主要从卫生条件、环境绿化、社会治安、餐饮住宿、娱乐设施、厕所设施、景区景观、交通条件、服务态度、旅游景点十个方面调查乡村旅游者对乡村旅游目的地形象的看法。问卷问项采用李克特五点量表法进行设计。

6. 替代景区吸引力。如果要吸引旅游者来景区旅游，乡村旅游景区应该设法让景区具有吸引旅游者的魅力，让旅游者上门消费。要想吸引旅游者上门，其吸引力是非常重要的，乡村旅游景区是否具有旅游吸引力成为旅游景区发展的关键（郑健雄，2003）。景区吸引力的形成是一个系统工程，它不但取决于景区的资源，而且与服务水平和环境密切相关（陈岩英，2004），有些旅游吸引力的来源是自然资源，有的则为人为资源（郑健雄，2003）。本研究中所分析的乡村旅游替代景区吸引力从形象、声誉、服务、乡村旅游资源、自然环境以及当地的传统民俗和旅游风气六个方面来进行测量，问卷采用李克特五点量表法设计。

7. 乡村旅游景区服务质量。服务质量的好坏直接决定着顾客忠诚度的大小。所以，乡村旅游景区服务质量不但对乡村旅游者价值产生影响，而且对乡村旅游行为意向产生影响。本研究对乡村旅游景区服务质量的分析主要从"软"的一面着手，测量旅游者感觉中乡村旅游景区的各项设施、服务等与自身建立起来的形象一致的程度，分别从服务设施、服务环境、服务人员、景区管理制度等不同维度设计多个指标进行测量。问卷问项采用李克特五点量表法进行设计。

（三）中介变量

根据 METPB 理论模型，态度和乡村旅游者价值两个变量为本研究模型的中介变量。

1. 态度。乡村旅游者态度指的是旅游者对乡村旅游这项行为喜恶的感觉或喜好的情形。态度的测量涉及行为信念和行为结果评价两个概念。行为信念指的是行为主体对目标行为结果的信念，行为结果评价指的是行为主体对行为所产生结果的评价。所以，行为态度既可以用有关的态度量表直接测量，也可以用每个行为信念和相应的行为结果评价之积的综合作为其间接测量指标。在许多计划行为理论的相关研究中，态度作为行为意向研究的中介变量出现。在本研究中，态度作为中介变量，它不但影响乡村旅游行为意向，而且在过去行为、主观规范以及行为控制认知等变量对乡村旅游行为意向产生影响的过程中起中介作用。根据艾森（1988）的研究，态度可以从有趣、有用、快乐、好坏、愉快五个维度对旅游者在认识朋友机会、延续社交关系、促进健康和体能、令人紧张刺激、带来美的享受、消除紧张情绪以及进行长期准备等几个方面进行测量，问卷问项采用李克特五点量表法进行设计。

2. 乡村旅游者价值。乡村旅游者价值指的是乡村旅游者从旅游过程中所获得的总价值的多少。按照蔡特哈姆尔的看法，乡村旅游者价值主要来自于其感知过程，而感知过程则主要受到乡村旅游产品质量的影响。乡村旅游景区服务质量是旅游者购买的旅游产品价值的重要组成部分，它影响到旅游者感知价值的大小，这种影响作用发生在态度影响乡村旅游者价值的过程之中。程兴火（2006）曾对旅游者价值与旅游者满意之间的关系进行了分析，研究结果认为旅游者价值是旅游者满意的前因，虽然有很多学者（如 Anderson，1993；Cronin & Taylor，1992；Gotlieb，Grewal & Brown，1994）在研究过程中证明了这一点，但也有很多学者（Cronin & Taylor，1992；Bitner，1994；Bitner & Hubbert，1994；Dabholkar，1995）对此持不同观点。西罗希（Sirohi）、麦克劳克林（Mclaughlin）和维廷克（Wittink）（1998）主要探讨消费者对超市的服务质量和顾客忠诚度之间的关系，研究结果显示，顾客价值对顾客忠诚即积极的行为意向有正面影响。本研究从传统民俗、乡土建筑、乡村生活方式、村民整体友好程度、山水田园景观、当地特色的农业资源、自然清新的空气、生活配套设施、食宿的卫生条件、消防和医疗的配备、当地的社会治安、餐饮的特色、乡村土特产品特色、活动项目的可参与程度、与周边农民之间的交往交流、交通的方便程度以及交通、餐饮、住宿、门票、土特产品等的价格水平等方面对旅游者价值进行调查，问卷问项采用李克特五点量表法进行设计。

（四）因变量

乡村旅游行为意向是本研究的因变量，它指的是乡村旅游者采取乡村旅游行为的倾向。如前文所述，行为意向的评价和测量可以从多个方面进行，无论是计划行为理论角度还是顾客价值角度都有学者提出了许多调查问卷。最有代表性的问卷有两个：一是艾森和德赖弗（1992）提出的，从考虑购买、推荐购买、重复购买和忍受缺点四个方面进行测量；二是蔡特哈姆尔、贝里和帕拉苏拉曼等（1998）归纳出的五个测量维度，分别是忠诚度、品牌转移、支付行为、外部抱怨和内部抱怨。从总体上看，这些问卷的内容尽管有所差别，但实质都一样。本研究分析乡村旅游行为意向主要采用 13 个问项调查忠诚度、转换、溢价、内部响应和外部相应五个维度，问卷采用李克特五点量表法设计。

第四节　样本类别确定

根据前文分析，本研究样本主要分为包价乡村旅游者、散客乡村旅游者以及半包价乡村旅游者三类。

一　包价乡村旅游者

包价旅游一般又称"团体包价旅游"，从范围方面区分，它包括团体包价旅游、散客包价旅游等形式。无论是哪种旅游形式，它都有两层含义：其一是团体，也就是说，参加旅游的旅游者一般由多人组成一个团队，以团队的形式共同参与到旅游活动中来；其二是包价，也就是说，参加团队的所有旅游者采取一次性付款的方式将旅游过程中的各种服务全部委托给旅行社办理。包价旅游的服务项目包括了旅游者在旅游过程中所必须消费的各种服务，如：（1）依据规定等级提供饭店客房；（2）一日三餐和饮料；（3）固定的市内游览用车；（4）翻译导游服务；（5）交通集散地接送服务；（6）每人 20 公斤的行李服务；（7）游览场所门票和文娱活动入场券；（8）全陪服务等。就旅游者而言，参加包价旅游可以获得比较优惠的价格，预知旅游费用，并可在旅游团内拥有和保持熟悉的氛围，而且旅行社提供全部旅游安排和全陪服务，使旅游者具有安全感，所有这些都是包价旅游的优势（杜江，2001，第 60 页）。

从所消费的旅游产品的角度出发，包价乡村旅游者的特点主要有以下几点：

第一，包价乡村旅游者对单项乡村旅游产品的敏感性不高。由于包价乡村旅游者已经将全部服务委托给旅行社，所有费用一次性付清。所以，包价乡村旅游者在行程中对单项旅游产品的价格敏感性不高，旅游者不会非常在意诸如门票、房费、交通费等的多少。

第二，乡村旅游过程中的风险较小。在乡村旅游过程中，包价旅游者的活动全部由旅行社事先安排好，所以包价乡村旅游者不必在意环境的生疏和各旅游活动环节的衔接，旅游风险较小。

第三，自主选择性不强。尽管包价乡村旅游者在向旅行社购买旅游产品之前可以自主选择产品种类，并由旅行社设计和安排，但这种自主性是有限的。而且，当旅游合同签订之后，双方都不得随意更改，所以，包价乡村旅游者的自主选择性不强。

第四，时间安排紧凑。旅行社在安排包价乡村旅游者出行过程中，各环节的时间安排非常紧凑，包价乡村旅游者必须服从这种安排，比如导游规定的集合时间限定等，不得随意更改时间。

第五，乡村旅游行程事先安排。包价乡村旅游者在出游之前必须向旅行社提前报名和预订，并且要预付费用，所以必须事先安排好旅游行程，随意性出游的可能性不大。

第六，受其他旅游者的影响比较大。在旅游过程中，包价乡村旅游者和其他乡村旅游者一起组成临时性团体，集体消费旅行社所提供的各种旅游服务，互相成为旅游产品消费过程中的服务背景，旅游者对旅游产品的期望、感受等不可避免地会受到其他旅游者的影响。

二 散客乡村旅游者

随着旅游市场的日趋成熟，旅游者自主意识的增强和旅游者消费观念的改变，团队旅游所具有的安全感、省时方便、价格便宜的优势对旅游者的吸引力已经有所下降，而针对团队旅游的缺点而产生的散客旅游以其独特的优点吸引着广大旅游者（向前，2003）。传统的旅行社包价组团旅游方式虽然具有一定的优势，但也存在包价过死，旅游项目、路线限制过多，旅游者缺乏活动自由的缺陷。随着现代通讯手段的进步，旅游者获得旅游信息的途径更为广泛，旅游信息的完善使旅游者对旅行社的依赖降低，交通设施的发展和服务的完善，使旅游者独立出行更为便利，旅游配套设施的进一步建设，为散客旅游提供了物质保障，旅游目的地接待服务的规范化增强了散客旅游者的信心和安全感（覃江浩，2004）。

自 20 世纪 80 年代以来，世界旅游市场出现了"散客化"的旅游潮，欧美各主要旅游接待国的散客市场份额达到 70%—

80%，有的甚至高达 90%，经营接待散客旅游的能力已经成为衡量一个国家或地区旅游业成熟度的重要标志。

散客通常被简称为 FIT（Foreign Independent Tourist），意思是去异地的独立旅游者。散客旅游又称自助或半自助旅游，它一般不需旅行社组织，而是由旅游者自行安排旅游行程，零星现付各项旅游费用的旅游形式。散客一般人数在 5 人以下，没有陪同，但有些地方如果有旅游者要求，旅行社、旅游集散中心或景区导游服务中心等机构也可以提供导游服务（白琳，2000）。散客有时候也被称为异地个人旅游者（Foreign Individual Tourist），所谓个人旅游是指个人或家庭按照特别拟订的旅游计划单独进行或者由一家旅行社承办，根据经双方协商而共同制定的旅游计划进行的旅游（崔海雷，2006）。出于调查方式考虑，本研究中的散客乡村旅游者不包括由旅行社承办的个人旅游。

关于散客旅游者的特点，有很多零散的论述出现在各种论文中。这些研究主要是针对散客旅游者相对于包价旅游者和半包价旅游者来分析的，散客乡村旅游者的特点非常明显，需求个性化是散客旅游的共同特点（杨丹丹，2005）。具体来说，主要有以下几点：

第一，散客乡村旅游者自主选择性大。散客乡村旅游者既可以自主设计旅游线路和制订旅游计划，必要时也可以支付相关费用，接受旅行社的帮助。

第二，散客乡村旅游者出游随意性大。他们不受提前报名、提前预订、人数规模、预付费用等的限定，可以随意出游，"随走随买"。

第三，乡村旅游安排自由。在旅游目的地游览过程中，没有导游规定的集合时间的限定，可松可紧，由散客乡村旅游者自行掌握。另外，散客乡村旅游者可随时改变初衷，临时增减旅游日程、游览地点和项目等。

第四，旅游风险较大。由于没有旅行社的事先安排，散客乡村旅游者必须自行安排"吃住行游购娱"等项目，由于消费的异地性，往往旅游环节衔接、安全性等方面不如包价乡村旅游者。

第五，对产品价格敏感。对单项旅游产品价格比较敏感。由于付款次数增多，散客乡村旅游者对单项旅游产品的价格比较敏感，价格弹性比较大。

第六，受其他旅游者的影响小。散客乡村旅游者旅游感受受其他旅游者的影响较小，这主要是由于他们没有像包价和半包价乡村旅游者一样组成临时团体，所以散客乡村旅游者受到其他旅游者的影响比较小。

三　半包价乡村旅游者

从合约关系看，半包价乡村旅游者是介于包价乡村旅游者与散客乡村旅游者之间的一种旅游者形态。包括了旅行业务实践中的半包价旅游者、小包价旅游者以及零包价旅游者等多种类型。这种类型的乡村旅游者既具有包价乡村旅游者的团体影响特点，又具有散客乡村旅游者的自主性特征。与这两种类型的乡村旅游者相比，其特征主要有以下几点：

第一，半包价乡村旅游者自主选择性比包价乡村旅游者强。一般来说，半包价乡村旅游者只有"房—餐—车"三项由旅行社负责，但由于要提前预订和付款，所以自主选择性比包价乡村旅游者强，比散客乡村旅游者弱。

第二，半包价乡村旅游者的旅游感受受其他旅游者影响的程度高于散客乡村旅游者，但低于包价乡村旅游者。半包价乡村旅游者的部分项目消费和其他旅游者一起组成团队进行，所以不可避免地会受到其他旅游者的影响，这种影响比散客乡村旅游者高，但因为游览过程可以自行安排，所以受到其他旅游者影响的程度又比包价乡村旅游者要低。

第三，半包价乡村旅游者的单项旅游产品价格敏感度不一。由于部分旅游产品消费费用（如住宿、交通和餐饮等）已经统一提前交付给旅行社，所以半包价乡村旅游者对这些产品的价格敏感性不高，但其他旅游产品如门票、购物、娱乐等产品价格必须由旅游者自己支付，所以半包价乡村旅游者对这部分旅游产品的价格敏感性较高。

第五节　数据主要分析方法和样本数量

一　数据主要分析方法

本研究主要采用统计分析方法来对数据进行分析。

统计分析方法是一种普遍使用的研究方法。本研究所使用的统计分析方法主要是 T 检验、探索性因子分析、信度和效度检验、回归分析、方差分析及结构方程模型。前三种统计分析方法主要应用在前测性调研数据的分析中，用以对调查问卷问项的过滤和提纯，方差分析主要应用在正式调查数据分析中，用以了解不同特征的乡村旅游者样本在各个不同变量上是否存在差异，回归分析主要用来判定不同变量之间的关系。本研究使用 SPSS12.0 进行统计分析。

结构方程模型是一种以回归为基础（Regression-based Technique）的多变量分析技术，并结合路径分析（Path Analysis），属于验证性实证研究的数据分析法，能同时处理多组变量间的关系，其目的在于探究变量间的因果关系并验证理论，故又可称为"因果模式分析技术"（Causal Modeling Technique）（Igbaria,

Guimaraes & Davis, 1995)。因此，在使用验证性研究方法时所提的研究模型必须具有理论基础，由理论来引导。一般而言，测量的信度越低，越难观察出潜在变量及其他变量间的关系，但结构方程模型可以使用重要性排序来处理未知的测量信度问题（Reisinger & Turner, 1999）。按照朗（Long, 1993）的总结，结构方程的主要优点有：（1）可同时处理多个因变量；（2）容许自变量和因变量含测量误差；（3）可以同时估计因子结构和因子关系；（4）容许更大弹性的测量模型；（5）能估计整个模型的拟合度。

结构方程模型可经由共变量结构矩阵（Covariance Structural Matrix）来同时估计一系列单独并且互依的复回归方程式，进行估计多个互相关联的相依关系，当变项在某一相依关系为因变项，而在另一相依关系中为自变项时，结构方程模型的过程特别有用，又能够指出在相依关系中未被观察的关系，并解释在估计过程中的衡量误差。结构方程模型除了能解决路径分析、因子分析等一般统计问题外，还可通过共变量矩阵的方法解决路径分析的各种限制，如假定测量误差为0，因果关系为单向（Recursive），残差（Residuals）之间没有相关，某些情境下属于交互因果的现象，残差间有相关的误差存在等。

根据李爽、黄福才和饶勇等（2006）的综述，近年来结构方程模型在旅游科学研究上的应用主要有：住宿满意度的研究（从住宿目的、住宿经验、推荐的意愿来衡量）（Getty & Thompson, 1994）；以四种不同服务质量（可靠度、反应、保证、可接近性）的指标来衡量旅客的知觉行为与参考群体之间的关系（Vogt & Fesenmaier, 1994）；商务旅客在旅馆作业与满意度之间的关系（Gundersen, Heide & Olsson, 1996）；旅游者满意与文化的差异关系（Reisinger & Turner, 1998）；活动参与等因素与旅游行为的关系（Lu & Pas，1999）；旅游目的地形象与旅客行为意向及旅游后知觉评估的关系（Bigne & Sanchez，2001）；生态旅游者价值分析（程兴火，2006）等。本研究为衡量旅游者的行为倾向的产生机制，涉及模型中各个变量之间关系的判别和模型拟合，以往研究中主要以统计分析方法为主进行研究，其中又以回归分析包括 logistic 回归、多重线性回归等方法比较常见，这些方法可以有效地判断所研究变量之间的关系，但是不会考虑其他变量的影响。结构方程模型有效地克服了这方面的缺点，所以本研究使用 AMOS 5.0 软件以结构方程模型方法来实证分析乡村旅游行为意向形成机制。

二 样本数量确定

在使用结构方程模型理论估计和解释变量时，样本规模对最终结果有一定的影响。因为容量少于 100 的样本所产生的相关矩阵不够稳定，会使结构方程分析结果的信度降低。

一般来说，有四种因素对样本规模产生影响：一是模型允许误差的大小。允许误差越小，需要的样本量就越大。二是数据是否为正态分布。数据偏离正态分布越大，需要的样本量就越多。三是模型中待估计参数的多少。如果待估计参数越多，那么所需要的样本量也就越大。四是模型估计时所选用的数学方法。约瑟夫（Joseph）、罗尔夫（Rolph）和罗纳德（Ronald）等（1998）都认为，使用极大似然法进行估计时，需要的样本数量最小为 200 个。而且，博姆斯马（Bommsma）也认为，不论是模型有恰当解的几率，还是参数估计的精确性，还是卡方统计量的分布，研究结果都显示样本量越大越好。他建议样本规模最小应该大于 100，但大于 200 则更好。

巴戈齐和李（Yi）（1998）认为，如果要使用线性结构方程模型进行分析，样本数量至少要求 50 个以上，最好能达到估计参数的五倍以上。格宾（Gerbing）和安德森（Anderson）（1988）则建议至少要求 150 个。农纳利（Nunnally）则建议样本量是变量的 10 倍。若有 20 个题目，则样本量最少为 200 个。戈萨奇（Gorsuch，1983）认为样本量应保证测量问项与受访者的比例，应保持在 1:5 以上，最好能达到 1:10。

如前所述，本研究调查分两步进行。第一步为试调查，目的是在初步访谈后制订的问卷基础上，对问卷中的问项进行分析筛选，以确定最终调查问卷。试调查在笔者所在城市乡村旅游景区（点）展开，样本数量定为 600 份，因为调查目的是为检验问卷中的项目，所以对样本类型不作严格要求。第二步为正式调查，即利用试调查确定的正式问卷对乡村旅游者展开较大规模的调查，对所取得的数据进行分析。考虑问卷发放的回收率和有效率问题，本研究正式样本数量定为 1200 份。其中，再考虑各种类型的乡村旅游者的构成比例问题，本研究正式样本中，各类型样本的数量分别为：包价乡村旅游者 600 份，半包价乡村旅游者 240 份，散客乡村旅游者 360 份。

第四章　问卷设计与调查实施

前一章我们提炼出了态度和乡村旅游者价值等九个对行为意向产生影响的变量，并构建了揭示乡村旅游行为意向形成机制的 METPB 理论模型。本章主要研究各变量的测量和最终问卷的形成，交待数据收集的程序与方法，并对正式调查收集的数据进行质量检验，为后文 METPB 模型的实证打下基础。

第一节　研究变量问项设置

一　计划行为理论角度的变量问项设置

计划行为理论角度的相关研究变量为态度、行为控制认知、主观规范、过去行为和行为意向五个。问项测量主要采用李克特五点量表法，态度、主观规范及行为控制认知等变量的问项，由非常同意（5 分）到非常不同意（1 分）；行为意向的问项则由非常愿意（5 分）到非常不愿意（1 分）。过去行为的调查则采用单项选择法进行。问卷的语句来源是根据文献综述，主要是以往对涉及本研究相关变量进行测量的问卷语句。

表 4.1 计划行为理论角度研究变量初始调查问卷 *

测量变量	问　　项
态　度	分别使用"非常好的"、"高兴的"、"非常有益的"、"明智的"和"必要的"五个词汇用五点量表法测量下面七个命题,共形成 35 个问项: 1. 乡村旅游活动促进社交成长,参与乡村旅游活动能提供给您认识新朋友的机会 2. 乡村旅游活动延续社交关系,参与乡村旅游活动能提供给您与朋友一起相聚的机会 3. 乡村旅游活动促进健康与体能,参与乡村旅游活动可令您更健康,亦可令您身体有较佳的状态 4. 乡村旅游活动令人紧张刺激,但有些危险,所以参与乡村旅游活动可能是危险的 5. 乡村旅游活动可视为一种高雅的活动,参与乡村旅游活动会给您带来美的享受 6. 乡村旅游活动可消除紧张的情绪,参与乡村旅游活动可减轻压力或令您避开一些您将面对的问题 7. 乡村旅游活动可能是一种长期的活动,参与乡村旅游活动需要长期的准备,要花费精力准备,因此需要放弃其他您较爱做的事情
行为控制认知	8. 您有足够的钱来本景区游玩 9. 您可找到与本景区相关的足够的信息 10. 您有足够的时间来本景区游玩 11. 您有足够的体力来本景区游玩 12. 没有什么因素能阻碍您来本景区游玩 13. 只要您愿意就可以来本景区游玩
主观规范	14. 您的家人或极为重要的人认为您应进行乡村旅游 15. 您的同事或同学认为您应进行乡村旅游 16. 您的朋友认为您应进行乡村旅游 17. 您认识的人都认为您应进行乡村旅游

续表

测量变量	问　　项
主观规范	18. 旅游行政管理部门认为您应进行乡村旅游
	19. 乡村旅游景区都认为您应进行乡村旅游
	20. 乡村旅游景区周边居民认为您应进行乡村旅游
	21. 环保单位和人士认为您应进行乡村旅游
	22. 您的家人或极为重要的人支持您进行乡村旅游
	23. 您的同事或同学支持您进行乡村旅游
	24. 您的朋友支持您进行乡村旅游
	25. 您认识的人都支持您进行乡村旅游
	26. 旅游行政管理部门会支持您进行乡村旅游
	27. 乡村旅游景区都欢迎您进行乡村旅游
	28. 乡村旅游景区周边居民欢迎您去游玩
	29. 环保单位和人士支持您进行乡村旅游
过去行为	30. 您以前进行过乡村旅游吗
	31. 过去一年中您进行过多少次乡村旅游
行为意向	32. 会向其他人宣传这家景区的优点
	33. 有人请我推荐，我会推荐这家景区
	34. 会鼓励亲戚朋友来这家景区旅游
	35. 会将这家景区列为我的乡村旅游的第一选择
	36. 在未来几年，我会常来这家景区
	37. 在未来几年，我会减少来这家景区的次数
	38. 如果别家景区的价格较优惠，我仍会选择到该家景区
	39. 如果这家景区的价格稍微调涨，我也愿意来此游玩
	40. 如果这家景区比其他景区贵一些，我也愿意来此游玩
	41. 遇到难解决的问题，会选择其他的景区
	42. 遇到难解决的问题，会向其他顾客抱怨
	43. 遇到难解决的问题，会向有关单位反映
	44. 遇到难解决的问题，会向这家景区的员工反映

﹡本调查问卷在小规模访谈后用于德尔菲专家调查。

资料来源：笔者研究整理。

二　顾客价值理论角度的变量问项设置

顾客价值理论角度的相关研究变量主要是乡村旅游者价值、旅游目的地形象、乡村旅游景区服务质量、替代景区吸引力和合约方式五个，调查问卷对这几个变量以及乡村旅游者的个人信息进行调查。本研究的问项测量主要采用李克特五点量表法，乡村旅游景区服务质量和替代景区吸引力的测量问项，由非常同意（5分）到非常不同意（1分）；乡村旅游者价值问项中的价格表现由极低（5分）到极高（1分），其他问项由极好（5分）到极差（1分）；合约方式调查则采用单项选择法进行。问卷问项的语句来源根据文献综述，主要是以往对涉及本研究相关变量进行测量的问项语句。

本部分研究变量的有关测量问项列表如下。

表 4.2　　　　顾客价值理论角度研究变量初始调查问卷*

测量变量	问　　项
乡村旅游者价值	1. 本景区的传统民俗 2. 乡土建筑 3. 乡村游览前后的解说和介绍 4. 乡村生活方式 5. 当地村民整体友好程度 6. 山水田园景观 7. 当地特色的农业资源 8. 自然清新的空气 9. 生活配套设施 10. 食宿的卫生条件

续表

测量变量	问　　项
乡村旅游者 价值	11. 消防和医疗设施的配备 12. 当地的社会治安 13. 餐饮的特色 14. 乡村土特产品特色 15. 活动项目的可参与性程度 16. 活动项目的丰富性 17. 乡村旅游从业人员的服务水平 18. 与周边农民之间的交往交流 19. 交通的方便程度 20. 供电供水设施 21. 购物商业设施 22. 住宿的价格水平 23. 交通的价格水平 24. 餐饮的价格水平 25. 门票的价格水平 26. 乡村土特产品的价格水平
乡村旅游 景区形象	27. 您对本景区各方面的印象如何： 　1）景区员工服务水平 　2）乡村建筑等人文景观 　3）乡村特有的文化 　4）农民对待游客的态度 　5）来本地旅游的交通条件 　6）供电、供水、通讯等基础设施 　7）住宿接待设施 　8）餐饮接待设施 　9）导游服务设施 　10）购物商业设施

续表

测量变量	问　项
乡村旅游景区 服务质量	28. 服务设施与当地的生态环境融为一体
	29. 服务设施与服务的风格相配合
	30. 服务设施对环境没有造成太大的破坏
	31. 当地的土特产品或纪念品具有吸引力
	32. 服务人员有整洁的服装和外表（或穿着具有当地特色的服装）
	33. 景区环境整洁、优美
	34. 服务设施与提供的服务相配合
	35. 餐饮服务有地方特色
	36. 服务人员会注意到游客个人的特别需求
	37. 景区具有适合不同人群的活动项目
	38. 服务设施（如停车场等）布局合理
	39. 旅游活动的安排能考虑到游客的便利性
	40. 景区能完整提供所承诺的各项服务内容
	41. 服务人员熟悉业务内容，很少出现失误
	42. 服务人员能根据游客的额外要求在一定时限内提供服务
	43. 服务人员能提供及时有效的服务
	44. 服务人员总是热心帮助游客
	45. 游客投诉能及时受理、合理解决
	46. 游客在旅游过程中感到安全
	47. 导游或景区服务人员在游客活动或进门之前对行程和注意事项等能作清晰完整的说明
	48. 服务人员对游客友善、热情、尊重
	49. 景区导游能提供专业的解说
	50. 游客服务中心能提供充分的旅游信息
	51. 各类标志、标牌醒目，指示明确
	52. 停车场、厕所、休憩设施等能满足游客的需求
	53. 景区气候舒适、景观引人入胜

续表

测量变量	问　　项
替代景区吸引力	其他您还想去的某个乡村旅游景区： 54. 有很好的形象 55. 有很好的声誉 56. 有很好的服务 57. 有很好的乡村旅游资源 58. 有很好的自然环境 59. 有很好的传统民俗和旅游风气
合约方式	60. 和朋友或家人一起出来玩，所有费用在消费时由自己支付 61. 和朋友或家人一起出来玩，部分费用在消费时支付，部分费用交给旅行社支付 62. 参加旅行社的旅游团，所有费用都支付给旅行社

＊本调查问卷在小规模访谈后用于德尔菲专家调查。

资料来源：笔者研究整理。

在完成了初始问卷设计之后，本研究为确定最终调查问卷还进行了两次调查。第一次是专家调查，调查目的是对原始问题进行辨认，测试每个问题项目的语句是否便于调查对象理解以及问项设置是否能有效率地达到调查目标。第二次调查是对乡村旅游者的问卷试调查，调查目的是通过项目分析和因子分析对经过专家调查法确定下来的问项进行筛选，保证最终的正式调查问卷能通过信度和效度检验。

第二节　问卷设计

一　德尔菲专家调查

（一）调查目的

为避免调查对象之间相互干扰，本次专家调查法采用的调查方式是德尔菲法，德尔菲专家调查的目的主要有以下几个：

1. 找出反映乡村旅游行为意向各维度的测量项目是否涵盖相应概念的内涵；

2. 问卷中各问项的语气用词等能否为游客所理解；

3. 考察影响乡村旅游行为意向因素的选取以及测量这些因素的具体指标是否全面和合理。

（二）调查过程

本次德尔菲专家调查从 2007 年 3 月 3 日发放第一轮专家意见征询表开始，至 2007 年 4 月 20 日回收第三轮专家意见结束，历时 47 天。经过三轮问卷回收和发放，专家意见基本趋向一致，共回收有效问卷 10 份。

德尔菲专家调查的主要内容是：

1. 专家对乡村旅游行为意向的主要看法；

2. 专家对乡村旅游行为意向主要影响因素的看法；

3. 专家对激发乡村旅游行为意向的主要措施的看法；

4. 向专家介绍本研究的思路以及问卷调查的目的和思路，展示在文献综述和本研究分析基础上制订的调查问卷，考察各有关变量的测量项目是否涵盖相应概念的内涵以及各问项的语气用词等是否有歧义或难以理解。

（三）调查结果

经过对调查回收的问卷进行综合整理，原问项、专家针对以上变量测量问项反馈的问题以及笔者对此进行修正后的乡村旅游行为意向调查问项综合如表 4.3 所示。

表 4.3　　　　　　　　专家问卷调查后的结果及修正

序号	测量变量	原问项	专家意见	修改后的问项
1	态　度	使用"好"、"没用的"、"不愉快的"、"有趣的"、"快乐的"五个形容词进行不同维度的调查	对普通旅游者来说,这五个形容词不容易区分其中意思,极易造成混淆,也无法正确回答	直接对旅游者在这七个问项上的感觉进行调查
2	主观规范	分别从家人、同事、朋友、行业管理部门、景区等方面测量社会规范和个人规范	社会规范应考虑环保、社区居民等方面的意见,"认为应该"与"支持"之间意思不明	在主观规范调查中加入环保部门和人士、社区居民两个方面的问项,并将"认为应该"与"支持"合并
3	过去行为	使用有无进行过乡村旅游测量旅游者的过去行为	不但要测量是否进行过,而且应考虑旅游者在某个时间段内的乡村旅游次数	在过去行为调查中加入过去一年的乡村旅游次数调查
4	行为控制认知	从金钱、信息、时间、精力和阻碍因素以及意愿性六个方面进行调查	阻碍因素和意愿性只能通过开放性调查进行,否则对后文的数据分析没有太大意义,前面四个因素已经可以概括行为控制认知的主要方面	删除"没有什么因素能阻碍您来本景区游玩"和"只要您愿意就可以来本景区游玩"两个反映阻碍因素和意愿性的问项

续表

序号	测量变量	原 问 项	专家意见	修改后的问项
5	旅游者价值	从传统民俗、乡土建筑、乡村生活方式等十个方面对旅游者价值进行调查	某些问项的意思与前文问项有重复	删除了与前文内容有重叠的三个问项：活动项目的丰富性、从业人员的服务水平、乡村游览前后的解说和介绍
6	旅游景区服务质量	从服务设施、服务环境、服务人员、景区管理制度等方面对服务质量进行调查，共26个问项	某些问项与旅游者价值之间有重复，部分问项之间意思重叠	将服务质量调查的重点放在景区的服务上，删除了意思重叠的问项，比如用一个问项测量服务设施
7	替代景区吸引力	从替代景区形象、声誉、服务、乡村旅游资源、自然环境、传统民俗和旅游风气六个"软"的方面进行	问项基本涵盖了景区吸引力的范畴，但应该在语气用词方面注意让样本易于被理解，从而有效将其与景区服务质量问项的含义分开	在定性词语前加入修饰词"很好的"，且在当被调查游客不理解时进行有效解答
8	乡村旅游目的地形象	从人文景观、乡村文化、农民态度、交通条件、基础设施、导游服务设施、购物商业设施等十个方面调查乡村旅游者对景区各方面的印象	与景区服务质量之间区别不明显，旅游者在乡村旅游目的地形象方面的认知会与景区服务质量认知相混淆	从服务水平、人文景观、乡村文化、农民对待游客的态度、交通条件、基础设施等十个方面调查旅游目的地形象

续表

序号	测量变量	原 问 项	专家意见	修改后的问项
9	乡村旅游合约方式	从乡村旅游者付费方式对合约方式进行考察,分成包价、半包价和散客乡村旅游者三类	这种考察从实践中得来,是可行的,但应考虑不同付费方式的交叉性	维持原有问项不变,正式调查时充分注意交叉性
10	乡村旅游行为意向	从忠诚度、转换、溢价、内、外部响应五个维度测量旅游行为意向,共13个问项	13个问项过于复杂,已有研究表明,三个问项可以比较明确地反映出旅游者的行为意向	从重复购买、支付溢价以及正向推荐三个维度共三个问项对旅游行为意向进行调查

本研究结合专家意见对初始调查表进行了修改,形成试调查所使用的调查问卷(见附录二)。

二　试调查

(一)概述

为了确定最终正式调查问卷,本研究使用在专家调查法的基础上修改而成的问卷对中等规模的乡村旅游者进行了试调查。试调查的目的是通过中等批量的样本收集有关各变量的数据,对数据进行分析处理,以便对调查问卷进行提纯和最终确定。

本次试调查在2007年"五一"期间完成,主要利用"五一"期间游客数量充足,样本更有代表性的优势,在浙江省宁波市范围内选择六个乡村旅游景区发放调查问卷600份,其中,回收问卷578份,有效问卷422份,有效问卷率为73.01%。试调查的乡村旅游景区如表 4.4 所示。

表 4.4　　　　　　试调查的六个乡村旅游景区

序号	乡村旅游景区名称	地点	问卷发放数量
1	天宫庄园	宁波市鄞州区湾里镇	127
2	藤头村	浙江省奉化市三横镇	120
3	江北都市农庄	宁波市江北区	103
4	五星绿野农庄	宁波市江北区慈城	80
5	柿林村采摘园	浙江省余姚市大岚镇	88
6	水浒风情民俗农家乐	浙江省余姚市四明山镇	82

在所调查的有效样本中，男性为 224 人，女性为 198 人，分别占总比例的 53.08% 和 46.92%。

本次试调查所使用的问卷是在专家调查法之后根据专家意见修改得来的。共包括样本基本情况、态度、主观规范、行为控制认知、过去行为、乡村旅游者价值、旅游合约方式、替代景区吸引力、景区服务质量、乡村旅游目的地形象以及乡村旅游行为意向等部分。样本基本情况调查部分主要调查样本性别、年龄、受教育程度、平均月收入、职业、家庭结构以及客源地，除客源地外均采用封闭型调查；对过去行为和合约方式采用封闭型调查方式，要求样本选择在过去一年内进行乡村旅游的次数和本次乡村旅游的合约方式。其他部分的调查均采用李克特五点量表法进行。为节约篇幅，本处不对样本的基本情况进行描述性分析。

（二）项目分析

项目分析（Item Analysis）的主要目的是对预试的项目进行分析，以作为正式选题的参考。进行项目分析时，通常有两种方法可以使用：第一种方法是用 T 检验法，第二种是用相关法。在做项目分析时，这两种方法都是以单题为单位来进行分析的。

本研究采用 T 检验法进行项目分析。T 检验法是在进行项目分析时，以该分量表总得分的高分组（前 25% 的受试者）和低分组（后 25% 的受试者）在每一题得分的平均数进行差异比较。所得的值称为决断值（Critical Ratio）（CR），如果项目的 CR 值达显著水平（$\alpha < 0.05$），即表示这个项目能鉴别不同样本的反映程度；如果 CR 值不达显著水平（$\alpha > 0.05$），即表示这个项目不能鉴别不同样本的反映程度，这是首先应考虑的项目是否应删除的判断条件。

由于项目分析所涉及的问项众多，所以本处不一一列出所有项目的 T 检验结果，而仅列出独立样本 T 检验结果中应剔除的项目（如表 4.5）。

表 4.5　　独立样本 T 检验后需要删除的项目检验结果

| | | Levene 方差齐次性检验 | | 两均数是否相等的 t 检验 | | | | |
		F	显著性	t	df	显著性（双侧）	均值差值	标准误
这次乡村旅游对您的知识增长有很大的帮助	假设方差相等	2.076	.006	-36.894	239	.151	-2.730	.074
	假设方差不相等			-37.225	207.451	.000	-2.730	.073
对供水供电通讯等基础设施的印象	假设方差相等	1.346	.005	-15.690	239	.247	-1.599	.102
	假设方差不相等			-15.691	238.669	.000	-1.599	.102

续表

		Levene 方差齐次性检验		两均数是否相等的 t 检验				
		F	显著性	t	df	显著性（双侧）	均值差值	标准误
对购物商业设施的印象	假设方差相等	.196	.000	-15.347	239	.659	-1.650	.108
	假设方差不相等			-15.393	236.622	.000	-1.650	.107
消防医疗配备表现	假设方差相等	.166	.003	-23.580	239	.684	-2.249	.095
	假设方差不相等			-23.646	237.011	.000	-2.249	.095
当地社会治安表现	假设方差相等	2.741	.000	-13.453	239	.099	-1.420	.106
	假设方差不相等			-13.443	237.636	.000	-1.420	.106
与景区周边农民的交往交流表现	假设方差相等	2.176	.000	-24.607	239	.141	-2.309	.094
	假设方差不相等			-24.598	238.182	.000	-2.309	.094
服务设施与提供服务相配合	假设方差相等	.011	.007	-36.513	239	.918	-2.695	.074
	假设方差不相等			-36.767	219.972	.000	-2.695	.073

由表 4.5 中可以看出，"服务设施与提供的服务相配合"等七个项目没有通过独立样本 T 检验，CR 值没有达到显著水平

（α＞0.05）。通过与调查样本的交流，笔者发现，"服务设施与提供的服务相配合"不能通过检验是因为大部分乡村旅游者在旅游过程中更注重田园风光、山水以及融于其中的无形服务等，在旅游过程中关注的焦点不在旅游设施，所以回答出来的答案出现不一致；"这次乡村旅游对您的知识增长有很大的帮助"不能通过检验是因为前面问题"这次乡村旅游让您的个人价值能得到提升"在样本调查者心目中已经包括了知识增长维度；"对供水供电通讯等基础设施的印象"、"当地社会治安表现"两项不能通过检验是因为在经济发展达到目前水平的情况下，乡村旅游者已经习惯于充足的水电通讯保障和安全保障，对基本的基础设施表现不觉得奇怪而不会产生足够感知；"对购物商业设施的印象"、"消防医疗配备表现"、"与景区周边农民之间的交往交流表现"不能通过检验是因为乡村旅游者没有直接与购物设施、医疗消费设施和农民接触而产生的。乡村旅游目的地形象变量的各问项均通过独立样本 T 检验。

经过独立样本 T 检验之后，七个问项的 CR 值没有达到显著水平而不能进入下一步因子分析。

（三）因子分析

在独立样本 T 检验中，调查问卷中的七个问项因为 CR 值大于 0.05 的显著性水平而被剔除。在余下的问项中，应对样本数据进行信度检验，计算项目的量表内部一致性信度 Cronbach's Alpha 值。如果某问项剔除后会使量表效度增加的项目应当被剔除，再进行因子分析对剩余项目进行筛选。因子分析（Factor Analysis）的主要作用是化简数据和寻求基本结构。通过对诸多变量的相关性研究，可以用假想的少数几个变量来表示原来变量的主要信息。因子分析中的因子，一般来说能够找到实际意义（马庆国，2002，第 329—331 页）。因过去行为和旅游合约方式变量分别只有一个项目，故不进行因子分析，下面对主观规范等八个有关变量的测量项目进行因子分析。

因子分析之前必须首先进行 KMO 和巴特莱特球体测度（Bartlett's test of sphericity），目的是检验数据是否适合做因子分析。KMO 的值越接近 1，数据越适合做因子分析。一般认为 KMO 在 0.7 以上，就适合做因子分析。巴特莱特球体检验是为了判断相关系数矩阵是否为单位矩阵。

1. 主观规范

经过计算，主观规范八个问项的 Alpha 值为 0.911，没有出现问项剔除后会使问卷效度增加的项目，主观规范八个项目的 KMO 为 0.756，巴特莱特球体 χ^2 统计值的显著性概率是 0.000，小于 1%，近似卡方为 838.138，说明数据相关矩阵不是单位阵，具有相关性，也说明数据适合进行因子分析。其能解释的总方差如表 4.6 所示。

表 4.6　　　　　　　　主观规范因子解释的总方差

成 分	旋 转 平 方 和 载 入		
	特征值	解释方差百分比	累计解释方差百分比
1	2.249	28.116	28.116
2	2.230	27.877	55.994

说明：提取方法：主成分分析法。

表 4.6 说明八个项目中提取出了两个公因子，它们能解释的总方差为 55.99%。其成分矩阵用最大方差法进行旋转以后如表 4.7 所示。

表 4.7 主观规范因子旋转成分矩阵

主 观 规 范	成 分	
	1	2
您的家人或极为重要的人支持您进行乡村旅游	**.502**	.248
您的同事或同学支持您进行乡村旅游	**.607**	.315
您的朋友支持您进行乡村旅游	**.871**	.117
您认识的人都支持您进行乡村旅游	**.873**	.027
环保单位和人士支持您进行乡村旅游	.232	**.579**
旅游行政管理部门会支持您进行乡村旅游	.144	**.706**
乡村旅游景区周边居民欢迎您去游玩	.164	**.779**
乡村旅游景区都欢迎您进行乡村旅游	.082	**.849**

说明：提取方法：主成分分析法；

旋转法：具有 Kaiser 标准化的正交旋转法；

旋转在 3 次迭代后收敛。

从旋转成分矩阵可以看出，主观规范八个问项在各自公因子上的载荷都超过 0.5，因此问项可以全部保留。

2. 行为控制认知

经计算，行为控制认知四个项目的 Alpha 值为 0.865，没有出现问项剔除后会使问卷效度增加的项目。因子分析之前首先进行 KMO 和巴特莱特球体测度，检验结果中，KMO 为 0.870，巴特莱特球体 χ^2 统计值的显著性概率是 0.000，小于 1%，近似卡方为 483.106，说明数据相关矩阵不是单位阵，具有相关性，也说明数据适合进行因子分析。其能解释的总方差如表 4.8 所示。

表 4.8   行为控制认知因子解释的总方差

成 分	提 取 平 方 和 载 入		
	特 征 值	解释方差百分比	累计解释方差百分比
1	2.497	62.427	62.427

说明：提取方法：主成分分析法。

表 4.8 说明提取出了一个公因子，它能解释的总方差为 62.427%。其成分矩阵如表 4.9 所示。

表 4.9   行为控制认知因子成分矩阵

行 为 控 制 认 知	成 分
	1
您有足够的钱来本景区游玩	.827
您可以找到与本景区相关的足够的信息	.859
您有足够的时间来本景区游玩	.806
您有足够的体力来本景区游玩	.652

说明：提取方法：主成分分析法；

　　　旋转法：具有 Kaiser 标准化的正交旋转法；

　　　旋转在 3 次迭代后收敛。

从成分矩阵可以看出，行为控制认知的四个问项在公因子上的载荷都在 0.6 以上，说明问项可以全部保留。

3. 态度

经计算，态度七个项目的 Alpha 值为 0.874，没有出现问项剔除后会使问卷效度增加的项目。因子分析之前首先进行 KMO 和巴特莱特球体测度，在检验结果中，KMO 为 0.712，巴特莱特球体 x^2 统计值的显著性概率是 0.000，小于 1%，近似卡方为

1161.108，说明数据相关矩阵不是单位阵，具有相关性，也说明数据适合进行因子分析。其能解释的总方差如表 4.10 所示。

表 4.10 态度因子解释的总方差

成 分	旋 转 平 方 和 载 入		
	特征值	解释方差百分比	累计解释方差百分比
1	2.455	35.075	35.075
2	1.667	23.809	58.884

说明：提取方法：主成分分析法。

表 4.10 说明七个项目提取出了两个公因子，它们能解释的总方差为 58.884%。成分矩阵如表 4.11 所示。

表 4.11 态度因子成分矩阵

	成 分	
	1	2
延续社交关系，参与乡村旅游活动能为您提供与朋友一起相聚的机会	.541	-.144
参与乡村旅游活动会给您带来美的享受	.669	-.299
促进健康与体能，参与乡村旅游活动可令您更健康，亦可令您身体有较佳的状态	.697	-.325
参与乡村旅游活动可减轻压力或令您避开一些您将面对的问题	.713	-.186
促进社交成长，参与乡村旅游活动能为您提供认识新朋友的机会	.745	-.060
乡村旅游活动令人紧张刺激，但有些危险，参与乡村旅游活动可能是危险的	.490	.735

续表

	成 分	
	1	2
参与乡村旅游活动是需要长期准备的，要花费精力准备，您便需要放弃其他您较爱做的事情	.397	.811

说明：提取方法：主成分分析法；

旋转法：具有 Kaiser 标准化的正交旋转法；

旋转在 3 次迭代后收敛。

从成分矩阵可以看出，态度的七个问项在公因子上的载荷都超过了 0.5，因此态度的测量问项可以全部保留。

4. 乡村旅游者价值

经计算，所有乡村旅游者价值的 18 个项目的 Alpha 值为 0.891，没有出现问项剔除后会使问卷效度增加的项目。因子分析之前首先进行 KMO 和巴特莱特球体测度，在检验结果中，KMO 为 0.877，近似卡方值为 7660.155，巴特莱特球体 χ^2 统计值的显著性概率是 0.000，小于 1%，说明数据相关矩阵不是单位阵，具有相关性，也说明数据适合进行因子分析。其能解释的总方差如表 4.12 所示。

表 4.12   乡村旅游者价值因子解释的总方差

成 分	旋 转 平 方 和 载 入		
	特征值	解释方差百分比	累计解释方差百分比
1	3.271	18.174	18.174
2	2.891	16.060	34.234
3	2.712	15.065	49.299
4	2.549	14.164	63.463

说明：提取方法：主成分分析法。

表 4.12 说明，通过因子分析可以提取出四个公因子，这四个公因子累积能解释的方差为 63.463%。其旋转后的成分矩阵如表 4.13 所示。

表 4.13　　　　　乡村旅游者价值因子旋转成分矩阵

乡村旅游者价值	成　分			
	1	2	3	4
餐饮价格	**.852**	.077	.170	.097
门票价格	**.763**	.092	.118	.195
土产价格	**.756**	.124	.099	.248
交通价格	**.723**	.072	.283	.152
住宿价格	**.640**	.085	.340	.067
乡土建筑	.040	**.801**	.022	.094
乡村生活	.011	**.772**	.014	-.019
田园景观	.053	**.757**	.187	.119
传统民俗	.154	**.707**	.056	.106
清新空气	.118	**.681**	.118	-.043
土产特色	.099	.144	**.792**	.186
特色农业	.209	.141	**.780**	.190
餐饮特色	.343	.012	**.763**	.150
村民友好	.310	.123	**.629**	.222
可参与性	.131	.120	.125	**.813**
生活设施	.151	.033	.090	**.803**
交通方便	.118	.051	.359	**.701**
食宿卫生	.309	.027	.211	**.661**

说明：提取方法：主成分分析法；

旋转法：具有 Kaiser 标准化的正交旋转法；

旋转在 5 次迭代后收敛。

表 4.13 说明，乡村旅游者价值 18 个问项在提取出的四个公因子上的载荷均大于 0.5，因此问项全部保留。

5. 乡村旅游景区服务质量

经计算，乡村旅游景区服务质量 24 个项目的 Alpha 值为 0.932，没有出现问项剔除后会使量表效度增加的项目。因子分析之前首先进行 KMO 和巴特莱特球体测度，检验结果中，KMO 为 0.944，巴特莱特球体 χ^2 统计值的显著性概率是 0.000，小于 1%，近似卡方为 4597.589，说明数据相关矩阵不是单位阵，具有相关性，也说明数据适合进行因子分析。其能解释的总方差如表 4.14 所示。

表 4.14　　乡村旅游景区服务质量因子解释的总方差

成 分	旋 转 平 方 和 载 入		
	特征值	解释方差百分比	累计解释方差百分比
1	5.044	21.017	21.017
2	3.424	14.268	35.285
3	2.977	12.403	47.688
4	2.009	8.369	56.057

说明：提取方法：主成分分析法。

表 4.14 说明，通过因子分析可以提取出四个公因子，这四个公因子累积能解释的方差为 56.057%。其旋转后的成分矩阵如表 4.15 所示。

表 4.15　　　　　乡村旅游景区服务质量因子旋转成分矩阵

	成　分			
	1	2	3	4
业务熟悉	**.813**	.218	.155	.122
额外服务	**.763**	.223	.180	.122
服务完整	**.761**	.227	.121	.114
安排便利	**.683**	.212	.222	.164
服务及时	**.650**	.329	.195	.069
游客安全	**.645**	.167	.399	.085
热心帮助	**.581**	.022	.363	.259
投诉受理	**.573**	.227	.492	.005
布局合理	**.523**	.423	.185	.209
服装整洁	.164	**.679**	.125	.130
产品吸引力	.151	**.664**	.219	.043
餐饮服务	.184	**.640**	.219	.163
不同项目	.263	**.620**	.070	.167
设施服务配合	.263	**.605**	.183	.198
个人需求	.442	**.570**	.088	.227
解说专业	.201	.074	**.739**	.220
信息充分	.222	.198	**.692**	.118
热情尊重	.355	.294	**.633**	.054
标志醒目	.183	.149	**.619**	.328
说明完整	.452	.248	**.558**	—.073
气候景观	.031	.395	**.513**	.024
环境破坏	.093	.096	.097	**.803**
设施一体	.203	.290	.082	**.658**
环境整洁	.158	.277	.295	**.583**

　　说明：提取方法：主成分分析法；

　　　　　旋转法：具有 Kaiser 标准化的正交旋转法；

　　　　　旋转在 5 次迭代后收敛。

　　从上表 4.15 可以看出，乡村旅游景区服务质量 25 个问项在提取出的四个公因子上的载荷大于 0.5，因此问项得以全部保留。

　　6. 替代景区吸引力

　　经计算，替代景区吸引力六个项目的 Alpha 值为 0.907，没有出现问项剔除后会使问卷效度增加的项目。因子分析之前首先进行 KMO 和巴特莱特球体测度，检验结果中，KMO 为 0.797，巴特莱特球体 χ^2 统计值的显著性概率是 0.000，小于 1%，近似卡方为 498.634，说明数据相关矩阵不是单位阵，具有相关性，也说明数据适合进行因子分析。其能解释的总方差如表 4.16 所示。

表 4.16　　　　　替代景区吸引力因子解释的总方差

成分	提 取 平 方 和 载 入		
	特征值	解释方差百分比	累计解释方差百分比
1	2.921	48.690	48.690

说明：提取方法：主成分分析法。

　　从表 4.16 可以看出，替代景区吸引力因子分析提取出了一个公因子，该公因子能有效解释的方差为 48.690%，成分矩阵如表 4.17 所示。

表 4.17　　　　　替代景区吸引力因子成分矩阵

替代景区吸引力	成分 1	替代景区吸引力	成分 1
时间成本低	.646	物质成本低	.763
精力成本低	.719	提升个人价值	.657
体力成本低	.678	增长知识	.717

说明：提取方法：主成分分析法；
　　　已提取了 1 个成分。

从成分矩阵可以看出，替代景区吸引力六个问项在提取出的公因子上的载荷均大于0.6，因此六个问项全部保留。

7. 乡村旅游目的地形象

经过计算，乡村旅游目的地形象八个问项的 Alpha 值为 0.927，没有出现问项剔除后会使问卷效度增加的项目，主观规范八个项目的 KMO 为 0.846，巴特莱特球体 χ^2 统计值的显著性概率是 0.000，小于1%，近似卡方为1630.472，说明数据相关矩阵不是单位阵，具有相关性，说明数据适合进行因子分析。其能解释的总方差如表4.18所示。

表4.18　　　　乡村旅游目的地形象因子解释的总方差

成　分	旋 转 平 方 和 载 入		
	特征值	解释方差百分比	累计解释方差百分比
1	2.855	35.691	35.691
2	1.920	24.000	59.691

说明：提取方法：主成分分析法。

表4.18说明提取出的公因子为两个，其解释的总方差为59.691%。公因子旋转后的成分矩阵如表4.19所示。

表4.19　　　　乡村旅游目的地形象因子旋转成分矩阵

	成　分	
	1	2
对导游服务设施的印象	.835	.009
对来本地旅游的交通条件的印象	.750	.169
对餐饮设施的印象	.693	.262
对乡村建筑等人文景观的印象	.674	.195

续表

	成　分	
	1	2
对住宿设施的印象	.566	.525
对乡村特有文化的印象	−.079	.836
对农民对待游客态度的印象	.501	.637
对景区员工服务水平的印象	.290	.636

说明：提取方法：主成分分析法；

旋转法：具有 Kaiser 标准化的正交旋转法；

旋转在 3 次迭代后收敛。

从表 4.19 中可以看出，乡村旅游目的地形象八个问项在公因子上的载荷均大于 0.5，因此问项全部保留。

8. 行为意向

经计算，乡村旅游行为意向三个项目的 Alpha 值为 0.932，没有出现问项剔除后会使问卷效度增加的项目。因子分析之前首先进行 KMO 和巴特莱特球体测度，检验结果中，KMO 为 0.718，巴特莱特球体 χ^2 统计值的显著性概率是 0.000，小于 1%，近似卡方为 560.677，说明数据相关矩阵不是单位阵，具有相关性，也说明数据适合进行因子分析。其能解释的总方差如表 4.20 所示。

表 4.20　　　　　行为意向因子解释的总方差

成　分	提 取 平 方 和 载 入		
	特征值	解释方差百分比	累计解释方差百分比
1	2.197	73.249	73.249

说明：提取方法：主成分分析法。

表 4.20 说明三个项目提取出了一个公因子，它们能解释的总方差为 73.249%，成分矩阵如表 4.21 所示。

表 4.21　　　　　　　行为意向因子成分矩阵

乡 村 旅 游 行 为 意 向	成　　分
	1
再次来到本景区游玩	.825
即使本景区价格稍高，您还是会来这里游玩	.898
大力向其他人推荐本景区	.837

　　说明：提取方法：主成分分析法；
　　　　　　已提取了 1 个成分。

从成分矩阵可以看出，乡村旅游行为意向的三个问项在公因子上的载荷都超过 0.8，说明问项设置比较好，可以全部保留。

（四）信度分析

探索性因子分析可以保证每个问项在所属因子上有较高载荷，在进行探索性因子分析之后，为了保证所有变量的测量问项在所属因子中均有高度一致性，还必须进行 Cronbach's alpha 信度分析。根据已有的研究结果，如果变量的 Cronbach's alpha 内部一致性大于 0.7 的话，该变量下的问项可以保留；如果发现将某一问项删除后会显著增加其内部一致性，则应该删除该问项。本研究根据此方法作出分析。

因为调查问卷中对过去行为和合约方式测量的问项只有一项，所以无法进行 Cronbach's alpha 内部一致性检验。本研究针对除过去行为之外的其他变量的测量问项进行内部一致性分析，结果发现，没有问项在删除后能显著增加所属变量的信度，而且所有变量的内部一致性系数均大于 0.7（如表 4.22 所示）。

表 4.22　　　　各变量的 Cronbach's alpha 信度分析

变 量 名 称	测量问项数	Cronbach's alpha 信度
态度	7	0.967
积极态度因子	5	0.971
消极态度因子	2	0.959
主观规范	8	0.957
个人内部规范因子	4	0.930
社会外部规范因子	4	0.968
行为控制认知	4	0.817
乡村旅游行为意向	3	0.870
乡村旅游者价值	18	0.967
价格因子	5	0.873
农业自然资源因子	5	0.970
本地特色资源因子	3	0.945
组织化程度因子	5	0.902
乡村旅游景区服务质量	25	0.927
管理服务质量因子	9	0.933
差异服务质量因子	6	0.938
导游服务质量因子	6	0.912
环境服务质量因子	3	0.919
替代景区吸引力	6	0.817
乡村旅游目的地形象	8	0.908
硬形象因子	5	0.921
软形象因子	3	0.900

三　调查问卷确定

　　本研究使用独立样本 T 检验和探索性因子分析对问卷进行提纯，并对各变量的测量问项进行信度检验。独立样本 T 检验主要用来检查样本数据在不同的样本中是否能得到不同的回答，检验结果表明，所有问项的数据均通过了检验。验证性因子分析主要检查各问项在提取的公因子上是否有有效载荷，载荷低于 0.4 的问项也将被剔除。分析结果表明，所有问项在提取的公因子上的载荷均大于 0.4，所以，所有问项均通过了探索性因子分析。探索性因子分析之后的测量问项均通过了信度检验，这说明，调查问卷的各变量具有良好的内部一致性。由此，乡村旅游者价值、乡村旅游景区服务质量和替代景区吸引力的调查问卷得以确定。

主观规范由"您的家人或极为重要的人支持您进行乡村旅游"等八个问项测量，态度由"乡村旅游活动促进社交成长，参与乡村旅游活动能给您提供认识新朋友的机会"等七个问项测量，行为控制认知由"您有足够的钱来本景区游玩"等四个问项测量，过去行为则由一个直接询问乡村旅游者过去旅游次数的问项进行测量。

乡村旅游者价值由本景区的传统民俗等 18 个问项组成，乡村旅游景区服务质量由服务设施与当地的生态环境融为一体等 25 个问项组成，替代景区吸引力由替代景区形象、声誉、服务、资源、环境以及传统民俗六个问项组成。乡村旅游目的地形象由对导游服务设施、本地旅游交通条件、餐饮设施、人文景观、住宿设施、乡村文化、农民对待游客的态度以及景区员工服务水平八个方面的印象测量组成。过去行为和合约方式则分别由一个封闭型的单项选择进行调查。

第三节　问卷调查的实施

一　问卷发放情况

（一）包价乡村旅游者和半包价乡村旅游者

本研究对包价乡村旅游者和半包价乡村旅游者的数据收集由

宁波浙仑海外旅行社有限公司导游部协助于 2007 年 6—8 月完成。宁波浙仑海外旅行社有限公司是宁波市规模最大的旅行社，尤其是组团业务量一直排名宁波市第一。

为了保证包价乡村旅游者和半包价乡村旅游者区分准确，在旅行社帮助下，本次调查确定包价乡村旅游者数据专门由地接团队完成，半包价乡村旅游者数据专门由组团团队完成。在本次调查前，笔者对协助完成本次调查的导游进行了培训，发放问卷的时间选在游客晚餐结束后，由导游员放置在游客回来的旅游车上。这个时间段内游客比较有耐心回答问题，并且从以往研究回收的数据分析中也可以发现，这个时间段内的数据信度比较高，因为游客有时间进行更多的理性思考。

问卷调查方式为抽样调查，具体是由旅行团导游从一个大的乡村旅游团内随机选择部分旅游者，为保证样本量不至于过度集中，本次调查严格限定为每个旅游团至多选取 10—20 位游客样本。为使旅游者能尽力按照自己的真实情况填写问卷，问卷都会与一份精美的旅游纪念品一起发放，并口头解释问卷填写方法。当样本填写完毕时导游员当场收回。

本次共发放包价乡村旅游者旅游行为意向调查问卷 600 份，共调查了 37 个乡村旅游团队，回收 581 份，回收率96.75%，其中有效问卷 473 份，有效率为 81.4%。本次调查确定无效问卷的标准为：问卷中问项填写不完整；同一问项中填有两个或两个以上答案者；在多个问卷问项中只选择同一个选项或关联问题出现明显自相矛盾，可以断定样本答题时随意性大，则被判定为无效问卷。发放半包价乡村旅游者旅游行为意向调查问卷 240 份，共调查了 18 个乡村旅游团队，回收问卷 213 份，回收率为88.75%，其中有效问卷 166 份，有效率为 77.9%。

（二）散客乡村旅游者

为了获得散客乡村旅游者旅游行为意向的有关数据，笔者于2007年6—8月间开展了散客部分的问卷调查。本部分问卷调查的对象严格限定为"和朋友或家人一起出来玩，所有费用在消费时由自己支付"的散客乡村旅游者。

问卷调查在浙江、河南和江西三省展开，各省分别抽取两个点，分别在浙江宁波江北都市农业园区、浙江奉化藤头村、河南新乡北站区耿庄村、河南新乡七里营龙泉村、江西上饶婺源县理坑、江西九江星子县温泉度假村六个景区发放调研问卷360份。其中，浙江宁波江北都市农业园区80份，浙江奉化藤头村75份，河南新乡北站区耿庄村60份，河南新乡七里营龙泉村45份，江西婺源理坑60份，江西星子县温泉度假村40份。

调查方式为随机抽样调查，具体是由调查组成员选择一个大部分乡村旅游者结束景区游玩行程时都会经过的地点，随机抽样进行，为使旅游者能尽力按照自己的真实情况填写问卷，在问卷填写之前调查组成员都会送给其一份精美的旅游纪念品，并口头解释问卷填写方法。为了不干扰样本填写，当游客填写问卷时，调查员在较远处等候，当其填写完毕时当场收回。

按照研究设计安排，本次调查共发放问卷360份，回收360份，其中有效问卷307份，问卷回收率为100%，有效率为85.4%。散客乡村旅游者问卷调查确定无效问卷的标准同上。

所以，本研究合计发放乡村旅游者调查问卷1200份，回收1154份，回收率为96.17%，其中有效问卷946份，有效率为81.97%，总体情况如表4.23所示。

表4.23　三种不同类型乡村旅游者样本调查问卷发放概况

（单位：份,%）

样本类型	发放数量	回收样本	回收率	有效样本	有效率
包价乡村旅游者	600	581	96.75	473	81.41
半包价乡村旅游者	240	213	88.75	166	77.93
散客乡村旅游者	360	360	100.00	307	85.27
合　计	1200	1154	96.17	946	81.98

二　样本特征

为了检验数据样本的代表性，笔者将被调查顾客样本的人口统计特征与有关旅游管理部门的随机样本数据进行了比较，比较结果显示了样本数据特征与实际情况的近似吻合性。本次调查的可靠性和真实性能够得到一定的保证。

本研究对乡村旅游者调查的总体样本情况如表4.24所示。

表4.24　　乡村旅游者有效样本特征的描述性统计表　　N=946

人口统计变量	分类项目	人数	比例（%）	人口统计变量	分类项目	人数	比例（%）
性别	男	493	52.11	年龄	18岁以下	45	4.76
	女	443	46.83		18—25岁	409	43.23
月均收入	1000元以下	217	22.94		26—40岁	319	33.72
	1001—2500元	305	32.24		41—60岁	125	13.21
	2501—4000元	282	29.81		61岁及以上	48	5.07
	4001元以上	143	15.12				
职业	公务员	93	9.83	家庭结构	单身	361	38.16
	事业单位工作人员	133	14.06		已婚，无小孩	125	13.21
	军人	77	8.14		已婚，且孩子未成年	260	27.48
	企业职工	183	19.34		已婚，且孩子已成年	154	16.28
	农民	13	1.37		其他	40	4.23

续表

人口统 计变量	分类项目	人数	比例 （%）	人口统 计变量	分类项目	人数	比例 （%）
职业	个体户	45	4.76	受教育 程度	初中及以下	111	11.73
	离退休人员	77	8.14		高中	208	22.00
	教师	50	5.29		大专	327	34.56
	学生	213	22.52		本科	277	29.28
	其他	61	6.45		研究生及以上	23	2.44
旅游 方式	包价旅游	473	50.00	合计	样本量	946	100
	半包价旅游	166	17.55				
	散客旅游	307	32.45				

第四节　数据质量检验

一　方差分析

本处进行方差分析以了解不同特征的散客乡村旅游者样本在各个不同变量上是否存在差异。为了研究方便，先对各有关变量进行探索性因子分析，并另存为变量，然后再进行方差分析，所以下列表中的均值并不直接反映实际调查数值。如果变量经过探索性因子分析只有一个因子的话，则对该变量下所有指标进行方差分析。为节约篇幅，本研究只列出因子存在显著性差异的分析结果。

（一）年龄

从年龄对不同因子的方差分析结果可以看出，不同年龄段的乡村旅游者在景区吸引力因子上呈现显著性差异（如表 4.25）。在替代景区吸引力因子上，认同度随着年龄段升高而降低，这可能因为旅游经历和经验与年龄成正比的关系。

表4.25　　　　　　年龄对各因子的比较分析差异

		样本量	均 值	标准差	F 值	显著性
替代景区吸引力因子	18 岁以下	45	.235	1.094	2.493	.043
	18—25 岁	409	.177	1.043		
	26—40 岁	319	.069	.904		
	41—60 岁	125	-.061	.850		
	61 岁及以上	48	-.177	.980		
	总 数	946	.000	1.000		

（二）性别

从性别对不同因子的方差分析结果可以看出，不同性别的乡村旅游者样本在景区吸引力因子上存在显著性差异，如表4.26所示。其中，男性样本在这三个因子上的认同度均大于女性。

表4.26　　　　　　性别对各因子的比较分析差异

		样本量	均 值	标准差	F 值	显著性
景区吸引力因子	男 性	537	.158	.928	6.922	.009
	女 性	409	-.121	1.038		
	总 数	946	-.000	1.000		

（三）职业

在旅游目的地形象因子中，认同度最高的是农民，最低的是离退休人员。传统上，农民出外旅游的机会相对较少，所以对旅游目的地的服务容易感到满意，而离退休人员因为阅历较为丰富，对服务容易感到不满意。结果如表4.27所示。

表 4. 27 职业对各因子的比较分析差异

		样本量	均 值	标准差	F 值	显著性
旅游目的地形象因子	公务员	93	.198	.766	6.339	.000
	事业单位工作人员	133	-.188	.749		
	军人	77	.305	.998		
	企业职工	183	.086	.981		
	农民	13	.755	1.106		
	个体户	45	.631	.682		
	离退休人员	77	-.642	1.213		
	教师	50	.252	1.120		
	学生	213	-.487	.923		
	其他	61	.310	.969		
	总数	946	.000	1.000		

（四） 家庭结构

从家庭结构对不同因子的方差分析结果可以看出，不同家庭结构的乡村旅游者在乡村旅游者价值的自然资源因子、价格因子以及乡村旅游景区服务质量的环境服务因子三个因子上呈现显著性差异，如表 4.28 所示。

乡村旅游者价值的自然资源因子所包含的主要是"服务设施与生态环境融为一体"、"服务设施未对环境造成大的破坏"等五项，认同度最高的是其他家庭结构样本，他按从高到低排是单身、已婚无小孩、已婚且孩子未成年和已婚且孩子已成年的样本。

旅游者价值的价格因子所包含的主要是住宿价格、餐饮价格等五项，认同度最高的是"已婚且孩子已成年"样本，往下依次是"已婚无小孩"、"已婚且孩子未成年"和"单身"样本，这说明对价格认同与经济实力呈现出较强的相关关系。

景区服务质量的管理服务因子所包含的主要是"服务人员总是热心帮助游客"、"游客投诉能及时受理、合理解决"以及"游客在旅游过程中感到安全"等九个，这九个指标有一个共同特点是服务质量的好坏与景区的管理水平有很大关系，其中，其他家庭结构样本对管理服务质量因子的认同度最高，其次是单身家庭结构样本，最低的是已婚且孩子已成年家庭结构样本。

表 4.28　　　　家庭结构对各因子的比较分析差异

		样本量	均值	标准差	F 值	显著性
旅游者价值自然资源因子	单身	361	.169	.800	5.835	.000
	已婚，无小孩	125	.038	1.275		
	已婚且孩子还未成年	260	-.432	1.007		
	已婚且孩子已经成年	154	-.489	1.049		
	其他	40	.524	.778		
	总数	946	.000	1.000		
旅游者价值价格因子	单身	361	-.231	.799	3.940	.004
	已婚，无小孩	125	.149	.961		
	已婚且孩子还未成年	260	.055	1.018		
	已婚且孩子已经成年	154	.338	1.328		
	其他	40	-.039	.756		
	总数	946	.000	1.000		
景区服务质量管理服务因子	单身	361	.169	.835	5.106	.001
	已婚，无小孩	125	-.001	1.080		
	已婚且孩子还未成年	260	-.197	.963		
	已婚且孩子已经成年	154	-.253	1.216		
	其他	40	.742	.892		
	总数	946	.000	1.000		

二 验证性因子分析

验证性因子分析是进行结构方程模型分析的一个前置步骤。验证性因子分析检验的是测量变量与变量之间的假设关系，也可以独立地应用在信度和效度的考验与理论有效性的确认上（Bentler，1989）。前文探索性因子分析结果表明，主观规范、态度、乡村旅游者价值、乡村旅游景区服务质量以及乡村旅游目的地形象五个变量分别存在两个有效维度，其他三个变量只有一个有效维度。所以，本研究使用 AMOS 5.0，利用验证性因子分析来评估这五个变量各维度测量的结构效度。

（一）主观规范

根据前文探索性因子分析结果，主观规范（SN）可提取出两个公因子，分别是个人内部规范因子（inner）和社会外部规范因子（outer）。个人内部规范因子包括"您的家人或极为重要的人支持您进行乡村旅游"（FA），"您的同事或同学支持您进行乡村旅游"（CL），"您的朋友支持您进行乡村旅游"（FR）以及"您认识的人都支持您进行乡村旅游"（KN）等，社会外部规范因子包括"旅游行政管理部门会支持您进行乡村旅游"（TA），"乡村旅游景区都支持您进行乡村旅游"（PS），"乡村旅游景区周边居民支持您进行乡村旅游"（RE）以及"环保单位和人士支持您进行乡村旅游"（EN）四项。本研究构建验证性因子分析模型，并使用 AMOS 5.0 计算如下。

根据 t 规则，本验证性因子模型共有八个测量指标，因此 $q \times (q+1) = 72$，模型要估计八个因子负荷，八个测量指标的误差方差和 18 个因子间的相关系数，共要估计 34 个参数，$t = 34 < 72$，满足模型识别的必要条件。

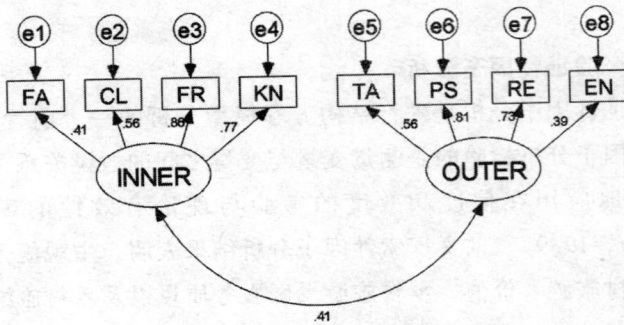

图 4.1　主观规范验证性因子分析结构方程模型

　　从验证性因子分析模型识别三指标法则上看，本模型每个潜变量有三个或以上的测量变量，因子负荷矩阵每一行有且只有一个非零值，即每个测量变量只测量一个特质值，残差的协方差矩阵为对角矩阵，即特殊因子之间相互独立。同时满足上述三个条件，因此本验证性因子分析模型满足识别的充分条件。

　　模型识别的必要条件和充分条件都满足，所以模型可以识别。

　　运行 AMOS 5.0 进行计算之后，可以对以上主观规范验证性因子分析结构方程模型进行评估，评估结果如表 4.29 所示。

表 4.29　　　　　主观规范验证性因子分析模型拟合指数 *

拟合指标	自由度	χ^2 值	P 值	χ^2/df	NFI	CFI	IFI	RFI	RMSEA
实际 指标值	19	60.579	0.000	3.188	0.932	0.952	0.953	0.900	0.079

　　* 本研究所用指标为结构方程模型常用拟合指数，本研究中的指标所指含义标注如下：χ^2 值为卡方统计量，NFI 为规范拟合指数，CFI 为比较拟合指数，IFI 为增量拟合指数，RFI 为相对拟合指数，RMSEA 为近似的均方根误差。

从表 4.29 可以看出，χ^2/df 为 3.188，NFI 为 0.932，CFI 为 0.952，IFI 为 0.953，RFI 为 0.900，以上指标均大于或等于 0.9，RMSEA 为 0.079，小于 0.08，说明主观规范验证性因子分析模型拟合较好，具有良好的建构效度，可以接受。

（二）态度

根据前文探索性因子分析结果，态度（A）也可提取出两个公因子，分别是积极态度（A2）和阻碍态度（A1）。积极态度包括"乡村旅游活动促进社交成长，参与乡村旅游活动能给您提供认识新朋友的机会"（SC）；"乡村旅游活动延续社交关系，参与乡村旅游活动能提供给您与朋友一起相聚的机会"（XJ），"乡村旅游活动促进健康与体能，参与乡村旅游活动可令您更健康，亦可令您身体有较佳的状态"（JK）；"乡村旅游活动可视为一种高雅的活动，参与乡村旅游活动会给您带来美的享受"（GY）以及"乡村旅游活动可消除紧张的情绪，参与乡村旅游活动可减低压力或令您避开一些您将面对的问题"（JY）。阻碍态度包括"乡村旅游活动令人紧张刺激，但有些危险，参与乡村旅游活动可能是危险的"（DA）和"乡村旅游活动可能是一种长期的活动，参与乡村旅游活动是需要长期准备的，要花费精力准备和时间游玩，您便需要放弃其他您较爱做的事情"（FS）。本研究构建如下验证性因子分析模型。

根据 t 规则，本验证性因子模型共有七个测量指标，因此 $q \times (q+1) = 56$，模型要估计七个因子负荷，七个测量指标的误差方差和 16 个因子间相关系数，共要估计 30 个参数，$t = 30 < 56$，满足模型识别的必要条件。

从验证性因子分析模型识别三指标法则上看，本模型每个潜变量有三个或以上的测量变量，因子负荷矩阵每一行有且只有一个非零值，即每个测量变量只测量一个特质值，残差的协方差矩阵为对角矩阵，即特殊因子之间相互独立。同时满足上述三条件，因此本验证性因子分析模型满足识别的充分条件。

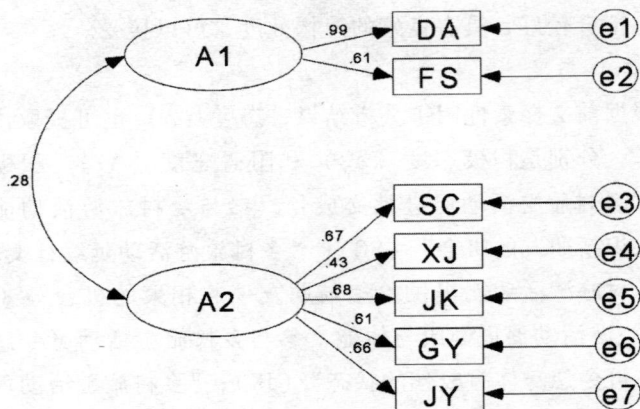

图 4.2　态度验证性因子分析结构方程模型

模型识别的必要条件和充分条件都满足，所以模型可以识别。

运行 AMOS 5.0 进行计算之后，可以对以上模型进行评估，评估结果如下表 4.30 所示。

表 4.30　　　　态度验证性因子分析模型拟合指数

拟合指标	自由度	χ^2 值	P 值	χ^2/df	NFI	CFI	IFI	RFI	RMSEA
实际指标值	13	56.342	0.000	4.334	0.977	0.982	0.982	0.900	0.097

从表 4.30 可以看出，尽管 RMSEA 为 0.097，大于 0.08，但是 χ^2/df 为 4.334，NFI 为 0.977，CFI 为 0.982，IFI 为 0.982，

RFI 为 0.900，以上指标均大于或等于 0.9，说明主观规范验证性因子分析模型拟合达到要求，具有令人接受的建构效度，本模型可以接受。

（三）乡村旅游者价值

根据试调查数据的探索性因子分析结果，乡村旅游者价值主要由价格因子（price）、本地特色资源因子（trait）、农业自然资源因子（nature）和组织化程度因子（system）四个因子构成。其中，价格因子由交通价格水平（JJ）、餐饮价格水平（CJ）、住宿价格水平（ZJ）、门票价格水平（PJ）以及乡村土特产品价格水平（MJ）五个指标进行测量，农业自然资源因子由本景区的传统民俗（JM）、乡土建筑（XT）、山水田园景观（TJ）、乡村生活方式（XS）和自然清新空气（QK）五个指标进行测量，本地特色资源因子由乡村土特产品特色（TT）、餐饮特色（CT）以及当地特色农业资源（TZ）三个指标测量，组织化程度因子由活动项目的可参与性程度（CC）、交通的方便程度（JF）、食宿的卫生条件（WS）、当地村民整体友好程度（CY）和生活配套设施（SS）五个指标测量。本研究构建如下验证性因子分析模型：

根据 t 规则，本验证性因子模型共有 18 个测量指标，因此 $q \times (q+1) = 342$，模型要估计 18 个因子负荷，18 个测量指标的误差方差和 40 个因子间相关系数，共要估计 76 个参数，$t = 76 < 342$，满足模型识别的必要条件。

从验证性因子分析模型识别三指标法则上看，本模型每个潜变量有三个或以上的测量变量，因子负荷矩阵每一行有且只有一个非零值，即每个测量变量只测量一个特质值，残差的协方差矩阵为对角矩阵，即特殊因子之间相互独立。同时满足上述三条件，因此本验证性因子分析模型满足识别的充分条件。

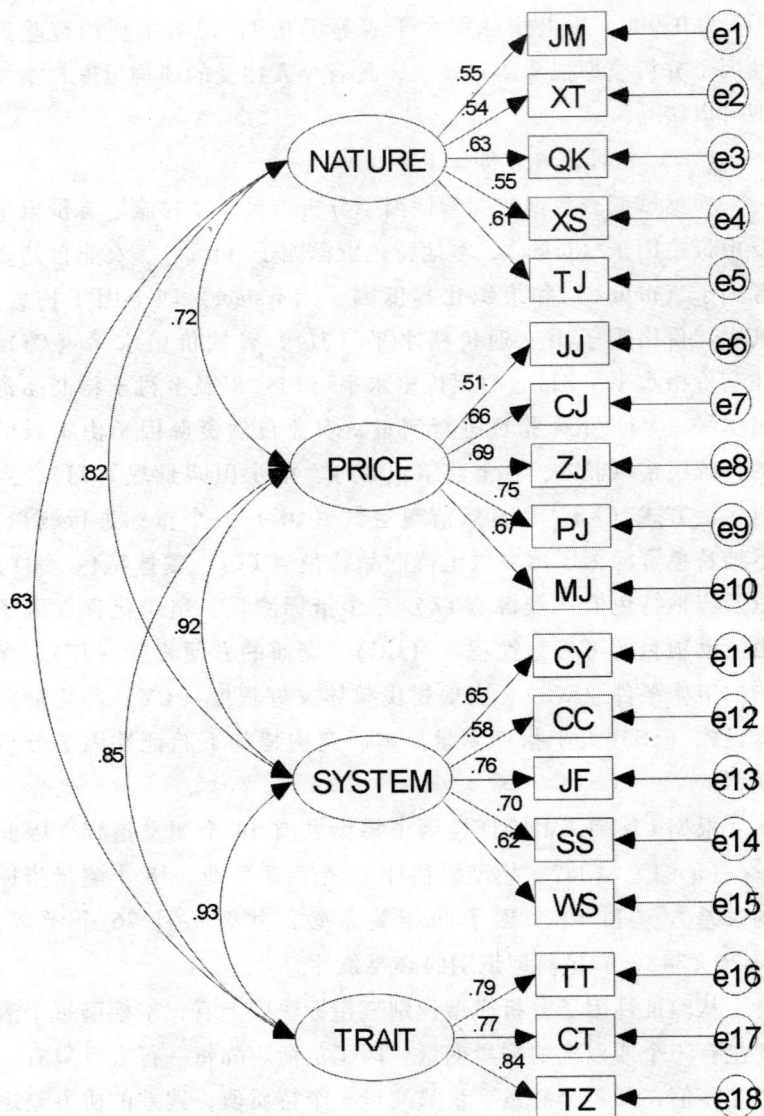

图 4.3 乡村旅游者价值验证性因子分析结构方程模型

模型识别的必要条件和充分条件都满足，所以模型可以识别。

乡村旅游者价值变量的验证性因子分析结构模型的各项拟合指数如表 4.31 所示。

表 4.31 乡村旅游者价值验证性因子分析模型拟合指数

拟合指标	自由度	χ^2 值	P 值	X^2/df	NFI	CFI	IFI	RFI	RMSEA
实际指标值	129	1314.949	0.000	10.193	0.911	0.919	0.919	0.894	0.099

从表 4.31 可以看出，尽管 RMSEA 为 0.099，大于 0.08，但是 χ^2/df 为 10.193，NFI 为 0.911，CFI 为 0.919，IFI 为 0.919，以上指标均大于 0.9，RFI 为 0.894，接近 0.9，说明景区服务质量验证性因子分析模型拟合比较好，具有良好的建构效度，本模型可以接受。

（四）乡村旅游景区服务质量

根据试调查数据探索性因子分析结果，景区服务质量主要由管理服务质量（MANA）、差异服务质量（DIFFER）、导游服务质量（GUIDE）和环境服务质量（CIRCUM）四个因子构成，其中，管理服务质量因子由"服务设施（如停车场等）布局合理"（BJ），"旅游活动的安排能考虑到游客的便利性"（BL），"景区能完整提供所承诺的各项服务内容"（WZ），"服务人员熟悉业务内容，很少出现失误"（SX），"服务人员能根据游客的额外要求在一定时限内提供服务"（EF），"服务人员能提供及时有效的服务"（JS），"服务人员总是热心帮助游客"（RB），"游客投诉能及时受理，合理解决"（TS）以及"游客在旅游过程中感到安全"（YA）九个问项测量，差异服务质量因子主要由"当地的土特产品或纪念品具有吸引力"（CX），"服务人员着装与当地环境相协调并易于识别"（FZ），"住宿设施体现当地特色并与环境相协调"（SP），"餐饮服务展现地方特色"（CF），"服务人员会注意到游客个人的特别需求"（GX），"景区具有适宜不同人群的活动项目"（DX）六个问项测量，导游服务质量因子主要由"导游或景区服务人员在游客活动或进门之前对行程和注意事项等能做清晰完整的说明"（SW），"景区导游能提供专业的解说"（JZ），"服务人员对游客友善、热情、尊重"（RZ），"游客服务中心能提供充分的旅游信息"（XC），"各类标志、标牌醒目，指示明确"（BX）以及"景区气候舒适、景观引人入胜"（QJ）六个问项测量，环境服务质量因子主要由"服务设施与当地的生态环境融为一体"（SH），"服务设施对环境没有造成太大的破坏"（PH），"景区环境整洁、优美"（HZ）和"停车场、厕所、休憩设施等能满足游客的需求"（SM）四个问项测量。

本研究构建验证性因子分析模型并计算如图4.4所示。

根据t规则，本验证性因子模型共有25个测量指标，因此 $q \times (q+1) = 650$，模型要估计25个因子负荷，25个测量指标的误差方差和54个因子间相关系数，共要估计104个参数，$t = 104 < 650$，满足模型识别的必要条件。

从验证性因子分析模型识别三指标法则上看，本模型每个潜变量有三个或以上的测量变量，因子负荷矩阵每一行有且只有一个非零值，即每个测量变量只测量一个特质值，残差的协方差矩阵为对角矩阵，即特殊因子之间相互独立。同时满足上述三个条件，因此本验证性因子分析模型满足识别的充分条件。

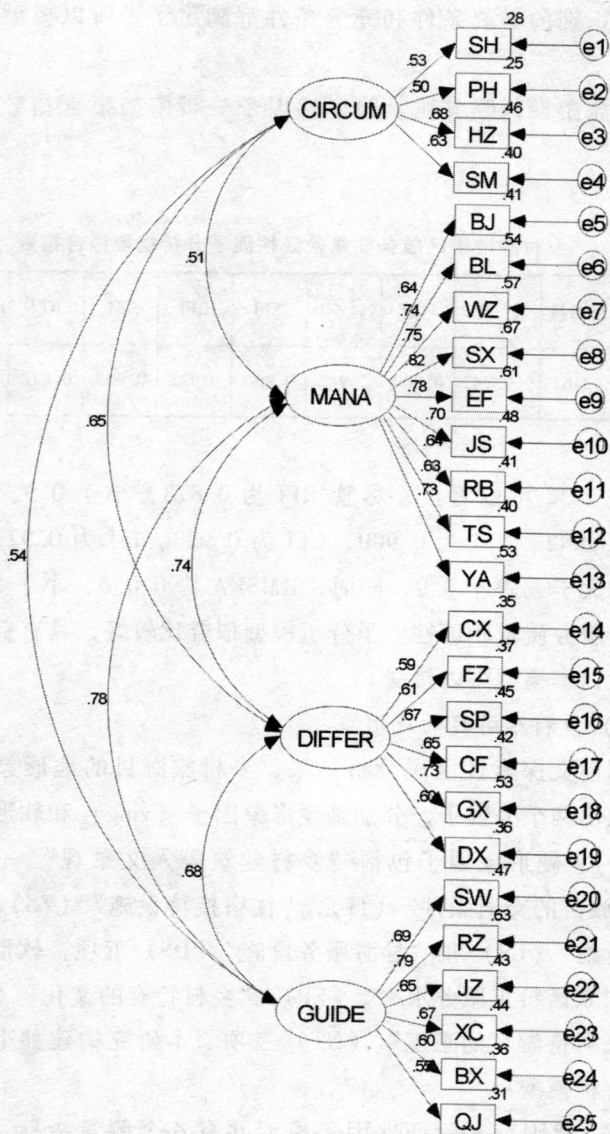

图 4.4 乡村旅游景区服务质量验证性因子分析结构方程模型

模型识别的必要条件和充分条件都满足了，所以模型可以识别。

乡村旅游景区服务质量验证性因子分析模型拟合指数如表4.32所示。

表4.32   乡村旅游景区服务质量验证性因子分析模型拟合指数

拟合指标	自由度	χ^2值	P值	χ^2/df	NFI	CFI	IFI	RFI	RMSEA
实际指标值	246	969.743	0.000	3.942	0.900	0.923	0.923	0.878	0.056

从表4.32可以看出，尽管RFI为0.878，小于0.9，但是χ^2/df为3.942，NFI为0.900，CFI为0.923，IFI为0.923，以上指标均大于或等于0.9，同时，RMSEA为0.056，小于0.08，说明景区服务质量验证性因子分析模型拟合比较好，具有良好的建构效度，本模型可以接受。

（五）乡村旅游目的地形象

根据前文探索性因子分析结果，乡村旅游目的地形象（I）可以提取出两个公因子，分别是硬形象因子（ying）和软形象因子（ruan）。硬形象因子包括"乡村建筑等人文景观"（RJ），"来本地旅游的交通条件"（JT），"住宿接待设施"（ZS），"餐饮接待设施"（CS）和"导游服务设施"（DS）五项，软形象因子包括"景区员工服务水平"（FP），"乡村特有的文化"（XW）和"农民对待游客的态度"（NT）三项。本研究构建如下验证性因子分析模型：

根据t规则，本验证性因子模型共有八个测量指标，因此$q \times (q+1) = 72$，模型要估计八个因子负荷，八个测量指标的误差方差和 18 个因子间相关系数，共要估计 34 个参数，t = 34 < 72，满足模型识别的必要条件。

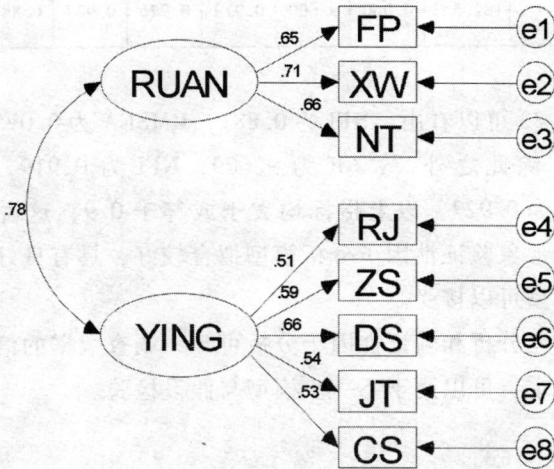

图 4.5　乡村旅游目的地形象验证性因子分析结构方程模型

从验证性因子分析模型识别三指标法则上看，本模型每个潜变量有三个或以上的测量变量，因子负荷矩阵每一行有且只有一个非零值，即每个测量变量只测量一个特质值，残差的协方差矩阵为对角矩阵，即特殊因子之间相互独立。同时满足上述三个条件，因此本验证性因子分析模型满足识别的充分条件。

模型识别的必要条件和充分条件都满足了，所以模型可以识别。

运行 AMOS 5.0 进行计算之后，可以对以上模型进行评估，评估结果如表 4.33 所示。

表 4.33　　　　乡村旅游目的地形象验证性因子分析模型拟合指数

拟合指标	自由度	χ^2 值	P 值	χ^2/df	NFI	CFI	IFI	RFI	RMSEA
实际指标值	19	182.564	0.000	9.609	0.919	0.926	0.927	0.881	0.095

从表 4.33 可以看出，RFI 为 0.881，RMSEA 为 0.095，比较接近槛值。除此之外，χ^2/df 为 9.609，NFI 为 0.919，CFI 为 0.926，IFI 为 0.927，以上指标均大于或等于 0.9，这说明乡村旅游目的地形象验证性因子分析模型拟合较好，具有良好的建构效度，本模型可以接受。

经过方差分析和验证性因子分析可知，调查数据的信度与效度均达到要求，可以用于下一步模型与假设检验。

第五章　模型和假设检验

作为本研究的核心部分，本章通过结构方程模型方法对揭示乡村旅游行为意向形成机制的 METPB 理论模型进行检验。因为理论模型中变量较多且关系较复杂，所以可逐步验证模型及变量间的关系。本章按照"三步走"的思路，前两步分别从计划行为理论和顾客价值理论角度对构建结构模型有关的行为意向影响因素进行实证分析，探求这些因素之间的关系以及它们对乡村旅游行为意向的解释程度，最后进行 METPB 理论模型检验，从整体上解释乡村旅游行为意向的形成机制。

第一节　计划行为理论角度的影响因素检验

在计划行为理论中，态度作为一个重要的中介变量，与主观规范和行为控制认知一起对行为意向产生影响。根据前文的研究框架，此处的任务主要是实证分析相关变量对乡村旅游行为意向的解释程度以及变量间的相互关系。

一　模型设立和待验证假设

（一）模型设立

根据研究任务，需要对计划行为理论的四个经典变量——行为控制认知、主观规范、态度、过去与行为意向之间的相互关系进行实证研究，构建如图 5.1 所示的分析模型。

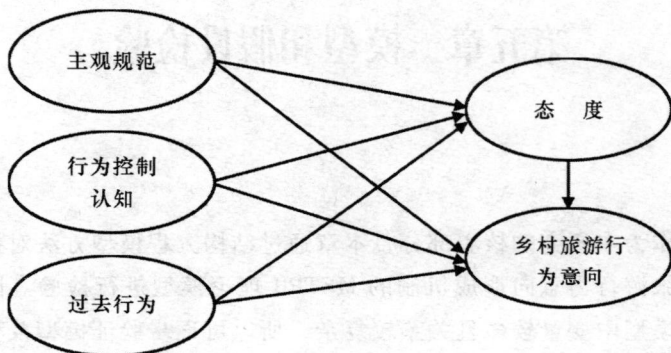

图 5.1　基于计划行为理论的分析模型

（二）假设提出

根据上述分析模型和前一章的研究，本部分需要对以下假设进行验证：

假设 1：主观规范对态度和乡村旅游行为意向具有显著影响。

假设 1a：主观规范对态度具有显著影响。

假设 1b：主观规范对乡村旅游行为意向具有显著影响。

假设 2：行为控制认知对态度和乡村旅游行为意向具有显著影响。

假设 2a：行为控制认知对态度具有显著影响。

假设 2b：行为控制认知对乡村旅游行为意向具有显著影响。

假设 3：态度对乡村旅游行为意向具有显著影响，且在主观规范、行为控制认知与过去行为对乡村旅游行为意向的影响过程中起中介作用。

假设 3a：态度对乡村旅游行为意向具有显著影响。

假设 3b：态度在行为控制认知对乡村旅游行为意向的影响过程中起中介作用。

假设 3c：态度在主观规范对乡村旅游行为意向的影响过程中起中介作用。

假设 3d：态度在过去行为对乡村旅游行为意向的影响过程中起中介作用。

假设 4：过去行为对主观规范、态度和乡村旅游行为意向都具有显著影响。

假设 4a：过去行为对主观规范具有显著影响。

假设 4b：过去行为对态度具有显著影响。

假设 4c：过去行为对乡村旅游行为意向具有显著影响。

二　结构方程模型和假设检验

（一）结构方程模型检验和参数估计

本研究使用结构方程模型方法对以上分析模型进行检验。

根据 t 规则，本分析模型共有 36 个测量指标，因此 q ×（q+1）= 1332，模型要估计 36 个因子负荷，36 个测量指标的误差方差和 25 个因子间相关系数，共要估计 97 个参数，t = 97 < 1332，满足模型识别的必要条件。

从分析模型识别三指标法则上看，本模型每个潜变量有三个或以上的测量变量，因子负荷矩阵每一行有且只有一个非零值，即每个测量变量只测量一个特质值，残差的协方差矩阵为对角矩阵，即特殊因子之间相互独立。同时满足上述三个条件，因此本模型满足识别的充分条件。

模型识别的必要条件和充分条件都满足了，所以模型可以识别。

　　通过 AMOS 5.0 统计软件，就本研究的乡村旅游者样本数据进行分析，对上述结构方程模型进行结构方程估计，结果如图 5.2 所示。

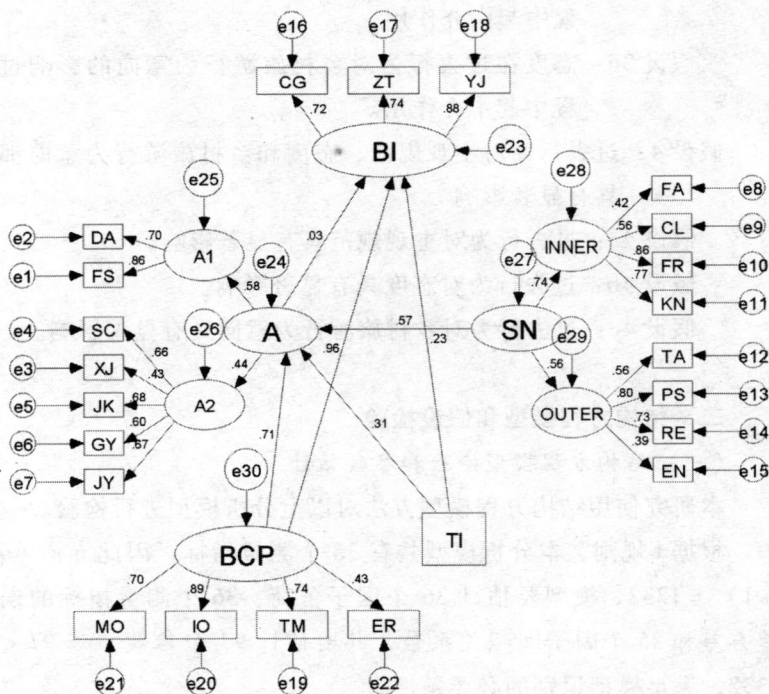

图 5.2　基于计划行为理论的结构方程模型 M1

说明：前文未说明的各变量及因子代码如下：BI 为乡村旅游行为意向；

　　　　TI 为过去行为；e1 - e22 为测量误差。

　　一个模型是否可以被接受，在验证性因素分析中，通常可以采取以下几个拟合指数：χ^2（卡方）和 χ^2/df 检验；RMSEA：根均方误差；GFI：拟合优度；AGFI：校正拟合优度；NFI：标准拟合指数；TLI：非标准性拟合指数；CFI：比较拟合指数。一般认为，当卡方值的显著性 p≥0.05 时模型是可以接受的，但是卡方值与样本大小有直接关系，如果样本足够小，任何假设的模式都与数据吻合；如果样本足够大时，指数太敏感，几乎所有假设的模式都会被拒绝。同时它不能直接提供模型拟合程度，所以这一个指数在应用时需要结合自由度或其他指数。当卡方值较小时，χ^2/df 检验的意义较小，这时需要考虑其他指数指标。RM-SEA 对错误模型比较敏感，容易解释模型的质量，根据检验，当 RMSEA 小于 0.05 时表示完全拟合；当 RMSEA 小于 0.08 时表示拟合得较好；当 RMSEA 大于 0.1 时则表明模型拟合得很差。其他五个指标都要求大于或等于 0.90。TLI 和 CFI 这两个指标不受样本大小影响，在实际研究过程中特别需要加以关注（Williams 和 Holahan，1994）。

结构模型 M1 参数估计结果及拟合指数如表 5.1 所示。

表 5.1 结构模型 M1 的拟合指数

拟合指标	自由度	X^2 值	P 值	χ^2/df	NFI	CFI	IFI	RFI	RMSEA
实际指标值	221	3287.071	0.000	14.874	0.678	0.690	0.691	0.629	0.127

从表 5.1 可以看出，自由度为 221，卡方统计量为 3287.071，χ^2/df 为 14.874，大于 5。在其他指标中，NFI 为 0.678，CFI 为 0.690，IFI 为 0.691，RFI 为 0.629，均远远小于 0.9 的模型接受判断标准，RMSEA 为 0.127，大于 0.08 的槛值，可见，基于计划行为理论所构建的结构方程模型 M1 拟合不佳。

模型拟合不佳的原因有很多。从本研究现状考虑，极有可能是因为：

1. 态度解释的乡村旅游行为意向的方差不够。根据许多实证研究结果，态度对行为意向解释的方差并不能达到令人满意的程度。即使在态度与行为意向之间存在显著关系，但是如果解释的方差程度不够，整个结构方程模型的拟合程度也是不够的。

2. 过去行为不能作为独立变量进入模型。尽管 Ajzen（1995）认为，过去行为对行为意向具有显著的影响，但这种影响可以通过将过去行为纳入主观规范来施加。后来，有些学者不同意这种观点，认为过去行为可以作为一个独立变量进入模型。这两种观点现在还没有一个统一的结论。

3. 过去行为对主观规范具有显著影响。主观规范代表着行为主体执行某行为时所承受的来自外界的压力，这种压力又表现为个人的规范信念和依从动机的乘积函数总和。个人的规范信念与依从动机受过去行为的影响是非常大的，但是在以往的研究中，过去行为与主观规范之间的关系并没有得到大家的认可。尽管如此，在乡村旅游行为意向形成过程中，过去行为与主观规范的关系仍可能存在。

为寻求更好的拟合模型，本研究对态度、行为控制认知、主观规范与行为意向的结构方程模型 M1 进行部分改进，如在变量与变量的关系上进行改变，以及将过去行为这一变量纳入主观规范中进行计算或直接剔除等。经过多次反复计算和对比，本研究发现，如果过去行为不作为独立变量进入模型的话，修正的结构方程模型的拟合程度没有因此而增加，反而下降了。因此，前文猜想的模型拟合程度不佳的第二个原因不成立。笔者据此认为，在乡村旅游行为意向形成机制的解释中，过去行为应该作为独立变量进入模型。本研究继续对模型进行改进并计算相关参数，得到的结果均没有达到判断结构方程模型拟合优度为佳的槛值,拟合结果不一一列出。

经反复修正,本研究在过去行为与主观规范、主观规范与行为意向这两对变量之间建立关系所形成的新的结构方程模型 M2 的拟合程度比其他方法所得到的修正模型都要理想,从而证实了前文提出的第一和第三个模型拟合程度不佳原因的猜想。如图 5.3 所示。

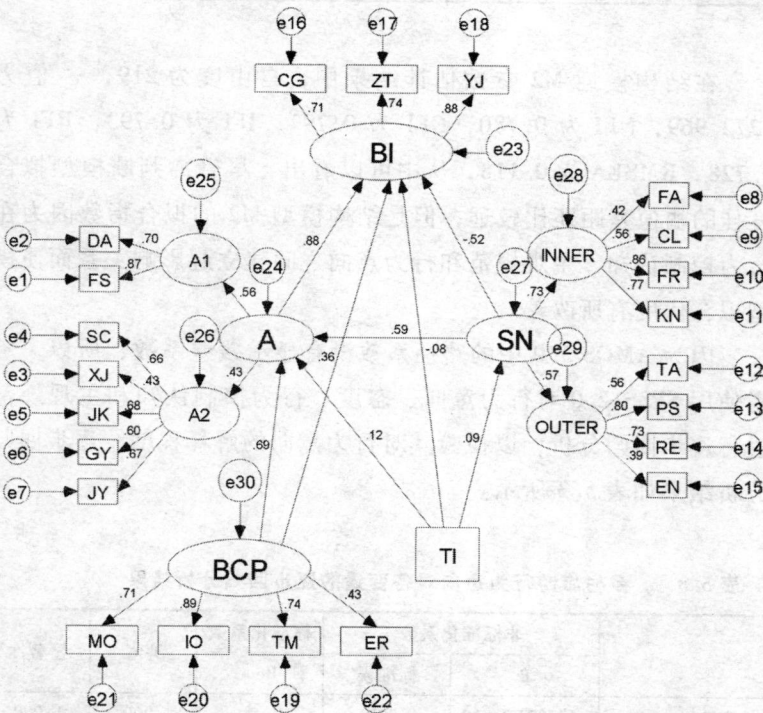

图 5.3 基于计划行为理论的结构方程模型 M2

实证结果表明，结构方程模型 M2 的拟合指数比其他模型都好，相比较而言，结构方程模型 M2 是一个比较好的模型。结构模型 M2 参数估计结果及拟合指数如表 5.2 所示。

表 5.2　　　　　　　　　结构模型 M2 的拟合指数

拟合指标	自由度	χ^2 值	P 值	X^2/df	NFI	CFI	IFI	RFI	RMSEA
实际指标值	219	3272.969	0.000	14.945	0.780	0.792	0.793	0.728	0.118

在结构模型 M2 参数估计结果中，自由度为 219，χ^2 值为 3272.969，NFI 为 0.780，CFI 为 0.792，IFI 为 0.793，RFI 为 0.728，RMSEA 为 0.118，从中可以看出，尽管离判断模型拟合度佳的槛值差距还比较远，但是结构模型 M2 的拟合指数因为在行为控制认知、主观规范和行为意向之间建立起影响关系而使模型拟合优度有所改善。

因为 AMOS 5.0 中的路径系数没有显示残差系数，所以，笔者使用 SPSS12.0 对行为意向、态度、行为控制认知和主观规范进行逐步回归分析，以检验其对行为意向的解释程度，逐步回归分析结果如表 5.3 所示。

表 5.3　　　乡村旅游行为意向对各变量的逐步回归分析结果

	非标准化系数		标准化系数	T 值	显著性
	B	标准误	Beta		
（常量）	−7.875E−19	.030		.000	1.000
态度	.516	.032	.516	9.803	.000
行为控制认知	.236	.052	.236	4.584	.000

续表

	非标准化系数		标准化系数	T 值	显著性
	B	标准误	Beta		
主观规范	−.184	.052	−.184	−3.547	.000
过去行为	−.009	.052	−.009	−1.218	.000
R			.576		
R²			.332		

说明：因变量：乡村旅游行为意向；

预测变量：（常量）、态度、行为控制认知和主观规范。

从表 5.3 可以看出，态度、行为控制认知、主观规范和过去行为等对乡村旅游行为意向解释的方差只有 33.2%，乡村旅游行为意向另有 66.8% 的方差尚不能被解释。

在多次模型拟合结果中，虽然 M2 在众多模型中相比较而言拟合度较优，但很多指数并没有达到判断拟合优度佳的槛值，这说明模型不能通过检验。本研究认为，模型 M2 不能通过检验与态度至乡村旅游行为意向的路径系数为 0.53 是相关的。也就是说，因为另有其他的重要变量对乡村旅游行为意向有直接作用或中介作用，所以态度、行为控制认知、主观规范和过去行为四个变量直接解释乡村旅游行为意向的方差不高，只有 33.2%，从而模型拟合的结果也不甚理想。这也说明，仅仅从计划行为理论角度并不足以解释乡村旅游行为意向的产生，还需进一步进行深入研究。结构方程模型 M2 中各变量之间的关系如表 5.4 所示。

表 5.4　　结构方程模型 M2 中各变量之间的关系

			标准回归系数	标准误	C. R.	显著性
态度	←	行为控制认知	.092	0.095	4.919	＊＊＊

续表

			标准回归系数	标准误	C. R.	显著性
态度	←	主观规范	.692	0.342	1.384	.166
阻碍态度	←	态度	.591	0.281	3.550	* * *
积极态度	←	态度	.117	0.049	6.714	* * *
态度	←	过去行为	.557	0.040	4.389	* * *
行为意向	←	过去行为	.430	0.221	5.428	.583
主观规范	←	过去行为	.729	0.314	4.186	* * *
个人内部规范	←	主观规范	.567	0.635	5.203	* * *
社会外部规范	←	主观规范	.885	0.706	3.453	* * *
行为意向	←	行为控制认知	.387	0.276	4.332	* * *
有足够时间	←	行为控制认知	.739	0.693	6.772	* * *
获取足够信息	←	行为控制认知	.893	0.132	9.203	* * *
有足够经济实力	←	行为控制认知	.706	0.110	9.846	* * *
有足够体力	←	行为控制认知	.432	0.085	8.467	* * *
行为意向	←	态度	.359	0.288	6.026	* * *
行为意向	←	主观规范	-.081	0.614	-3.838	* * *
花费精力和时间准备	←	阻碍态度	-.519	0.721	-4.383	* * *
乡村旅游有些危险	←	阻碍态度	.865	0.061	12.503	* * *
提供与朋友相聚的机会	←	积极态度	.696	0.678	9.817	* * *
提供认识新朋友的机会	←	积极态度	.431	0.148	11.107	* * *
促进健康与体能	←	积极态度	.661	0.148	10.975	* * *
带来美的享受	←	积极态度	.683	0.126	10.667	* * *
减轻压力	←	积极态度	.598	0.142	10.641	* * *
家人或重要的人的支持	←	个人内部规范	.666	0.148	10.449	* * *
同事或同学的支持	←	个人内部规范	.416	0.153	10.311	* * *
朋友的支持	←	个人内部规范	.556	0.224	11.160	* * *
认识的人的支持	←	个人内部规范	.861	0.188	11.600	* * *
旅游行政管理部门的支持	←	社会外部规范	.773	0.083	14.115	* * *

续表

			标准回归系数	标准误	C. R.	显著性
乡村旅游景区的支持	←	社会外部规范	.558	0.098	15.212	＊＊＊
景区周边居民的支持	←	社会外部规范	.803	0.111	13.157	＊＊＊
环保单位和人士的支持	←	社会外部规范	.734	0.086	9.405	＊＊＊
重复购买	←	行为意向	.709	0.058	5.372	＊＊＊
正向推荐	←	行为意向	.735	0.054	19.868	＊＊＊
支付溢价	←	行为意向	.881	0.056	21.544	＊＊＊

说明：＊＊＊代表 $p < 0.01$。

（二）假设检验

本研究对假设关系成立的检验标准为，路径系数的显著性水平在 0.05 以上为显著，假设成立；路径系数的显著性水平在 0.1 以上为弱显著，假设部分成立；低于 0.1 则认为不显著，该假设关系不成立。依据上述标准，各变量关系判断和假设检验情况如下。

1. 直接作用检验

本部分的直接作用主要验证假设 1、假设 2、假设 3a、假设 3b 以及假设 4。

通过结构方程模型的路径系数测算结果可以发现，主观规范对态度的路径系数为 0.59（$P = 0.166$），这说明主观规范对态度有显著影响，假设 1a 得到支持。

通过结构方程模型的路径系数测算结果可以发现，主观规范对乡村旅游行为意向的路径系数为 -0.52（$P < 0.01$），这说明主观规范对乡村旅游行为意向有显著影响，假设 1b 得到支持。

行为控制认知由控制信念（Control Beliefs）和能力认知（Perceived Power）两个因素决定。态度的测量涉及行为信念

（Behavioral Beliefs） 和行为结果评价 （Evaluations of Behavioral Outcomes） 两个概念。行为信念指的是行为主体对目标行为结果的信念，行为结果评价指的是行为主体对行为所产生结果的评价。通过结构方程模型的路径系数测算结果可以发现，行为控制认知对态度的路径系数为 0.69 （P < 0.01），这说明行为控制认知对态度具有显著影响，假设 2a 得到支持。

通过结构方程模型的路径系数测算结果可以发现，行为控制认知对乡村旅游行为意向的路径系数为 0.36 （P < 0.01），这说明行为控制认知对乡村旅游行为意向有显著影响，假设 2b 得到支持。

通过结构方程模型的路径系数测算结果可以发现，态度对乡村旅游行为意向的路径系数为 0.88 （P < 0.01），这说明态度对乡村旅游行为意向有显著影响，假设 3a 得到支持。

通过结构方程模型的路径系数测算结果可以发现，过去行为对主观规范的路径系数为 0.09 （P < 0.01），这说明过去行为对主观规范有弱显著影响，假设 4a 得到部分支持。

通过结构方程模型的路径系数测算结果可以发现，过去行为对态度的路径系数为 0.12 （P < 0.01），过去行为对态度有弱显著影响，因此，假设 4b 得到部分支持。

通过结构方程模型的路径系数测算结果可以发现，过去行为对乡村旅游行为意向的路径系数为 -0.08 （P = 0.583），过去行为对乡村旅游行为意向没有显著影响。因此，假设 4c 没有得到支持，

2. 中介作用检验

本部分的中介作用主要检验假设 3c 和假设 3d：

凯洛维 （Kelloway，1998，第 337—351 页） 曾提到，中介关系可以分为完全中介、部分中介和无中介三种类型，它们都可以通过一系列逐步回归分析的方法进行检验。按照判别中介变量的三个标准进行验证 （Baron & Kenny，1986）：

首先，中介变量对自变量进行回归，自变量的回归系数达到显著性水平；

其次，因变量对自变量进行回归，自变量的回归系数也应达到显著性水平；

最后，因变量同时对中介变量和自变量进行回归，中介变量回归系数达到显著性水平，自变量的回归系数减小。

当自变量回归系数减小到不显著性水平时，则中介变量起着完全中介作用，当自变量回归系数减小，但仍然达到显著性水平时，中介变量起着部分中介作用。一方面，自变量通过中介变量影响因变量，另一方面，自变量直接影响因变量。

另外，有研究者（黄似埙，2005）对此分别建立了不同结构方程模型，如中介模型和比较模型，然后比较其拟合指数，拟合指数较优的模型为选择模型，如果选择中介模型，则说明中介效应存在。考虑到主观规范、行为控制认知两个自变量与乡村旅游行为意向这一因变量之间的关系已经被证明，因此本研究先用前面巴伦和肯尼（Baron & Kenny）的方法验证，再用后面一种方法进行重复检验。

（1）巴伦（Baron）等的三步验证方法

第一步，态度分别对主观规范和行为控制认知进行回归，回归结果如表 5.5 所示。

表 5.5　　　态度对主观规范和行为控制认知的回归结果

	非标准化系数		标准化系数	T 值	显著性
	B	标准误	Beta		
个人规范	.236	.031	.236	7.645	.000
社会规范	.212	.031	.212	6.878	.000
行为控制认知	.297	.031	.297	9.549	.000

说明：因变量：态度。

由表 5.5 可以看出，态度对主观规范的回归系数达到显著性水平。

第二步，乡村旅游行为意向对主观规范和行为控制认知分别进行回归，回归结果如表 5.6 所示。

表 5.6　乡村旅游行为意向对主观规范和行为控制认知的回归结果

	非标准化系数		标准化系数	T 值	显著性
	B	标准误	Beta		
个人规范	.163	.032	.163	5.073	.000
社会规范	-.015	.032	-.015	-.474	.636
行为控制认知	.182	.032	.182	5.674	.000

说明：因变量：乡村旅游行为意向。

由表 5.6 可以看出，乡村旅游行为意向对行为控制认知的回归系数达到显著性水平，但是对主观规范的回归系数没有达到显著性水平，因此，态度在主观规范和行为意向之间没有起中介作用，假设 3d 不被支持。

第三步，乡村旅游行为意向同时对态度和行为控制认知进行回归，结果如表 5.7 所示。

表 5.7　乡村旅游行为意向对态度和主观规范的回归结果

	非标准化系数		标准化系数	T 值	显著性
	B	标准误	Beta		
态度	.300	.032	.300	9.346	.000
行为控制认知	.093	.032	.093	2.887	.004

说明：因变量：乡村旅游行为意向。

由表 5.7 可以看出，行为控制认知的回归系数减小，但是仍然达到显著性水平，因此，态度在行为控制认知与行为意向之间起部分中介作用，假设 3c 被支持，可以进入模型比较判定步骤，在主观规范和行为意向之间不起中介作用，而假设 3d 不被支持，不需要再进行模型比较判定。

（2）模型比较判定

在本研究假设中，态度在行为控制认知与乡村旅游行为意向的关系之间充当部分中介变量。因此本研究在这一步骤中先建立两个结构方程模型：一是中介模型，即态度充当部分中介，如图 5.4 所示。二是比较模型，即态度不起任何中介作用，如图 5.5 所示。然后对这两个模型拟合指数进行比较，如果前者优于后者，则态度为部分中介变量，如果后者优于前者，则态度不为中介变量。

图 5.4 中介模型

图 5.5 比较模型

本研究使用 AMOS 5.0 对中介模型和比较模型分别进行计算，其拟合指数如表 5.8 所示。

表 5.8   中介模型和比较模型的拟合指数比较

拟合指标	自由度	χ^2 值	P 值	χ^2/df	NFI	CFI	IFI	RFI	RMSEA
中介模型	199	3257.585	0.000	16.370	0.680	0.692	0.693	0.628	0.128
比较模型	200	3274.611	0.000	16.373	0.678	0.691	0.692	0.628	0.128

从表 5.8 中可以看出，尽管中介模型和比较模型各项指数均没有达到判定模型拟合度为优的槛值，但是除 RFI 和 RMSEA 两项指标相同外，中介模型的拟合指数要相对优于比较模型。因此可以判定，主观规范和行为控制认知通过态度间接影响了乡村旅游行为意向。假设 3c 继续得到支持。

总结起来，假设 1 至假设 4 及验证结果如表 5.9 所示。

表 5.9   假设检验结果

假　　　　设	检验结果
假设 1：主观规范对态度和乡村旅游行为意向有显著影响	支　持
假设 1a：主观规范对态度具有显著影响	支　持
假设 1b：主观规范对乡村旅游行为意向有显著影响	支　持
假设 2：行为控制认知对态度和乡村旅游行为意向有显著影响	支　持
假设 2a：行为控制认知对态度具有显著影响	支　持
假设 2b：行为控制认知对乡村旅游行为意向有显著影响	支　持
假设 3：态度对乡村旅游行为意向和乡村旅游者价值存在显著影响，且在主观规范与行为控制认知对乡村旅游行为意向的影响过程中起中介作用	部分支持
假设 3a：态度对乡村旅游行为意向有显著影响	支　持
假设 3b：态度在主观规范对乡村旅游行为意向的影响过程中起中介作用	支　持
假设 3c：态度在行为控制认知对乡村旅游行为意向的影响过程中起中介作用	支　持

续表

假　　设	检验结果
假设 3d：态度在过去行为对乡村旅游行为意向的影响过程中起中介作用	不支持
假设 4：过去行为对主观规范、态度和乡村旅游行为意向都具有显著影响	部分支持
假设 4a：过去行为对主观规范有显著影响	部分支持
假设 4b：过去行为对态度具有显著影响	部分支持
假设 4c：过去行为对乡村旅游行为意向具有显著影响	不支持

三　结论

关于计划行为理论有关变量之间关系的实证分析主要结论如下。

1. 主观规范显著影响态度和乡村旅游行为意向。

在计划行为理论中，主观规范与态度属于平行的自变量，共同对行为意向产生影响，后来，许多学者通过实证研究证明，主观规范对态度有显著影响。本研究的实证分析结果证明，在乡村旅游行为意向形成机制中，主观规范对态度依然有显著影响。

许多学者在对计划行为理论的实证研究中得出结论认为，主观规范与行为意向之间不存在直接的影响关系，主观规范对行为意向的影响通过态度的中介作用产生。但是，在本研究中，态度仅仅产生了部分中介作用，也就是说，主观规范显著影响着乡村旅游行为意向。

2. 行为控制认知对态度和乡村旅游行为意向有显著影响。

如同主观规范一样，在计划行为理论中，行为控制认知、主观规范和态度属于平行变量，其间不产生任何相互影响。后来，许多学者的研究结果又证明，行为控制认知对态度有显著影响，本研究分析结果与后一观点一致，也就是说，行为控制认知对态度有显著影响。

在计划行为理论中，行为控制认知对行为意向的影响一直以来都在各种研究中被证实。本研究的实证结果与此相同，在乡村旅游行为意向形成机制中，行为控制认知对乡村旅游行为意向有显著影响。

3. 态度是影响乡村旅游行为意向的重要中介变量，且对其有显著影响。

无论是在理性行为理论还是在计划行为理论中，态度作为重要的自变量，对行为意向都有显著影响。从本研究实证分析结果来看，在乡村旅游行为意向的形成过程中，态度也扮演了中介变量角色，行为控制认知和行为规范都通过态度间接影响乡村旅游行为意向，另外，态度对乡村旅游行为意向也有显著影响。

4. 过去行为对主观规范、态度和乡村旅游行为意向的影响有限。

在计划行为理论相关研究中，学者们对过去行为是否作为一个独立变量进入模型常常争论不休，其中的原因就在于过去行为对其他变量的影响程度在不同的实证研究中表现不一样。在本研究中，实证研究结果表明过去行为作为一个独立变量进入模型后，模型的拟合程度因此随之提高，但是它对主观规范和态度的影响都是比较弱的，而且对乡村旅游行为意向不具有显著的直接影响，它对乡村旅游行为意向的影响通过态度中介传递。

第二节　顾客价值理论角度的影响因素检验

前文实证分析了计划行为理论有关变量与乡村旅游行为意向之间的相互关系，根据研究框架，本部分将分析顾客价值理论有关变量与乡村旅游行为意向的解释程度及变量间的相互关系。

一　模型设立和待验证假设

（一）模型设立

本部分对乡村旅游者价值、乡村旅游景区服务质量、替代景区吸引力、乡村旅游目的地形象和乡村旅游行为意向的关系进行研究，构建分析模型如图 5.6 所示。

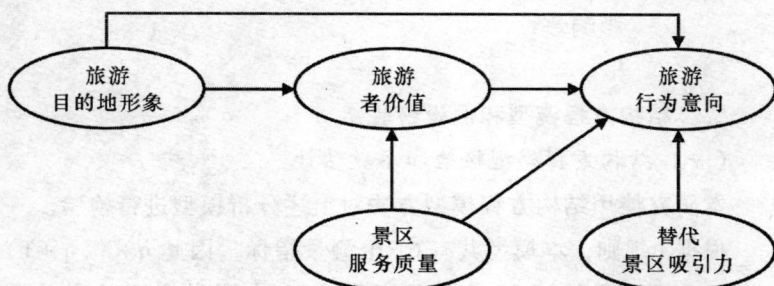

图 5.6　基于顾客价值理论的分析模型

（二）假设提出

根据上述分析模型和前一章的研究，本部分需要对以下假设进行验证：

假设 5：乡村旅游者价值对乡村旅游行为意向具有显著
　　　　影响。

假设 6：乡村旅游目的地形象对乡村旅游者价值和乡村旅游
　　　　行为意向具有显著影响。

　　假设 6a：乡村旅游目的地形象对乡村旅游者价值具有显
　　　　　　著影响。

　　假设 6b：乡村旅游目的地形象对乡村旅游行为意向具有

显著影响。

假设 7：乡村旅游景区服务质量对乡村旅游者价值和乡村旅游行为意向具有显著影响。

  假设 7a：乡村旅游景区服务质量对乡村旅游行为意向具有显著影响。

  假设 7b：乡村旅游景区服务质量对乡村旅游者价值具有显著影响。

假设 8：替代景区吸引力对乡村旅游行为意向具有显著影响。

二　结构方程模型和假设检验

（一）结构方程模型检验和参数估计

本研究使用结构方程模型方法对上述分析模型进行检验。

根据 t 规则，本模型共有 61 个测量指标，因此 $q \times (q+1)$ = 3782，模型要估计 72 个因子负荷，61 个测量指标的误差方差，4 个回归系数，11 个因子间相关系数，共要估计 148 个参数，t = 148 < 2450，满足模型识别的必要条件。

从分析模型识别三指标法则上看，本模型每个潜变量由三个或以上的测量变量，因子负荷矩阵每一行有且只有一个非零值，即每个测量变量只测量一个特质值，残差的协方差矩阵为对角矩阵，即特殊因子之间相互独立。同时满足上述三条件，因此本验证性因子分析模型满足识别的充分条件。

模型识别的必要条件和充分条件都满足，所以模型可以识别。

通过 AMOS 5.0 统计软件，就本研究的乡村旅游者样本数据进行分析，对上述结构模型进行结构方程估计，结果如图 5.7 所示。

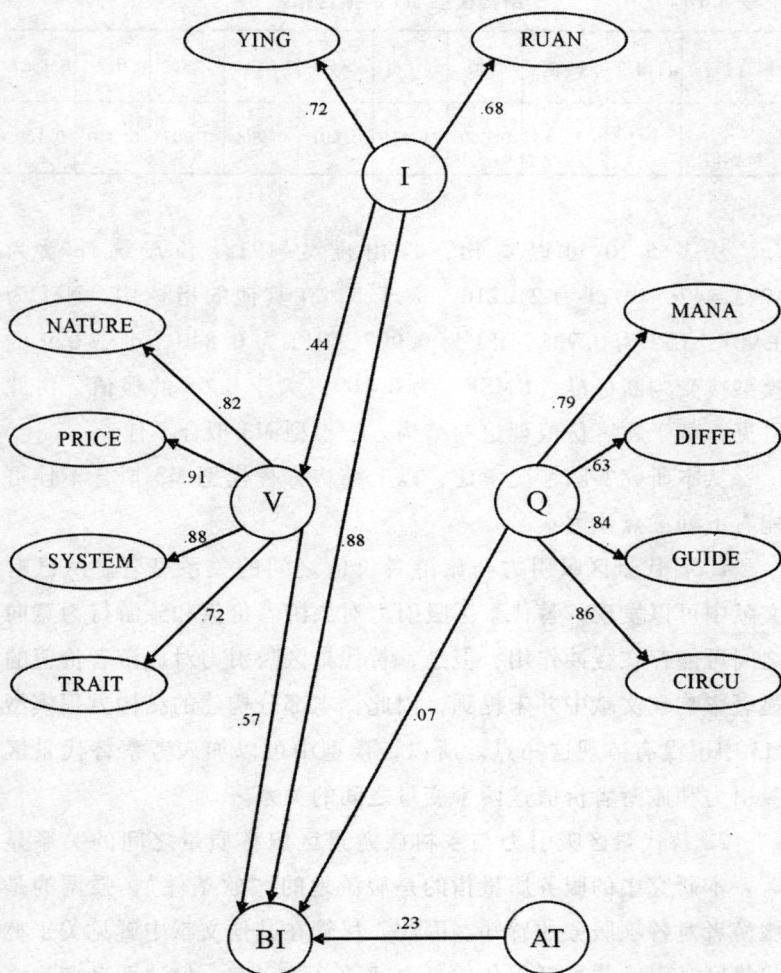

图 5.7 基于顾客价值理论的结构方程模型 M3

结构方程模型 M3 参数估计结果及拟合指数如表 5.10 所示。

表 5.10　　　　　　　　　结构模型 M3 的拟合指数

拟合指标	自由度	χ^2 值	P 值	χ^2/df	NFI	CFI	IFI	RFI	RMSEA
实际指标值	192	4073.447	0.000	21.216	0.901	0.908	0.907	0.840	0.109

从表 5.10 可以看出，自由度为 192，卡方统计量为 4073.447，χ^2/df 为 21.216，大于 5，在其他的指标中，NFI 为 0.901，CFI 为 0.908，IFI 为 0.907，RFI 为 0.840，小于 0.9 的模型接受判断标准，RMSEA 为 0.109，大于 0.08 的槛值，由此可见，基于顾客价值理论的结构方程模型 M3 拟合不佳。

从本研究实际情况考虑，以上结构方程模型 M3 拟合不佳可能有下列三点原因：

1. 替代景区吸引力与旅游者价值之间的关系显著。从已有文献中可以发现，替代景区吸引力对旅游者价值和旅游行为意向之间可能存在缓冲作用，但是，替代景区吸引力对旅游者价值的显著影响在文献中并未提到，因此，本部分构建的结构方程模型 M3 中也没有体现这一点。所以，模型中可以加入考察替代景区吸引力和旅游者价值这两个变量之间的关系。

2. 替代景区吸引力与乡村旅游景区服务质量之间的关系显著。本研究中的服务质量指的是旅游地的"软条件"，强调的是旅游者对各项服务的感知。因此，尽管在其他文献中鲜见关于替代景区吸引力与景区服务质量之间关系的研究，但这两个变量之间可能会存在显著关系。

3. 乡村旅游者价值及其他变量对乡村旅游行为意向解释的方差不够。与上节态度等变量的解释力不高一样，如果自变量对因变量方差的解释程度不高，也将会引起整个模型拟合程度不够。

为寻求更好的拟合模型，本研究对结构方程模型 M3 进行部分改进，主要在变量与变量之间的关系上进行改变。经过反复修正，本研究在替代景区吸引力与乡村旅游景区服务质量和乡村旅游者价值两对变量之间建立联系，在它们之间加上箭头以形成新的结构方程模型 M4 的拟合程度比其他模型都要理想，如图 5.8 所示。

笔者使用 SPSS12.0 对行为意向、乡村旅游者价值、乡村旅游目的地形象、乡村旅游景区服务质量和替代景区吸引力进行逐步回归分析，以检验其对行为意向的解释程度，逐步回归分析结果如表 5.11 所示。

表 5.11　乡村旅游行为意向对各变量的逐步回归分析结果

	非标准化系数		标准化系数	T 值	显著性
	B	标准误	Beta		
（常量）	-2.914	.111		-26.260	.000
乡村旅游者价值	.438	.020	.520	26.388	.000
乡村旅游目的地形象	.125	.027	.125	4.689	.000
乡村旅游景区服务质量	.084	.027	.087	3.125	.002
替代景区吸引力	.116	.028	.106	4.088	.000
R			.651		
R^2			.424		

说明：因变量：乡村旅游行为意向。

从表 5.11 可以看出，乡村旅游者价值、乡村旅游目的地形象、乡村旅游景区服务质量以及替代景区吸引力对乡村旅游行为意向解释的方差为 42.4%，乡村旅游行为意向另有 57.6% 的方差尚不能被解释。由此证实了上文所猜测的模型拟合程度不佳的第三个原因。

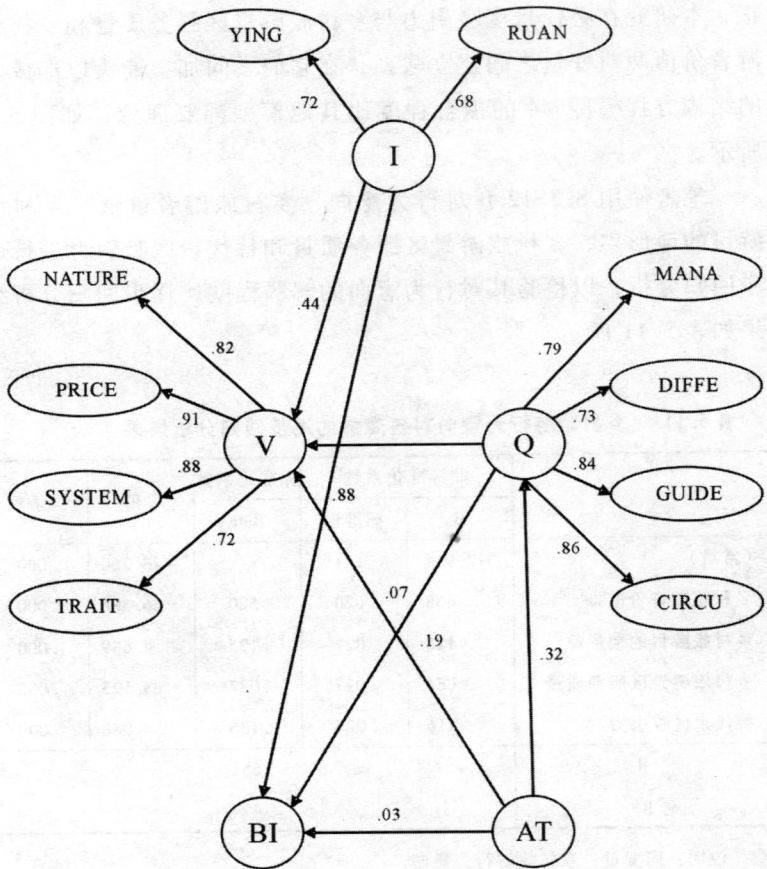

图 5.8 基于顾客价值理论的结构方程模型 M4

从结构方程模型 M4 的路径系数可以看出，替代景区吸引力对乡村旅游景区服务质量有显著作用，路径系数为 0.32，且对

行为意向有显著作用，路径系数为 - 0. 23。基于顾客价值理论的
结构方程模型 M4 参数估计结果及拟合指数如表 5. 12 所示。

表 5. 12　　　　　　　　结构模型 M4 的拟合指数

拟合指标	自由度	χ^2 值	P 值	χ^2/df	NFI	CFI	IFI	RFI	RMSEA
实际指标值	187	4022. 326	0. 000	21. 510	0. 907	0. 909	0. 909	0. 910	0. 078

从表 5. 12 可以看出，在结构方程模型 M4 的拟合指数中，
NFI 为 0. 907，CFI 为 0. 909，IFI 为 0. 909，RFI 为 0. 910，均大
于 0. 9 的槛值，RMSEA 为 0. 078，小于 0. 8 的槛值，符合判断模
型拟合度佳的标准。由此证实了本研究对模型 M3 拟合度不佳的
前两个原因猜想。

结构方程模型没有最佳模型，只有拟合度更好的模型。为了
寻找拟合度更优的模型，本研究继续对变量之间的关系进行调
整，对模型进行改进并计算相关参数，得到的结果均没有达到模
型 M4 的拟合标准，拟合结果不一一列出。

由于因子和指标较多，本处仅列出变量之间的关系，各变量
与因子及因子与指标的关系在此不一一列出，如表 5. 13 所示。

表 5. 13　　　　　　　结构模型 M4 中各变量之间的关系

			标准回归系数	标准误	C. R.	显著性
价值	←	态度	0. 406	0. 075	5. 399	＊＊＊
行为意向	←	态度	0. 805	0. 054	9. 405	＊＊＊
价值	←	乡村旅游目的地形象	0. 832	0. 037	19. 223	＊＊＊
行为意向	←	乡村旅游目的地形象	0. 810	0. 049	11. 921	＊＊＊
行为意向	←	乡村旅游者价值	0. 708	0. 056	21. 544	＊＊＊
价值	←	替代景区吸引力	0. 805	0. 086	9. 405	＊＊＊

续表

			标准回归系数	标准误	C. R.	显著性
景区服务质量	←	替代景区吸引力	0.625	0.234	8.973	＊＊＊
行为意向	←	替代景区吸引力	0.902	0.079	12.334	.324
价值	←	景区服务质量	0.232	0.109	8.647	＊＊＊
行为意向	←	景区服务质量	0.628	0.153	9.005	＊＊＊

　　说明：＊＊＊代表 p < 0.01。

　　在本部分构建的结构方程模型中，乡村旅游者价值是影响乡村旅游行为意向形成的重要中介变量，这些变量之间及其与行为意向之间的关系通过了实证数据的检验。本部分构建的结构方程拟合程度不高，就是因为乡村旅游者价值变量以及其他变量对乡村旅游行为意向解释方差的程度不高。所以，为了进一步提高对乡村旅游行为意向的解释程度，还需要整合其他变量进行分析。

　　（二）假设检验

　　本部分的直接作用主要检验假设5、假设6a、假设7a、假设7b和假设8。依据前文的论述，本研究对假设关系成立的检验标准为，路径系数的显著性水平在 0.05 以上为显著，假设成立；路径系数的显著性水平在 0.1 以上为弱显著，假设部分成立；低于 0.1 则认为不显著，该假设关系不成立。依据上述标准，各变量关系判断和假设检验情况如下。

　　通过结构方程模型的路径系数测算结果可以发现，乡村旅游者价值对乡村旅游行为意向的路径系数为 0.67（P < 0.01），这说明，主观规范对态度有显著影响，假设5得到支持。

　　通过结构方程模型的路径系数测算结果可以发现，乡村旅游目的地形象对乡村旅游者价值的路径系数为 0.44（P < 0.01），

这说明乡村旅游目的地形象对乡村旅游者价值有显著影响，假设6a 得到支持。

通过结构方程模型的路径系数测算结果可以发现，乡村旅游目的地形象对乡村旅游者价值的路径系数为 0.67（P < 0.01），这说明乡村旅游目的地形象对乡村旅游行为意向有显著影响，假设 6b 得到支持。

通过结构方程模型的路径系数测算结果可以发现，乡村旅游景区服务质量对乡村旅游行为意向的路径系数为 0.07（P < 0.01），这说明乡村旅游景区服务质量对乡村旅游行为意向有弱显著影响，假设 7a 得到部分支持。

通过结构方程模型的路径系数测算结果可以发现，乡村旅游景区服务质量对乡村旅游价值的路径系数为 0.39（P < 0.01），这说明乡村旅游景区服务质量对乡村旅游者价值有显著影响，假设 7b 得到支持。

通过结构方程模型的路径系数测算结果可以发现，替代景区吸引力对乡村旅游行为意向的路径系数为 − 0.03（P = 0.324），这说明替代景区吸引力对乡村旅游行为意向影响不显著，假设 8 没有得到支持。

本部分假设及检验结果如表 5.14 所示。

表 5.14　　　　　　　　　　　假设检验结果

假　　　　设	检验结果
假设 5：乡村旅游者价值对乡村旅游行为意向具有显著作用	支　持
假设 6：乡村旅游目的地形象对乡村旅游者价值和乡村旅游行为意向具有显著影响	支　持
假设 6a：乡村旅游目的地形象对乡村旅游者价值有显著影响	支　持
假设 6b：乡村旅游目的地形象对乡村旅游行为意向有显著影响	支　持

续表

假　　　设	检验结果
假设7：乡村旅游景区服务质量对乡村旅游者价值和乡村旅游行为意向具有显著影响	支　持
假设7a：乡村旅游景区服务质量对乡村旅游行为意向有显著影响	支　持
假设7b：乡村旅游景区服务质量对乡村旅游者价值有显著影响	支　持
假设8：替代景区吸引力对乡村旅游行为意向有显著影响	不支持

三　结论

顾客价值理论有关变量对乡村旅游行为意向影响的实证分析主要研究结论如下。

1. 乡村旅游者价值对乡村旅游行为意向有显著影响。

本研究的实证分析结果再次说明，乡村旅游者价值对乡村旅游行为意向具有显著影响，乡村旅游者价值越高，乡村旅游行为意向越强。

2. 乡村旅游目的地形象对乡村旅游者价值和乡村旅游行为意向具有显著影响。

虽然很少见到专门针对旅游目的地形象与旅游者价值关系的实证研究，但它们在许多学者的研究文献中被提及。一般认为，旅游目的地形象本身就是一种旅游资源，所以，它能给旅游者带来价值增值。从这个意义上讲，旅游目的地形象对旅游者价值具有显著影响作用。

本部分通过实证研究结果说明，乡村旅游目的地形象对乡村旅游行为意向具有显著影响。由此可见，乡村旅游目的地形象在乡村旅游行为意向的形成过程中非常重要，它不但对乡村旅游者价值产生影响，而且直接影响乡村旅游行为意向。

3. 乡村旅游景区服务质量对乡村旅游者价值有显著影响，

对乡村旅游行为意向有弱显著影响。

迄今为止，已有大量文献证明了较高的服务质量常常会导致较高的顾客价值，同时，作为现代微观经济学基础理论的效用理论也强调质量与价值之间的关系。而且，不少相关研究也表明，优异的服务质量有助于顾客价值的提高（杨龙、王永贵，2002）。本研究通过实证发现，乡村旅游景区的服务质量对乡村旅游者价值有显著的影响，提高乡村旅游景区的服务质量，将会对乡村旅游者价值提高有积极作用。

本部分通过实证研究证明，乡村旅游景区的服务质量对乡村旅游行为意向有弱显著影响。由此可见，乡村旅游景区服务质量的意义非常重要，它不但影响乡村旅游者价值，而且影响乡村旅游行为意向。

4. 替代景区吸引力对乡村旅游景区服务质量和乡村旅游者价值有显著影响，但对乡村旅游行为意向没有显著影响。

本研究实证分析结果表明，替代景区吸引力对乡村旅游行为意向没有显著影响，但是，替代景区吸引力对乡村旅游景区服务质量和乡村旅游者价值具有显著影响，同时，乡村旅游景区服务质量和乡村旅游者价值对乡村旅游行为意向分别具有弱显著影响和显著影响。这说明，替代景区吸引力对乡村旅游行为意向的影响可能是通过乡村旅游者价值的中介作用来实现的，这有赖于下一步进行整合研究来检验。

第三节　METPB 模型检验

以上分别研究了计划行为理论和顾客价值理论相关变量间的关系及其对乡村旅游行为意向的影响，其目的是逐步检验第三章中所提出的揭示乡村旅游行为意向形成机制的 METPB 理论模型。按照"三步走"的安排，在部分明确这些变量间的相互关系后，本处对 METPB 模型和假设进行检验。

一　METPB 结构方程模型设立和待验证假设

（一）理论准备

从计划行为理论角度出发，前文实证研究了态度、行为控制认知、主观规范和过去行为对乡村旅游行为意向之间的关系。结果证明，态度、行为控制认知、主观规范和过去行为对乡村旅游行为意向均具有显著影响。而且，态度在行为控制认知与行为意向之间起部分中介作用，但在主观规范和行为意向之间不起中介作用。

从顾客价值理论角度出发，前文实证研究了乡村旅游者价值、乡村旅游目的地形象、替代景区吸引力、乡村旅游景区吸引力与乡村旅游行为意向之间的关系，结果证明，乡村旅游者价值、乡村旅游目的地形象、替代景区吸引力、乡村旅游景区吸引力均对乡村旅游行为意向具有显著影响，而且，替代景区吸引力的强弱程度对乡村旅游者价值与乡村旅游行为意向的关系具有反向减弱的缓冲作用。

从以上实证研究结果可以看出，无论是计划行为理论还是顾客价值理论，对乡村旅游行为意向均具有较强的解释力。但是，尽管可以证明态度、行为控制认知、过去行为以及主观规范等变量与乡村旅游行为意向之间存在显著影响关系，但是从计划行为理论角度构建的结构方程模型拟合程度并不理想，这印证了许多学者先前研究的结果，即态度对行为意向方差的解释并没有达到一个令人满意的程度。一方面，从顾客价值理论角度构建的乡村旅游行为意向结构模型同样也有类似问题，尽管可以证明乡村旅游者价值、替代景区吸引力、乡村旅游目的地形象以及乡村旅游景区服务质量等与乡村旅游行为意向之间存在显著影响关系，但是它对乡村旅游行为意向方差的解释程度并不令人十分满意。另一方面，尽管从顾客价值理论角度构建的结构方程模型的拟合程度比计划行为理论角度构建的结构模型要好，但也没有达到判断模型拟合程度佳的槛值。这说明各变量之间的关系在构建的结构模型中并未完全揭示出来。这也充分说明了单一的计划行为理论角度或顾客价值理论角度解释乡村旅游行为意向形成机制均有片面性，有必要结合顾客价值理论在计划行为理论的基础上进行拓展以建立 METPB 模型。

（二）METPB 理论模型的初步修正

为了验证第三章中所提出的 METPB 理论模型，按照"三步走"的步骤，文中已分别实证分析了从计划行为理论和顾客价值理论角度构建的结构模型中变量之间的相互关系，但对这两个结构模型间变量之间的关系并没有进行分析。而这正是完整系统解释乡村旅游行为意向的关键。

根据计划行为理论的观点，态度是由个体对某种行为的评价经概念化后形成的，所以它可以看作个体对某种行为结果的重要信念的函数。在期望价值理论架构下，态度可以表达为此行为可能导致的某种结果的信念，即行为信念或结果信念以及对此行为所导致结果的评价的乘积（刘克春，2006）。从顾客价值理论角度出发，顾客价值是顾客对消费产品或服务的利益所得与为获得此利益的支出相比较的结果，在许多研究中（霍夫曼、彼得森，2005，第 139—140 页），顾客价值表现为期望价值与实际价值之间的差距，也即利得与利失的差距。根据白琳（2000）的研究，影响顾客价值的利得因素包括产品、服务、促销等方面，顾客从这些方面感受到的利益获得、利失因素则主要是价格因素。除此之外，还包括顾客为此所付出的其他成本，顾客从这些方面感受到的利益损失。由此我们可以看出，对服务产品尤其是旅游产品来说，旅游者价值的影响因素与旅游者的个人感受有密切关系。也就是说，旅游者的主观判断对乡村旅游者价值的大小影响很大。根据道格拉斯和彼得森（2005，第139—140页）的看法，旅游者的主观判断与其自身的经验、个人需要等有密切关系，这些毫无疑问与旅游者的行为信念有莫大关系。

由此，我们可以在态度与乡村旅游者价值之间建立起联系，前文实证分析了各变量之间的部分关系，根据研究结果，提出以下待验证的揭示乡村旅游行为意向形成机制初步修正后的 MET-PB 理论模型（如图 5.9 所示）。

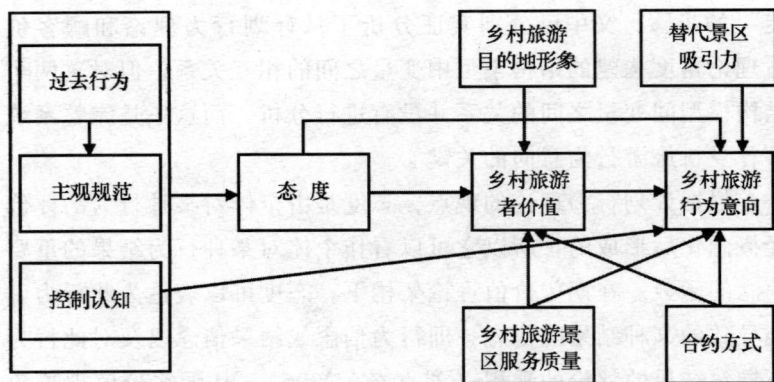

图 5.9　初步修正后的 METPB 理论模型

（三）假设提出

以上经初步修正后的 METPB 理论模型中包含了各变量对乡村旅游行为意向的影响关系，鉴于前两节已对大部分假设进行了检验，此处不再赘述。本部分任务是对以下假设进行检验：

假设 9：态度对乡村旅游者价值存在显著影响。

假设 10：乡村旅游者价值在态度对乡村旅游行为意向的影响过程中起中介作用。

假设 11：乡村旅游景区服务质量在过去行为对乡村旅游行为意向的影响过程中起中介作用。

假设 12：乡村旅游合约方式对乡村旅游者价值和乡村旅游行为意向具有显著影响。

　　假设 12a：乡村旅游合约方式对乡村旅游者价值具有显著影响。

　　假设 12b：乡村旅游合约方式对乡村旅游行为意向具有显著影响。

二　模型识别检验和参数估计

（一）模型识别检验和参数估计

对应于图 5.9 经初步修正后的 METPB 理论模型的结构方程模型识别检验，采取以下方法：

第一步，根据 t 规则，结构模型共有 87 个测量指标，因此 $q(q+1)/2 = 3828$，模型要估计 103 个因子负荷，87 个测量指标的误差方差，9 个回归系数，12 个因子间相关系数和 1 个内源潜变量的残差，共要估计 212 个参数，$t = 212 < 3828$，因此满足模型识别的必要条件。

第二步，从分析模型识别三指标法则（Three-indicator Rule）上看，本模型每个潜变量有三个或三个以上的测量指标，因子负荷矩阵每一行有且只有一个非零值，即一个测量变量只测量一个特质量，残差的协方差矩阵为对角矩阵，即特殊因子之间相互独立。同时满足上述三个条件，因此分析模型满足识别的充分条件。

第三步，很明显可以看出本结构模型不存在双向因果关系，所以矩阵为严格下三角矩阵，本研究假设所有的残差彼此不相关，也就是说，矩阵是对角矩阵，所以结构模型可以识别。

从以上三步检验可以看出整个模型满足识别的必要条件和充分条件。所以整个模型可以被识别。

本结构模型共有 87 个测量问项，所有潜变量都由三个或以上的变量来测量，通过 AMOS 5.0 统计软件，就本研究的乡村旅游者样本数据进行分析，并对上述结构模型进行估计，估计结果如图 5.10 所示。

METPB 结构方程模型 M5 参数估计结果及拟合指数如表 5.15 所示。

表 5.15　　　　　METPB 结构方程模型 M5 的拟合指数

拟合指标	自由度	χ^2 值	P 值	χ^2/df	NFI	CFI	IFI	RFI	RMSEA
实际指标值	156	3146.267	0.000	20.168	0.879	0.910	0.921	0.838	0.237

从表 5.15 可以看出，自由度为 156，卡方统计量为 3146.267，χ^2/df 为 20.168，大于 5。在其他的指标中，NFI 为 0.879，CFI 为 0.910，IFI 为 0.921，RFI 为 0.838，小于 0.9 的模型接受判断标准，RMSEA 为 0.237，大于 0.08 的槛值。由此可见，结构方程模型 M5 依然拟合程度不佳。

从本研究考虑，METPB 结构方程模型 M5 拟合度不高的原因可能为下列三点：

1. 替代景区吸引力对乡村旅游者价值有显著影响。从已有

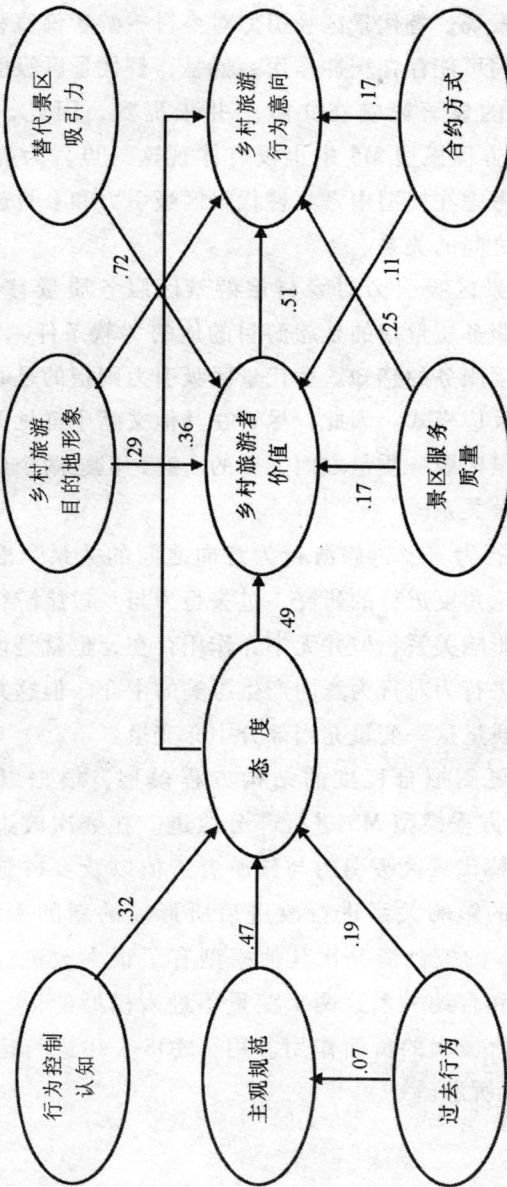

图5.10　METPB结构方程模型M5

文献中可以发现，替代景区吸引力对乡村旅游者价值和乡村旅游行为意向之间可能存在缓冲作用，但是，替代景区吸引力对乡村旅游者价值的显著影响在文献中并未提到，因此，本部分中METPB 结构方程模型 M5 中也没有体现这一点。为提高模型拟合度，可以考虑在模型中考察替代景区吸引力和乡村旅游者价值这两个变量之间的关系。

2. 替代景区吸引力对乡村旅游景区服务质量有显著影响。本研究中的服务质量指的是旅游目的地的"软条件"，强调的是旅游者对各项服务的感知。替代景区吸引力则指的是心理学的刺激也即一种反应模式。因此，尽管在其他文献中鲜见关于替代景区吸引力与景区服务质量之间关系的研究，但这两个变量之间可能会存在显著关系。

3. 过去行为与乡村旅游行为意向之间的关系。根据前文从计划行为理论角度进行的研究，过去行为与乡村旅游行为意向之间存在直接影响关系，但并无中介作用存在，也就是说，态度并没有充当过去行为对行为意向产生影响的中介。但这并不影响乡村旅游服务质量这一变量充当部分中介变量。

为寻求更高拟合程度的结构方程模型，根据以上猜想对METPB 结构方程模型 M5 进行部分改进。在数次改进中，笔者发现，在对替代景区吸引力与旅游者价值以及乡村旅游景区服务质量之间的影响关系进行改进后所形成的新的 METPB 结构方程模型 M6 的拟合情况比其他模型有了很大改进。另外，如果过去行为和合约关系这两个变量不进入模型的话，对模型的拟合程度具有较大的负面作用。用 AMOS 5.0 进行运算后的结果如图 5.11 所示。

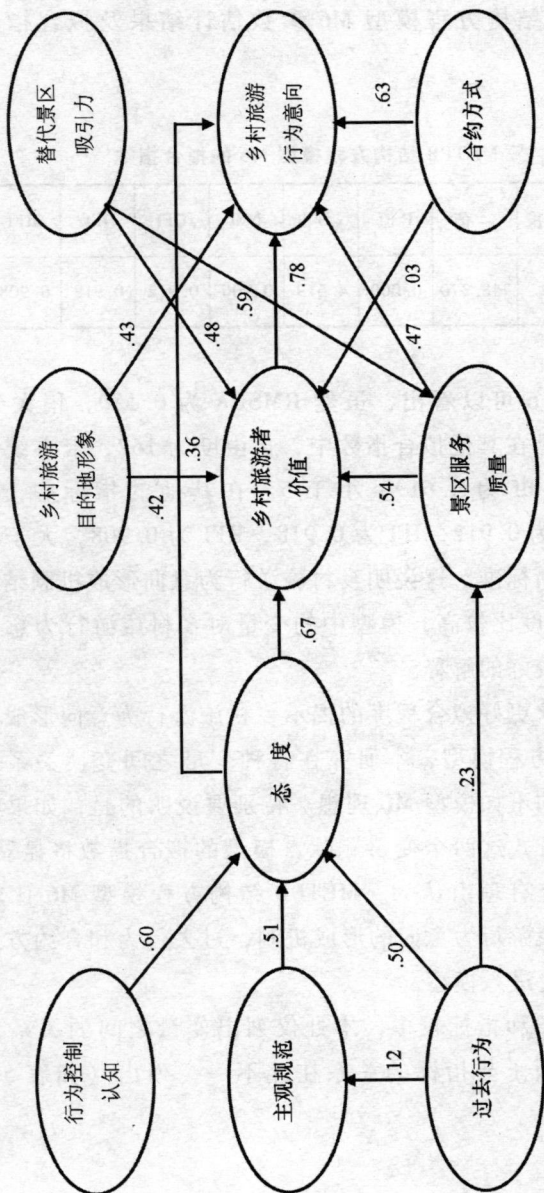

图5.11 METPB结构方程模型M6

METPB 结构方程模型 M6 参数估计结果及拟合指数如表 5.16 所示。

表 5.16　　　　　METPB 结构方程模型 M6 的拟合指数

拟合指标	自由度	χ^2 值	P 值	χ^2/df	NFI	CFI	IFI	RFI	RMSEA
实际指标值	162	748.370	0.000	4.619	0.900	0.912	0.918	0.908	0.150

从表 5.16 可以看出，虽然 RMSEA 为 0.150，稍大于 0.08 的槛值，但是在其他拟合指数中，自由度为 162，卡方统计量为 748.370，χ^2/df 为 4.619，小于 5。在其他的指标中，NFI 为 0.900，CFI 为 0.912，IFI 为 0.918，RFI 为 0.908，大于 0.9 的模型接受判断标准。这说明乡村旅游行为意向形成机制结构模型 M6 的拟合程度比较高，模型中的变量对乡村旅游行为意向形成机制进行了较好的解释。

为了寻求更好拟合程度的揭示乡村旅游行为意向形成机制的 METPB 结构方程模型，本研究在各种变量之间变换关系，但模型拟合结果均不如模型 M6 理想。特别要说明的是，如果将过去行为和合约方式这两个变量删除，模型的拟合指数将显著降低。所以，本研究有理由认为，METPB 结构方程模型 M6 比较好地解释了乡村旅游行为意向的形成机制，过去行为和合约方式都应作为单独变量进入模型。

由于因子和指标较多，本处仅列出变量之间的关系，各变量与因子及因子与指标的关系在此不一一列出（如表 5.17 所示）。

表 5.17　　　　　　　　METPB 模型中各变量之间的关系

			标准回归系数	标准误	C. R.	显著性
价值	←	态度	.322	.011	30.203	＊＊＊
价值	←	替代景区吸引力	.178	.007	23.760	＊＊＊
价值	←	景区服务质量	.488	.015	32.475	＊＊＊
行为意向	←	态度	-.080	.023	-3.463	＊＊＊
行为意向	←	价值	.271	.063	4.335	＊＊＊
行为意向	←	景区服务质量	.832	.035	23.736	＊＊＊
行为意向	←	合约方式	.984	.045	21.656	＊＊＊
价值	←	合约方式	.350	.024	14.405	.329
景区服务质量	←	过去旅游行为	.378	.035	26.009	＊＊＊
态度	←	过去旅游行为	.726	.035	29.003	＊＊＊
主观规范	←	过去旅游行为	.584	.042	14.010	
态度	←	主观规范	.855	.046	26.103	＊＊＊
态度	←	行为控制认知	.620	.041	25.168	＊＊＊
行为意向	←	替代景区吸引力	.655	.040	26.078	＊＊＊

说明：＊＊＊代表 p < 0.01。

　　为了检验态度、乡村旅游者价值等九个变量对乡村旅游行为意向的解释程度，使用 SPSS12.0 对态度、乡村旅游者价值等九个变量进行逐步回归分析，以检验其对行为意向的解释程度，逐步回归分析结果如表 5.18 所示。

表 5.18　　　　　　　　逐步回归系数

	非标准化系数		标准化系数	T 值	显著性
	B	标准误	Beta		
（常量）	-5.175	.136		-38.008	.000
态度（A）	.380	.024	.389	20.095	.000

续表

	非标准化系数		标准化系数	T 值	显著性
	B	标准误	Beta		
乡村旅游者价值（V）	.264	.020	.251	30.512	.000
行为控制认知（BC）	.056	.023	.047	2.413	.016
主观规范（SN）	−.021	.024	−.018	−.880	.379
过去行为（P）	.015	.027	.012	.550	.583
乡村旅游目的地形象（VI）	.156	.027	.126	5.817	.000
乡村旅游景区服务质量（QU）	.030	.016	.045	1.888	.059
替代景区吸引力（AT）	−.043	.019	−.061	−2.255	.024
乡村旅游合约方式（F）	−.008	.016	−.012	−.487	.627
R			.779		
R²			.607		

说明：因变量：乡村旅游行为意向；

　　　自变量：态度、乡村旅游者价值、行为控制认知、主观规范、过去行为、乡村旅游目的地形象、乡村旅游景区服务质量、替代景区吸引力、乡村旅游合约方式。

　　从表 5.18 可以看出，态度、乡村旅游者价值、行为控制认知等九个自变量对乡村旅游行为意向解释的方差达到 70.3%，这比无论是仅从计划行为理论角度进行的分析还是仅从顾客价值理论角度进行的分析所达到的解释程度都要高得多。乡村旅游行为意向方差的被解释程度得到了极大提高。这也说明本研究将计划行为理论和顾客价值理论结合起来进行分析的思路是正确的。

　　乡村旅游行为意向对各变量的回归结果如下：

$$IN = 0.389 \times A + 0.251 \times V + 0.047 \times BC + (-0.018)$$
$$\times SN + 0.012 \times P + 0.126 \times VI + (-0.061)$$
$$\times AT + (-0.012) \times F \tag{5.1}$$

公式 5.1 回归模型的检验结果显示，行为控制认知、主观规范、过去行为、乡村旅游景区服务质量、替代景区吸引力以及乡村旅游合约方式等对乡村旅游行为意向没有显著影响。

（二）假设检验

1. 直接作用检验

本部分的直接作用检验是分析假设 9 和假设 12。

通过结构方程模型的路径系数测算结果可以发现，态度对乡村旅游者价值的路径系数为 0.44 （P < 0.01），这说明态度对乡村旅游者价值有显著影响，假设 9 得到支持。

通过结构方程模型的路径系数测算结果可以发现，乡村旅游合约方式对乡村旅游者价值的路径系数为 0.03 （P = 0.329），这说明合约方式对乡村旅游者价值没有显著影响，假设 12a 没有得到支持。

通过结构方程模型的路径系数测算结果可以发现，乡村旅游合约方式对乡村旅游行为意向的路径系数为 0.63 （P < 0.01），这说明合约方式对乡村旅游行为意向有显著影响，假设 12b 得到支持。

2. 中介作用检验

本部分接下来在乡村旅游行为意向形成机制结构模型 M6 基础上，进行假设 10 的检验，分析乡村旅游者价值是否在态度对乡村旅游行为意向的影响过程中起中介作用。

（1）巴伦等的三步验证方法

第一步，乡村旅游者价值对态度进行回归，结果如表 5.19 所示。

由表 5.19 可以看出，乡村旅游者价值对态度的回归系数达到显著性水平。

第二步，乡村旅游行为意向对态度进行回归，结果如表 5.20 所示。

表 5.19　　　　　乡村旅游者价值对态度的回归结果

	非标准化系数		标准化系数	T 值	显著性
	B	标准误	Beta		
态　度	.064	.032	.065	1.995	.016

说明：因变量：乡村旅游者价值。

表 5.20　　　　　乡村旅游行为意向对态度的回归结果

	非标准化系数		标准化系数	T 值	显著性
	B	标准误	Beta		
态　度	.300	.032	.300	9.346	.000

说明：因变量：乡村旅游行为意向。

　　从表 5.20 可以看出，乡村旅游行为意向对态度的回归系数达到显著性水平。

　　第三步，乡村旅游行为意向同时对态度和价值进行回归，结果如表 5.21 所示。

表 5.21　乡村旅游行为意向对态度和旅游者价值的回归结果

	非标准化系数		标准化系数	T 值	显著性
	B	标准误	Beta		
乡村旅游者价值	.006	.031	.006	9.209	.003
态　度	.227	.031	.227	8.601	.000

说明：因变量：乡村旅游行为意向。

　　从表 5.21 可以看出，态度的回归系数减小，但是仍然达到显著性水平，因此，乡村旅游者价值在态度与乡村旅游行为意向之间起部分中介作用。

（2）模型比较判定

在假设中，乡村旅游者价值在态度与乡村旅游行为意向的关系之间充当部分中介变量。因此本研究先建立两个结构方程模型：一是中介模型，即旅游者价值充当部分中介，如图 5.12 所示；二是比较模型，即旅游者价值不起任何中介作用，如图 5.13 所示。然后对这两个模型拟合指数进行比较，如果中介模型优于比较模型，则旅游者价值为部分中介变量；如果比较模型优于中介模型，则旅游者价值不为中介变量。

图 5.12 中介模型

图 5.13 比较模型

使用 AMOS 5.0 对中介模型和比较模型分别计算，拟合指数如表 5.22 所示。

表 5.22　　　　中介模型和比较模型的拟合指数比较

拟合指标	自由度	χ^2 值	P 值	χ^2/df	NFI	CFI	IFI	RFI	RMSEA
中介模型	9	135.423	0.000	15.047	0.925	0.920	0.920	0.852	0.112
比较模型	11	142.405	0.000	12.946	0.911	0.917	0.917	0.802	0.112

从中介模型和比较模型的各项拟合指数比较来看，中介模型和比较模型的 RFI 和 RMSEA 两项指标均没有达到判定模型为优的槛值，但是相比较而言，中介模型的各项拟合指数要好于比较模型。因此可以判定，中介模型的拟合程度要优于比较模型，也就是说，态度通过乡村旅游者价值间接影响了乡村旅游行为意向。假设 10 继续得到支持。

本部分接下来在乡村旅游行为意向形成机制结构模型 M6 基础上，进行假设 11 的检验。首先使用巴伦等的三步验证方法进行验证。

第一步，乡村旅游景区服务质量对过去行为进行回归，结果如表 5.23 所示。

表 5.23　　　　　景区服务质量对过去行为的回归结果

| | 非标准化系数 | | 标准化系数 | T 值 | 显著性 |
	B	标准误	Beta		
过去行为	.033	.016	.172	3.220	.017

说明：因变量：乡村旅游景区服务质量。

由表 5.23 可以看出，乡村旅游景区服务质量对过去行为的回归系数达到显著性水平。

第二步，乡村旅游行为意向对过去行为进行回归，结果如表 5.24 所示。

从表 5.24 可以看出，乡村旅游行为意向对过去行为的回归系数达到显著性水平。

第三步，乡村旅游行为意向同时对过去行为和乡村旅游景区服务质量进行回归，结果如表 5.25 所示。

表 5. 24   乡村旅游行为意向对过去行为的回归结果

	非标准化系数		标准化系数	T 值	显著性
	B	标准误	Beta		
过去行为	.294	.016	.428	7. 432	.000

说明：因变量：乡村旅游行为意向。

表 5. 25   乡村旅游行为意向对过去行为和景区服务质量的回归结果

	非标准化系数		标准化系数	T 值	显著性
	B	标准误	Beta		
乡村旅游景区服务质量	.006	.031	.006	9. 209	.003
过去行为	.227	.031	.227	13. 601	.279

说明：因变量：乡村旅游行为意向。

从表 5. 25 可以看出，过去行为的回归系数没有减小，也没有达到显著性水平，因此，不需要再进行比较模型判定。乡村旅游景区服务质量在过去行为与乡村旅游行为意向之间没有起到中介作用，假设 11 没有得到支持。

本研究的假设检验结果总体情况如表 5. 26 所示。

表 5. 26   假设检验结果

假　　设	检验结果
假设 1：主观规范对态度和乡村旅游行为意向有显著影响	支　持
假设 1a：主观规范对态度具有显著影响	支　持
假设 1b：主观规范对乡村旅游行为意向有显著影响	支　持
假设 2：行为控制认知对态度和乡村旅游行为意向有显著影响	支　持
假设 2a：行为控制认知对态度具有显著影响	支　持
假设 2b：行为控制认知对乡村旅游行为意向具有显著影响	支　持

续表

假　　设	检验结果
假设3：态度对乡村旅游行为意向和乡村旅游者价值具有显著影响，且在主观规范与行为控制认知对乡村旅游行为意向的影响过程中起中介作用	部分支持
假设3a：态度对乡村旅游行为意向有显著影响	支　持
假设3b：态度在行为控制认知对乡村旅游行为意向影响过程中起中介作用	支　持
假设3c：态度在主观规范对乡村旅游行为意向的影响过程中起中介作用	支　持
假设3d：态度在过去行为对乡村旅游行为意向的影响过程中起中介作用	不支持
假设4：过去行为对主观规范、态度和乡村旅游行为意向都具有显著影响	部分支持
假设4a：过去行为对主观规范具有显著影响	部分支持
假设4b：过去行为对态度具有显著影响	部分支持
假设4c：过去行为对乡村旅游行为意向具有显著影响	不支持
假设5：乡村旅游者价值对乡村旅游行为意向具有显著影响	支　持
假设6：乡村旅游目的地形象对乡村旅游者价值和乡村旅游行为意向具有显著影响	支　持
假设6a：乡村旅游目的地形象对乡村旅游者价值具有显著影响	支　持
假设6b：乡村旅游目的地形象对乡村旅游行为意向具有显著影响	支　持
假设7：乡村旅游景区服务质量对乡村旅游者价值和乡村旅游行为意向具有显著影响	支　持
假设7a：乡村旅游景区服务质量对乡村旅游行为意向有显著影响	支　持
假设7b：乡村旅游景区服务质量对乡村旅游者价值有显著影响	支　持
假设8：替代景区吸引力对乡村旅游行为意向有显著影响	不支持
假设9：态度对乡村旅游者价值具有显著影响	支　持

续表

假 设	检验结果
假设 10：乡村旅游者价值在态度对乡村旅游行为意向影响过程中起中介作用	支 持
假设 11：乡村旅游景区服务质量在过去行为对乡村旅游行为意向的影响过程中起中介作用	不支持
假设 12：乡村旅游合约方式对乡村旅游者价值和乡村旅游行为意向有显著影响	部分支持
假设 12a：乡村旅游合约方式对乡村旅游者价值有显著影响	不支持
假设 12b：乡村旅游合约方式对乡村旅游者行为意向有显著影响	支 持

从表 5.26 可以看出，假设 1、假设 2、假设 5、假设 6、假设 7、假设 9、假设 10 获得实证研究支持，假设 3、假设 4、假设 12 获得部分支持，假设 8 没有获得支持。其中，假设 3d "态度在过去行为对乡村旅游行为意向的影响过程中起中介作用"、假设 4c "过去行为对乡村旅游行为意向具有显著影响"、假设 11 "乡村旅游景区服务质量在过去行为对乡村旅游行为意向的影响过程中起中介作用"、假设 12a "乡村旅游合约方式对乡村旅游者价值有显著影响" 等没有得到支持。

三 研究结论和模型解释

（一）结论

本部分对 METPB 模型实证研究的主要结论如下。

1. 态度对乡村旅游者价值有显著影响

本研究在理论分析的基础上，在乡村旅游行为意向形成机制中建立了态度与顾客价值之间的关系，并通过实证分析证明，态度对乡村旅游者价值具有显著影响。这说明，计划行为理论和顾客价值理论可以通过态度与旅游者价值之间的这种联系而连接到一起，对乡村旅游行为意向进行解释。

2. 乡村旅游景区服务质量在过去行为对行为意向影响的过程中起中介作用

根据前文研究，过去行为对乡村旅游行为意向存在直接影响作用，如果模型中不纳入过去行为这一变量的话，本部分结构方程模型拟合指数会显著降低，说明过去行为对行为意向具有重要影响。本部分通过实证分析证明，乡村旅游景区服务质量在过去行为对乡村旅游行为意向影响的过程中起中介作用，这就比较清楚地解释了为何过去行为应作为单独变量进入模型，却又对乡村旅游行为意向影响为弱显著的原因。

3. 乡村旅游者价值在态度对行为意向的影响过程中起中介作用

态度、乡村旅游者价值和乡村旅游行为意向是本研究三个最重要的变量，它们之间的相互影响关系是本研究的焦点。本部分通过实证分析证明，乡村旅游者价值在态度对行为意向的影响过程中起中介作用，这就说明，态度对乡村旅游行为意向的一部分影响通过乡村旅游者价值传递，乡村旅游者价值在其中起部分中介的作用。这个中介变量的引入提高了对乡村旅游行为意向的解释程度。

4. 乡村旅游合约方式应作为单独变量进入模型

在以往的研究中，合约方式从未作为单独变量进入行为意向的有关分析模型。本研究通过实证分析证明，合约方式应作为单独变量进入模型，且对乡村旅游者价值和乡村旅游行为意向具有显著影响。

(二) METPB 理论模型的再次修正

本研究在第三章构建 METPB 理论模型之后，以"三步走"

的步骤检验了模型与假设。从结构模型计算结果来看，单纯从计划行为理论或顾客价值理论构建的结构方程模型都不能通过检验，模型拟合度不高，只有基于计划行为理论拓展所建立的乡村旅游行为意向形成机制 METPB 结构方程模型的拟合度符合要求。从假设检验结果来看，假设 3d、假设 4c、假设 8、假设 11 及假设 12 不被支持。但是，过去行为对乡村旅游景区服务质量、替代景区吸引力对乡村旅游者价值和乡村旅游景区服务质量等均证明存在显著影响关系。由此，本研究构建的揭示乡村旅游行为意向形成机制的 METPB 理论模型进一步修正如图 5.14 所示。

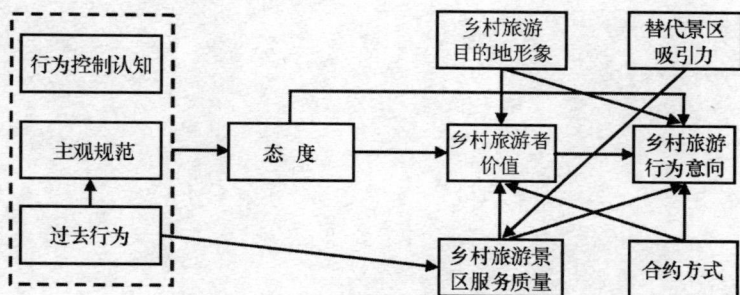

图 5.14 再次修正后的 METPB 理论模型

（三）再次修正后的 METPB 理论模型解释

从以上再次修正后的 METPB 理论模型可以看出，在乡村旅游行为意向形成过程中，态度、乡村旅游者价值等九个变量产生了重要影响。其中，过去行为、主观规范和行为控制认知对乡村旅游行为意向都有直接显著影响，并同时通过态度对乡村旅游行为意向产生影响。态度对乡村旅游行为意向有直接显著影响，并同时通过乡村旅游者价值对乡村旅游行为意向产生影响。替代景区吸引力、乡村旅游目的地形象两个变量对乡村旅游行为意向有直接显著影响，并通过乡村旅游者价值对其产生间接影响。乡村旅游者价值不但是直接影响乡村旅游行为意向的因变量，而且同时充当了态度影响行为意向的中介变量。乡村旅游目的地形象对乡村旅游者价值和乡村旅游行为意向都有显著影响作用。

第六章 研究结论与讨论

前文基于计划行为理论拓展建立了分析乡村旅游行为意向形成机制的 METPB 理论模型，并用"三步走"的方式对模型进行了实证研究。本章对整个研究进行总结：首先概括本研究的主要研究结论，阐述本研究的理论贡献和实践贡献；其次结合实地调查情况，就当前乡村旅游的发展提出若干建议；最后提出今后的研究展望。

第一节 主要研究结论

综合起来，本研究得到了以下三个重要结论。

1. 乡村旅游行为意向形成机制受多个变量的直接影响。

本研究实证表明，乡村旅游行为意向受到态度、行为控制认知、乡村旅游目的地形象、景区服务质量等变量的直接影响，这与前文的理论分析结果是一致的，与其他研究的结果也是一致的。

同时，本研究还证明，主观规范和顾客价值对乡村旅游行为意向有显著影响关系。这与许多学者（如 Davis & Turner, 1992; Ajzen & Driver, 1992）实证研究的结果并不一致，他们的研究结果显示主观规范对行为意向的影响不显著。本研究结果显示，主观规范在乡村旅游行为意向形成过程中的重要表现是由于乡村旅游行为的最终目的是获取一种心理上的感知。从这个意义上讲，个人内部规范和社会外部规范的重要性自然是不言而喻的，它与态度、行为控制认知一起对乡村旅游行为意向产生显著影响。

当作为变量引入消费者行为和行为意向研究以后，学者对顾客价值在消费者行为意向研究中的地位一直没有形成一致的意见。有些学者认为，价值不过是众多对行为意向起间接作用的因素之一，需要通过其他的中介变量如顾客满意对行为意向发生作用（Lapierre，Filiatrault & Chebat，1999）。有些学者认为，顾客价值同其他变量如顾客满意一起对行为意向产生影响，但相比之下，顾客价值的作用比较小（Oh，1999）。这两类观点都认为顾客价值对行为意向的作用并不大。但是，相左的观点也很流行，盖尔（Gale，1994，第29—31页）、克罗宁、布拉迪（Brady）和布兰德（Brand）等（1997）以及奥（Oh，2000）等人经过实证研究，认为顾客价值对行为意向的作用要远远大于其他因素，甚至充当了其他因素对行为意向起作用的中介变量。本研究实证分析结果显示，乡村旅游者价值对乡村旅游行为意向的影响非常显著，旅游者价值越高，行为意向就越强。这与旅游产品的服务特性有关，因为服务产品都是无形的，其质量高低主要依靠旅游者主观感受来判断，旅游者价值则是这种判断所形成的直接结果。

2. 态度和顾客价值是揭示乡村旅游行为意向形成机制的重要中介变量。

研究结果表明，态度是主观规范、行为控制认知和过去行为对行为意向产生影响的中介变量，乡村旅游者价值是态度对乡村旅游行为意向产生影响的中介变量。

在相关研究中，态度经常被认为是影响行为意向的直接变量，行为意向方差的解释程度在这种研究框架下一直得不到提高。通过实证研究可知，在态度对乡村旅游行为意向的影响过程中，乡村旅游者价值是重要的中介变量。本研究通过引入这一中介变量，极大地提高了模型对乡村旅游行为意向的解释程度。在乡村旅游行为意向形成机制中，乡村旅游者的主观规范、行为控制认知和过去行为均对态度有显著影响，且通过态度对行为意向产生影响。主观规范、行为控制认知和过去行为越正向，态度也越正向；而态度越正向，乡村旅游行为意向也越正向。

乡村旅游者价值在态度对乡村旅游行为意向影响的过程中起部分中介作用，主观规范、行为控制认知、过去行为和乡村旅游景区服务质量、乡村旅游目的地形象、替代景区吸引力等变量通过态度和乡村旅游者价值这两个变量联系在一起，互相作用，共同对乡村旅游行为意向产生影响，从而形成乡村旅游行为意向。从研究结果来看，态度对乡村旅游者价值具有显著影响，乡村旅游者价值对乡村旅游行为意向具有显著影响，这较好地增强了乡村旅游行为意向的方差解释能力，与许多学者（Armitage & Conner，2001）认为需要引入新的变量以增强解释能力的观点也是一致的。研究表明，在乡村旅游行为意向的解释变量中，乡村旅游者价值是一个比较好的引入变量。它的存在不但解释了态度对行为意向的一部分方差，而且起到了其他变量对行为意向影响的桥梁。

3. METPB 模型提高了对乡村旅游行为意向形成机制的解释力。

尽管人们认为计划行为理论在本质上是过程理论，强调的是行为或行为意向形成的过程，而顾客价值理论则是比较理论，强调的是顾客购买产品后经过成本和效益比较的结果。但是，在计划行为理论和顾客价值理论之间仍然可以找到它们的联系点，本研究建立了揭示乡村旅游行为意向形成机制的 METPB 模型。根据布莱克韦尔、赛因巴奇和巴恩塞斯（Blackwell, Szeinbach & Barnses, 1999）的观点，顾客价值由个人偏好等因素决定，而个人偏好又影响顾客的行为态度，所以，在态度与顾客价值之间必然可以建立一种联系。这一观点在实证研究中已经得到充分证明。这种联系对 METPB 模型的作用直接反映为 METPB 模型拟合指数几乎全部达到判断模型拟合程度为优的槛值，说明 MET-PB 模型在解释乡村旅游行为意向形成机制方面达到了较好的程度。这种结果主要来源于模型结合了计划行为理论和顾客价值理论两者的优点，综合了乡村旅游者内外部因素的影响，而且既描述了行为意向形成的过程，又说明了乡村旅游者的行为意向形成前的决策依据，对乡村旅游行为意向的方差解释比较全面。

总之，通过实证研究，本研究基于计划行为理论拓展的"态度—顾客价值—行为意向"的乡村旅游行为意向形成机制 METPB 模型获得了充分支持。

第二节　理论和实践贡献

一　理论贡献

本研究的理论贡献主要体现在三个方面。

1. 提出了揭示乡村旅游行为意向形成机制的 METPB 模型。

在以往研究中，人们较多地从计划行为理论或顾客价值理论单一角度进行分析，试图从方法、样本、测量技术等角度提高对行为意向或行为的解释程度。在研究中，人们也逐渐认识到，由于理论本身的局限性，仅仅依靠单一的理论来分析行为意向，其解释程度还不高，必须引入新的变量才能从根本上改变这一状况。本研究从影响态度和顾客价值的因素的共同性出发，在这两个变量之间建立起联系，提出了揭示乡村旅游行为意向形成机制的创新的 METPB 模型，提高了对行为意向解释的程度。这说明，在对行为意向进行分析时不能仅仅从一个角度去看待问题，消费者的行为意向影响因素之间都是有联系的，它们相互影响，共同对行为意向产生作用，割裂这种联系将损害对乡村旅游行为意向形成机制的解释。本研究的行为研究视角创新可以为后续研究在研究思路和研究范式方面提供借鉴和参考。

　　2. 揭示了乡村旅游行为意向形成机制中各变量之间的相互关系。

　　本研究运用创新的 METPB 模型对乡村旅游行为意向的形成机制进行了实证分析。结果表明：乡村旅游行为意向的形成受态度、主观规范、行为控制认知、过去行为、乡村旅游景区形象、乡村旅游景区服务质量、乡村旅游者价值、替代景区吸引力、合约方式九个因素的影响。同时，研究结果表明，态度和顾客价值是揭示乡村旅游行为意向形成机制的 METPB 模型中重要的中介变量，行为控制认知、主观规范和过去行为对乡村旅游行为意向只产生间接影响而并不产生直接影响，它们的间接影响通过态度传递。态度一方面对乡村旅游行为意向同时有直接影响和间接影响，间接影响通过乡村旅游者价值传递。乡村旅游目的地形象、乡村旅游景区服务质量和合约方式三个变量对乡村旅游者价值和乡村旅游行为意向同时产生影响，替代景区吸引力对乡村旅游者价值和乡村旅游景区服务质量同时产生影响。对这些变量之间关系的揭示回答了乡村旅游行为意向的形成受哪些因素影响的问题，也回答了这些因素是如何相互作用，共同影响乡村旅游行为意向的形成问题的。

　　3. 把过去行为和合约方式作为单独变量引入了 METPB

模型。

研究结果表明，过去行为作为独立变量进入 METPB 模型后对模型的拟合具有积极作用。它不但对乡村旅游行为意向产生直接的影响，而且通过态度这一中介变量对行为意向产生间接影响，从而改变了以往研究认为过去行为对行为意向影响较低的观点。艾森（1995）认为过去行为虽然对行为意向有重要影响，但这种影响可以通过纳入主观规范来体现，所以，计划行为理论模型中便没有出现过去行为变量。当然，也有学者（Bagozzi & Kimmel，1995）认为它应该作为一个独立变量进入模型。本研究认为，过去行为所反映的是行为主体自身对行为的认同性程度，而主观规范所反映的是行为主体对外界压力的感知性程度，这也是过去行为不能纳入主观规范变量的主要原因。过去行为为预测未来行为提供了一个较好的途径，作为独立变量进入模型使模型的拟合度大大提高。

合约方式在过去研究中鲜有提及。本研究通过实证分析发现，一方面，合约方式通过改变乡村旅游者的服务背景从而改变旅游者的价值感知，因此合约方式对乡村旅游者价值具有显著影响。另一方面，合约方式代表了乡村旅游者对不同付费方式的喜好，它对乡村旅游行为意向也具有显著影响。所以，旅游合约方式是改变乡村旅游者服务背景和付费方式喜好的一个内生变量，与过去行为一样，旅游合约方式作为独立变量进入 METPB 模型对模型的拟合具有积极作用。

二　实践贡献

本研究的实践贡献主要有以下几个方面。

1. 有利于促进乡村旅游行为意向的形成。

本研究辨明了乡村旅游行为意向的影响因素及形成过程，为乡村旅游目的地和其他类型的旅游目的地促进旅游行为意向的形成提供了依据。一方面，乡村旅游目的地要重视乡村旅游者内部因素的作用，比如乡村旅游者所受的群体和社会压力、乡村旅游活动给旅游者带来的好处的认识等，这些因素可以从内部激发乡村旅游者产生行为意向，是其他一切因素起作用的根源。另一方面，乡村旅游目的地要重视乡村旅游者外部因素的作用，尤其是目的地本身所能控制的因素的作用，如旅游目的地形象、景区服务质量、景区吸引力等，这些因素在乡村旅游行为意向形成过程中起不同的作用。这就要求乡村旅游目的地要有的放矢地采取促进旅游发展的措施，不要盲目跟风。如在提高景区服务质量方面，主要应从服务管理质量、服务差异质量、导游服务质量以及环境服务质量四个方面入手，要了解乡村旅游者的追求和爱好，有意识地突出旅游目的地与竞争对手之间的差异，尽最大可能维护好乡村的原生态环境，同时，要注意为乡村旅游者做好导游服务，这一切都应从整个服务管理的角度入手。

2. 为乡村旅游目的地提供营销思路。

作为行为最为行之有效的指示器，乡村旅游行为意向对人们有效理解乡村旅游者的行为具有巨大作用，充分理解乡村旅游行为意向形成机制及各变量之间的关系并对乡村旅游地有的放矢地进行关系营销具有非常重要的意义。长期以来，人们对行为意向的理解仅仅停留在对其影响因素的认识上，没有进一步深入因素之间的关系上。在本研究中，以研究乡村旅游行为意向的形成机制为主线，以态度和乡村旅游者价值为重要变量，对影响行为意向各变量的关系进行了相对细致的分析，这种分析不仅在理论上为测量乡村旅游者行为意向提供了依据，而且为乡村旅游目的地营销提供了思路。当前，乡村旅游的发展已经到了关键阶段，人们逐渐对前几年的粗放经营所带来的负面效应进行反思，开始考虑深层次的环境和谐与持续发展的问题。鉴于乡村旅游者价值在乡村旅游者态度及其自身对行为意向的巨大作用，要使旅游者产生乡村旅游的行为意向，就必须尽可能地追求乡村旅游者价值的最大化。而乡村旅游者价值又受到乡村旅游景区的影响，所以，要形成乡村旅游行为意向就必须创新营销观念，不断追求乡村旅游社会总效益最大化。从本研究结果来看，乡村旅游行为意向的形成是旅游者与旅游地共同作用的结果，乡村旅游营销应追求社会总效益最大化，兼顾旅游者和旅游地，不可偏废。只有这样，结果才能是双赢的。

3. 有利于乡村旅游和乡村经济的发展。

本研究分析结果认为，不同变量在行为意向形成过程中所起的作用是不一样的。从乡村旅游目的地形象、乡村旅游景区服务质量等变量来看，并非简单地模仿城市做法就可以促进乡村旅游者价值提升和态度形成，而是需要重新思考本景区的定位以及竞争性替代景区的战略，充分利用乡村旅游景区本身所拥有的资源，在现有基础上开发旅游服务，这不但可以节约乡村旅游开发的成本，而且可以促进乡村旅游目的地的可持续发展，最终有利于乡村旅游地的经济发展。

第三节　对有关部门的建议

要形成较高的乡村旅游行为意向，激发旅游者产生乡村旅游行为，就必须以影响乡村旅游行为意向的因素为抓手，加强乡村旅游营销。乡村旅游目的地和旅游行业管理部门主要应从以下几点入手。

1. 注重和加强对乡村旅游者的引导。

乡村旅游行为意向的形成受到态度、价值、景区服务质量、景区形象等变量的影响，所以，应从这些变量入手促进乡村旅游行为意向的形成。态度和景区形象、服务质量认知等变量具有高度的主观性，所以，要提升乡村旅游者的态度以及对乡村旅游景区形象和景区服务认知就依赖于对乡村旅游者的引导。乡村旅游地对旅游者的引导应主要注意以下两个方面：

首先，引导乡村旅游者建立对乡村旅游价值合理的态度和期望。相对于乡村旅游目的地来说，乡村旅游者的信息是不充分的，这种信息不对称经常是造成乡村旅游者不能客观、正确评价旅游过程的主要原因。任何时候，只要乡村旅游者没有相关旅游经验或乡村旅游地提供有别于其他景区的新产品，对乡村旅游者提供购买期望信息都是非常必要的，信息的提供可以引导乡村旅游者为乡村旅游过程的完成建立心理检验标准和目标，也有助于避免乡村旅游者的购后失调。

其次，引导乡村旅游者在时空上合理流动。由于服务不可储存的特点，供需不一致不但造成企业价值的流失，而且因为在需求高峰时期可能造成服务质量下降而最终降低乡村旅游者价值。在我国，旅游具有明显的季节性波动，对乡村旅游者的引导能够促使其选择合适时段出游，在很大程度上平抑乡村旅游产品在不同时段的供需不一致，从而不但增加乡村旅游者价值，有助于乡村旅游行为意向的形成，而且有利于乡村旅游景区协调各项资源，提高服务质量，突出景区形象。所以，在时空方面对乡村旅游者的引导有助于平衡供需，平衡供需对乡村旅游地和乡村旅游者双方都是有益的。

2. 建立和完善乡村旅游信息数据库。

乡村旅游者的过去行为、行为控制认知、主观规范以及在乡村旅游过程中所形成的各种认知等对乡村旅游行为意向的形成具有非常重要的意义，因此，了解和掌握这些相关信息对形成乡村旅游行为意向非常重要，主要可以从政府管理部门和企业运营两个方面进行。

从政府行业管理方面来说，乡村旅游宏观信息的不完全不但限制了理论界对乡村旅游发展问题的深入思考，而且不利于进行行业管理决策。乡村旅游统计工作是对乡村旅游实行科学管理，监督整个旅游活动的重要手段，是为管理者制定政策和计划的主要依据，也是乡村旅游相关研究进行的基础。随着现代化管理的发展和现代统计制度的建立，必须建立健全乡村旅游的管理体制与运行方式，科学设置和完善指标体系，真正体现统计的"信息"、"咨询"、"监督"三大职能。乡村旅游数据统计工作主要应着重从明确乡村旅游统计工作职能和建立健全乡村旅游统计指标体系入手。

对乡村旅游目的地来说，应该充分注重游客信息的挖掘，建立和完善乡村旅游者旅游信息数据库是非常必要的。乡村旅游景区的大部分游客都来自本地，其中，又有许多游客在不同时段重复游玩同一个景区，这部分游客的比例大约为全部乡村旅游者的32%，对于这部分市场来说，乡村旅游是其进行休闲的一种常规方式。从这个意义上说，乡村旅游表现出的"无边界旅游"特征非常明显。所以，乡村旅游景区应注重对游客信息的收集，建立和完善乡村旅游者信息数据库，从乡村旅游者的过去行为、行为控制认知、主观规范等方面充分挖掘游客信息，以更好地提供对乡村旅游者的服务，从而有利于强化游客的乡村旅游行为意向。

3. 树立乡村旅游景区联合品牌形象。

乡村旅游与其说是在乡村空间里旅行，还不如说是在乡村概念中旅行。乡村魅力对于都市人群来说，或许并不是换一种"地方"，而是换一种体验"价值"。毫无疑问，乡村旅游的品牌形象主要应由市场来检验，在市场竞争中优胜劣汰，但是这种单纯的由市场选择会带来过高的成本。为了减少景区之间的过度竞争和低层次竞争，政府应在乡村旅游开发方面采取一定举措，进行适度引导，树立乡村旅游景区联合品牌形象，改变现有乡村旅游景区经营开发各自为政的现状。

树立乡村旅游景区的联合品牌形象的做法主要有两个好处：一是可以有效增强乡村旅游者对乡村旅游景区的形象认知。从目前实际情况来说，乡村旅游景区由于起步晚、力量相对薄弱，短时期内在形成对乡村旅游者有吸引力的景区形象方面还有些力不从心。如果能将乡村旅游景区联合起来，以区域或类型等特征为维度树立统一的联合品牌形象，将在营销中对旅游者造成比较强的冲击力。二是可以有效降低乡村旅游景区之间的低水平竞争的可能性。由于接待每个乡村旅游者变动成本很低，乡村旅游景区之间为了争取客源，最简单也是最常见的办法就是进行削价竞争。这种削价竞争不但造成乡村旅游景区之间资源的无谓内耗，而且由于景区的利润空间下降甚至消失，不能保证景区的可持续发展，最终会使景区的形象、服务质量等严重下降，进而影响乡村旅游行为意向。树立联合品牌形象可以促进景区之间相互协调、有序竞争，而且可以促进景区之间相互输送客源，达到双赢的目的。

树立乡村旅游景区的联合品牌形象应该由各地政府行业管理部门牵头将乡村旅游开发纳入旅游大系统中统一规划和建设，科学开发和合理布局乡村旅游项目，避免低水平重复和雷同化建设，使城乡之间资源和产品优势互补，旅游淡旺季平衡，市场共享，充分利用城市资金、技术等优势条件，加大投入，推进乡村旅游健康发展。借助于统一规划手段进行改造，强化不同区域乡村旅游资源特色和文化的挖掘包装，有助于形成区域联动发展，形成乡村旅游大品牌。从乡村旅游者的主观规范和行为控制认知方面强化态度，有利于乡村旅游行为意向的形成。

为了进一步扩大乡村旅游的知名度，政府行业管理部门有必要在各类营销手段上给予乡村旅游经营者一定的指导和帮助。主要是致力于公共产品的提供，通过行业管理，建立服务标准，不断完善旅游基础设施，为乡村旅游经营者积极提供信息支持，整体对外宣传，进一步扩大目的地的知名度，全面把握各要素发展情况，注意引导。政府管理部门还可以运用行政、税收、法律等手段有效抑制不符合社会发展趋势的和不能促进社会进步的旅游项目，确保资源合理配置。通过有效整合，协调发展，监督检查，确保乡村旅游景区守法经营，不断改进经营水平，提高服务质量，培育良好的市场，达到乡村旅游的持续稳定发展。

4. 推进乡村旅游产品质量标准化工作。

从调查情况来看，乡村旅游目的地对服务设施的改造和人员的培训并没有将服务质量真正提高上去，乡村旅游者感觉中的景区服务质量参差不齐。究其原因，是乡村旅游目的地没有正确认识乡村旅游服务质量的含义。

乡村旅游业是立足于乡村，服务于城市，最终达到农民增产增收为目的的新型产业。发展乡村旅游业与农业生产经营、农村文化开发和农村自然资源环境保护等多方面因素相关。乡村旅游业的经营主体是农民，由于农民普遍对服务质量不重视，为游客提供服务时随心所欲，不同的顾客或同一顾客在不同时间段内感受到的旅游服务质量都不一样，这就大大影响了乡村旅游者的价值。除农民外，乡村旅游景区也缺乏评价乡村旅游服务的统一标准，即使遇到乡村旅游者出现服务抱怨甚至服务投诉，也无从判断他所接受的服务是否有效，不但无法满足游客的要求，也会给企业造成很大损失。

　　发展乡村旅游业，必须坚持科学的发展观，乡村旅游景区必须进行横向联合，及时推进标准化工作，在政府行业管理部门统一协调下，把乡村旅游纳入标准化质量管理轨道，加快制定出适合各地地方特色的乡村旅游产品质量标准和服务标准，健全乡村旅游质量标准体系，在现有的基础上进一步规范市场秩序和经营服务行为，以确保各地乡村旅游业能获得最佳秩序和效益。这样，才能真正加强对旅游景区服务质量的管理，并提升乡村旅游景区形象，对乡村旅游行为意向的形成具有长远意义。只有这样，才能在乡村旅游发展过程中，坚持以乡村特色吸引旅游者，从旅游景区形象等方面提升乡村旅游者价值，从而形成较强的乡村旅游行为意向。

　　当然，质量标准化并不是人为地将乡村旅游景区的服务千篇一律地统一成一个面孔出现在游客大众面前，而是要适当地根据自身特色进行适合产品主要市场的需要进行规范化。这其中，不断加强员工培训是关键。

　　5. 重视对乡村旅游的政府行业管理。

　　因为乡村旅游景区不同于其他旅游景区的特殊性，政府行业管理部门在乡村旅游发展过程中的作用非常重要，它在影响乡村旅游行为意向相关要素上的作用是其他行业所无法比拟的。

　　对乡村旅游的政府行业管理主要表现在政府应承担那些在乡村旅游发展过程中依靠市场和农户自身所无法完成的任务，注重公共产品建设和提供，履行好服务职能。乡村旅游的发展必然涉及相关政策的配套，特别是在项目的立项、用地、建设、能源、资金等方面给予优惠政策。如在用地方面，为实现土地的规模化经营，政府可出台相应政策，本着依法、自愿、有偿的原则，促进农户土地承包使用权流转。在资金方面，政府应加强引资融资工作，创建新型的乡村旅游投资、融资体制，建立多元化的投资渠道，对农民开放涉农行业，在村自治体内部成立农民入股的农村合作金融组织。另外还可以通过补贴、减免税收、最低保护价等政策对乡村旅游给予特定的支持。

另外，政府应该对乡村旅游发展进行引导。所谓"项目建设，规划先行"，政府应该引导乡村旅游目的地统一协调发展，这对促进乡村旅游目的地的有序健康发展是非常必要的。

第四节　研究展望

1. 扩展现有研究边界

本研究的主要目标是研究乡村旅游者的旅游行为意向形成机制，而非实际的旅游行为，行为除了受到意向影响之外，还受到其他许多偶发性因素的影响。所以，行为的研究，除了研究变量设置不同之外，对数据的类型要求也大不相同，深入的研究需要进行同目标的追踪调查。另外，随着研究对象的变化，旅游行为意向影响因素的重要性程度也在发生相应变化，各影响因素的权重可以随着不同类型旅游行为意向相关数据的分析而确定。所以，今后可以通过数据分析在各类旅游行为形成机制及各影响因素权重确定方面进一步进行研究。

2. 深入分析相关变量

影响旅游行为意向和旅游行为的各相关变量的构成维度都比较复杂，国内外诸多研究对相关变量进行过具体研究，在相关变量对旅游行为意向影响的过程中，不同维度的作用机制是不一样的。所以，对变量的深入分析可以对变量内部结构在旅游行为意向和旅游行为形成机制中的不同表现有更清晰的认识，这是包括笔者在内的研究人员今后研究的一个方向。

3. 采集更全面数据并综合使用分析方法

　　数据的易得性一直是研究的主要限制性因素。一方面，深入分析需要对更能反映发展变化的纵向研究数据进行跟踪分析，这将需要较长的研究期限和更集中的研究焦点。另一方面，结构方程模型只能处理同一层面数据，而不能处理多层数据。但是多层线性模型可以弥补这个不足，尤其在影响行为意向的因子多样且分层时，可以分析出上层因素对下层因素之间关系的作用方式。本研究主要侧重运用结构方程模型方法分析因素之间的关系，在今后的研究中应注意结合发挥这两种分析方法的优势。

附录一 德尔菲专家调查问卷

尊敬的＿＿＿＿＿＿＿老师：

　　　　　您好！

　　我是浙江大学中国农村发展研究院的博士研究生李华敏，目前正进行乡村旅游行为意向形成机制研究，为了分析乡村旅游行为意向的形成机制，本人制订了相关变量的调查问卷，拟对团体包价乡村旅游者、半包价乡村旅游者和散客乡村旅游者三个目标群体进行市场调查，以收集数据进行分析。调查问卷采用李克特五点量表法制作，共包括态度、主观规范、行为控制认知、过去行为、乡村旅游者价值、乡村旅游景区形象、替代景区吸引力、乡村旅游景区服务质量、乡村旅游合约方式以及乡村旅游行为意向等变量。各变量均采用多个指标进行测量。请您对以下内容赐予宝贵意见：

　　1. 对乡村旅游行为意向的主要看法；

　　2. 对乡村旅游行为意向主要影响因素的看法；

　　3. 对激发乡村旅游行为意向的主要措施的看法；

　　4. 问卷中各有关变量的测量项目是否涵盖相应概念的内涵以及各问项的语气用词等是否有歧义或不理解。

　　为了提高调查问卷的科学性，本人非常冒昧地请求您的帮助。请您对本问卷的变量设置、指标设置、语气语句等相关问题提出宝贵建议。初步问卷附后。

　　您的意见对本人完成本研究非常重要，衷心感谢您的关心与帮助！

　　　　此致

　　　　　敬礼

　　　　　　（签名）

（初步问卷在书中已有充分体现，此处略）

附录二 乡村旅游行为意向试调查表

编号：

　　您好，本次调查是为了解您在乡村旅游前后的情况，仅为学术研究使用，绝不作任何商业用途。除第7题外，所有题项均为单选题，答案没有对错，请根据您的实际情况填写，在"□"内或数字上打"√"。感谢您的支持！

被调查游客的基本情况

1. 您的性别：□男　　　　□女

2. 您的年龄：□18 岁以下　　□18—25 岁　　□26—40 岁　　　　　　　　□41－60 岁　　□61 岁及以上

3. 您受教育程度：
□初中及以下　□高中　□大专　□本科　□研究生及以上

4. 您的平均月收入：□1000 元及以下　□1001—2500 元　　　　　　　　　□2501—4000 元　□4001 元及以上

5. 您的家庭结构：□单身　□已婚，无小孩　□已婚且孩子还
　　　　　　　　　未成年　□已婚且孩子已经成年　□其他

6. 您的职业：□公务员　□事业单位工作人员　□军人　□企业职工
　　　　　　　□农民　　□个体户　□离退休人员　□教师
　　　　　　　□学生　　□其他

7. 您来自：＿＿＿＿＿＿＿＿省＿＿＿＿＿＿＿＿市/县

第一部分：态度调查

8. 乡村旅游活动促进社交成长，参与乡村旅游活动能给您提供认识新朋友的机会。这对您来说是：
　　（1）　不必要的　1　　2　　3　　4　　5　必要的
　　（2）　不明智的　1　　2　　3　　4　　5　明智的

(3) 非常有害的 <u>1   2   3   4   5</u> 非常有益的

(4) 　不高兴的 <u>1   2   3   4   5</u> 高兴的

(5) 非常不好的 <u>1   2   3   4   5</u> 非常好的

9. 乡村旅游活动延续社交关系，参与乡村旅游活动能给您提供与朋友一起相聚的机会。这对您来说是：

    (1) 　不必要的 <u>1   2   3   4   5</u> 必要的

    (2) 　不明智的 <u>1   2   3   4   5</u> 明智的

    (3) 非常有害的 <u>1   2   3   4   5</u> 非常有益的

    (4) 　不高兴的 <u>1   2   3   4   5</u> 高兴的

    (5) 非常不好的 <u>1   2   3   4   5</u> 非常好的

10. 乡村旅游活动促进健康与体能，参与乡村旅游活动可令您更健康，亦可令您有较佳的身体状态。这对您来说是：

    (1) 　不必要的 <u>1   2   3   4   5</u> 必要的

    (2) 　不明智的 <u>1   2   3   4   5</u> 明智的

    (3) 非常有害的 <u>1   2   3   4   5</u> 非常有益的

    (4) 　不高兴的 <u>1   2   3   4   5</u> 高兴的

    (5) 非常不好的 <u>1   2   3   4   5</u> 非常好的

11. 乡村旅游活动令人紧张刺激，但有些危险，参与乡村旅游活动可能是危险的。这对您来说是：

    (1) 　不必要的 <u>1   2   3   4   5</u> 必要的

    (2) 　不明智的 <u>1   2   3   4   5</u> 明智的

    (3) 非常有害的 <u>1   2   3   4   5</u> 非常有益的

    (4) 　不高兴的 <u>1   2   3   4   5</u> 高兴的

    (5) 非常不好的 <u>1   2   3   4   5</u> 非常好的

12. 乡村旅游活动可视为一种高雅的活动，参与乡村旅游活动会给您带来美的享受。这对您来说是：

    (1) 　不必要的 <u>1   2   3   4   5</u> 必要的

    (2) 　不明智的 <u>1   2   3   4   5</u> 明智的

    (3) 非常有害的 <u>1   2   3   4   5</u> 非常有益的

（4） 不高兴的 <u>1</u> <u>2</u> <u>3</u> <u>4</u> <u>5</u> 高兴的

（5） 非常不好的 <u>1</u> <u>2</u> <u>3</u> <u>4</u> <u>5</u> 非常好的

13. 乡村旅游活动可消除紧张的情绪，参与乡村旅游活动可减低压力或令您避开一些您将面对的问题。这对您来说是：

（1） 不必要的 <u>1</u> <u>2</u> <u>3</u> <u>4</u> <u>5</u> 必要的

（2） 不明智的 <u>1</u> <u>2</u> <u>3</u> <u>4</u> <u>5</u> 明智的

（3） 非常有害的 <u>1</u> <u>2</u> <u>3</u> <u>4</u> <u>5</u> 非常有益的

（4） 不高兴的 <u>1</u> <u>2</u> <u>3</u> <u>4</u> <u>5</u> 高兴的

（5） 非常不好的 <u>1</u> <u>2</u> <u>3</u> <u>4</u> <u>5</u> 非常好的

14. 乡村旅游活动可能是一种长期的活动，参与乡村旅游活动是需要长期准备的，要花费精力准备和时间游玩，这使您需要放弃其他您较爱做的事情。这对您来说是：

（1） 不必要的 <u>1</u> <u>2</u> <u>3</u> <u>4</u> <u>5</u> 必要的

（2） 不明智的 <u>1</u> <u>2</u> <u>3</u> <u>4</u> <u>5</u> 明智的

（3） 非常有害的 <u>1</u> <u>2</u> <u>3</u> <u>4</u> <u>5</u> 非常有益的

（4） 不高兴的 <u>1</u> <u>2</u> <u>3</u> <u>4</u> <u>5</u> 高兴的

（5） 非常不好的 <u>1</u> <u>2</u> <u>3</u> <u>4</u> <u>5</u> 非常好的

第二部分：主观规范调查　　　　　　完全不同意　　　不确定　　　完全同意

15. 您的家人或极为重要的人认为您　　1　　　2　　3　　4　　　5
应进行乡村旅游

16. 您的同事或同学认为您应进行乡　　1　　　2　　3　　4　　　5
村旅游

　　　　　　　　　　　　　　　　　　1　　　2　　3　　4　　　5
17. 您的朋友认为您应进行乡村旅游

18. 您认识的人都认为您应进行乡村　　1　　　2　　3　　4　　　5
旅游

19. 旅游行政管理部门会认为您应进　　1　　　2　　3　　4　　　5
行乡村旅游

20. 乡村旅游景区都认为您应进行乡村旅游	1	2	3	4	5
21. 乡村旅游景区周边居民认为您应进行乡村旅游	1	2	3	4	5
22. 环保单位和人士认为您应进行乡村旅游	1	2	3	4	5
23. 您的家人或极为重要的人支持您进行乡村旅游	1	2	3	4	5
24. 您的同事或同学支持您进行乡村旅游	1	2	3	4	5
25. 您的朋友支持您进行乡村旅游	1	2	3	4	5
26. 您认识的人都支持您进行乡村旅游	1	2	3	4	5
27. 旅游行政管理部门会支持您进行乡村旅游	1	2	3	4	5
28. 乡村旅游景区都欢迎您进行乡村旅游	1	2	3	4	5
29. 乡村旅游景区周边居民欢迎您去游玩	1	2	3	4	5
30. 环保单位和人士支持您进行乡村旅游	1	2	3	4	5

第三部分：过去行为调查

31. 您过去有没有萌生过乡村旅游的念头：　　□没有　　　　□有

32. 您过去一年中进行过几次乡村旅游？

　　□0 次　　□1 次　　□2 – 3 次　　□4 – 6 次　　□6 – 10 次　　□10 次以上

33. 您在决定出去旅游时会借鉴过去旅游的经验吗？　　□不会　　　　□会

第四部分：行为控制认知调查　　　完全不同意　　　不确定　　　完全同意

34. 您有足够的钱来本景区游玩　　　　1　　　2　　3　　4　　5

35. 您可以找到与本景区相关的足够   1   2   3   4   5
的信息

36. 您有足够的时间来本景区游玩   1   2   3   4   5

37. 您有足够的体力来本景区游玩   1   2   3   4   5

38. 没有什么因素能阻碍您来本景区   1   2   3   4   5
游玩

39. 只要您愿意就可以来本景区游玩   1   2   3   4   5

第五部分：景区服务质量调查   完全不同意   不确定   完全同意

40. 服务设施与当地的生态环境融为   1   2   3   4   5
一体

41. 服务设施对环境没有造成太大的   1   2   3   4   5
破坏

42. 当地的土特产品或纪念品具有吸   1   2   3   4   5
引力

43. 服务人员有整洁的服装和外表   1   2   3   4   5
（或穿着具有当地特色的服装）

44. 景区环境整洁、优美   1   2   3   4   5

45. 服务设施与提供的服务相配合   1   2   3   4   5

46. 餐饮服务有地方特色   1   2   3   4   5

47. 服务人员会注意到游客个人的特   1   2   3   4   5
别需求

48. 景区具有适合不同人群的活动   1   2   3   4   5
项目

49. 服务设施（如停车场等）布局   1   2   3   4   5
合理

50. 旅游活动的安排能考虑到游客的   1   2   3   4   5
便利性

51. 景区能完整提供所承诺的各项服务内容 1 2 3 4 5

52. 服务人员熟悉业务内容，很少出现失误 1 2 3 4 5

53. 服务人员能根据游客的额外要求在一定时限内提供服务 1 2 3 4 5

54. 服务人员能提供及时有效的服务 1 2 3 4 5

55. 服务人员总是热心帮助游客 1 2 3 4 5

56. 游客投诉能及时受理、合理解决 1 2 3 4 5

57. 游客在旅游过程中感到安全 1 2 3 4 5

58. 导游或景区服务人员在游客活动或进门之前对行程和注意事项等能作清晰完整的说明 1 2 3 4 5

59. 服务人员对游客友善、热情、尊重 1 2 3 4 5

60. 景区导游能提供专业的解说 1 2 3 4 5

61. 游客服务中心能提供充分的旅游信息 1 2 3 4 5

62. 各类标志、标牌醒目，指示明确 1 2 3 4 5

63. 停车场、厕所、休憩设施等能满足游客的需求 1 2 3 4 5

64. 景区气候舒适、景观引人入胜 1 2 3 4 5

第六部分：旅游目的地形象调查　　完全没有　　不确定　　影响非常大

65. 您认为景区的整体形象对您选择旅游目的地有影响吗？ 1 2 3 4 5

　　　　　　　　　　　　　　　　　极差　　　　一般　　　极好

66. 您认为本景区的整体形象如何？ 1 2 3 4 5

67. 您对本景区各方面的印象如何：

1）景区员工服务水平　　　　1　　2　　3　　4　　5

2）乡村建筑等人文景观　　　1　　2　　3　　4　　5

3）乡村特有的文化　　　　　1　　2　　3　　4　　5

4）农民对待游客的态度　　　1　　2　　3　　4　　5

5）来本地旅游的交通条件　　1　　2　　3　　4　　5

6）供电、供水、通讯等基础　1　　2　　3　　4　　5
　　设施

7）住宿接待设施　　　　　　1　　2　　3　　4　　5

8）餐饮接待设施　　　　　　1　　2　　3　　4　　5

9）导游服务设施　　　　　　1　　2　　3　　4　　5

10）购物商业设施　　　　　　1　　2　　3　　4　　5

68. 游玩之后，景区给您留下的印象与您来之前的想象一致吗？

	完全不一致		不确定		完全一致
	1	2	3	4	5

69. 比您想象的是好还是坏？　　□好　　　　□坏　　　　□说不清

第七部分：乡村旅游者价值调查

您游览后觉得以下要素表现如何？　极差　　　一般　　　极好

70. 本景区的传统民俗　　　　1　　2　　3　　4　　5

71. 乡土建筑　　　　　　　　1　　2　　3　　4　　5

72. 乡村游览前后的解说和介绍　1　　2　　3　　4　　5

73. 乡村生活方式　　　　　　1　　2　　3　　4　　5

74. 当地村民整体友好程度　　1　　2　　3　　4　　5

75. 山水田园景观　　　　　　1　　2　　3　　4　　5

76. 当地特色的农业资源	1	2	3	4	5
77. 自然清新的空气	1	2	3	4	5
78. 生活配套设施	1	2	3	4	5
79. 食宿的卫生条件	1	2	3	4	5
80. 消防和医疗的配备	1	2	3	4	5
81. 当地的社会治安	1	2	3	4	5
82. 餐饮的特色	1	2	3	4	5
83. 乡村土特产品特色	1	2	3	4	5
84. 活动项目的可参与性程度	1	2	3	4	5
85. 与周边农民之间的交往交流	1	2	3	4	5
86. 交通的方便程度	1	2	3	4	5

	极低		不确定		极高
87. 交通的价格水平	1	2	3	4	5
88. 餐饮的价格水平	1	2	3	4	5
89. 住宿的价格水平	1	2	3	4	5
90. 门票的价格水平	1	2	3	4	5
91. 乡村土特产品的价格水平	1	2	3	4	5

第八部分：乡村旅游合约方式调查

92. 您这次的旅游方式是：

□ 和朋友或家人一起出来玩，所有费用在消费时由自己支付

□ 和朋友或家人一起出来玩，部分费用在消费时支付，部分费用交给
旅行社支付

□ 参加旅行社的旅游团，所有费用都支付给旅行社

第九部分：替代景区吸引力　　　　完全不同意　　不确定　　完全同意

93. 其他您还想去的某个乡村旅游景区：

1）有很好的形象　　　　　　　　1　　2　　3　　4　　5

2）有很好的声誉　　　　　　　　1　　2　　3　　4　　5

3）有很好的服务　　　　　　　　1　　2　　3　　4　　5

4）有很好的乡村旅游资源　　　　1　　2　　3　　4　　5

5）有很好的自然环境　　　　　　1　　2　　3　　4　　5

6）有很好的传统民俗和旅游　　　1　　2　　3　　4　　5
　　风气

第十部分：旅游者行为意向调查　　　完全不同意　　　不确定　　　完全同意

94. 未来您会再次来到本景区游玩　　　1　　2　　3　　4　　5

95. 即使本景区价格稍高，您还是会　　1　　2　　3　　4　　5
　　来这里游玩

96. 您会大力向其他人推荐本景区　　　1　　2　　3　　4　　5

非常感谢您的支持！

附录三　乡村旅游行为意向调查表

编号：

　　您好！感谢您参与此项研究，本次调查是为了解影响乡村旅游行为意向的因素，仅为学术研究使用，绝不作任何商业用途。第一至第八部分数字 1—5 代表了不同的感受程度，请根据您个人的实际感受，在合适的数字上画"○"。答案没有对错，请根据您的实际情况填写，您的参与对本研究作用很大，再次感谢您的支持！

第一部分：主观规范调查：

	完全不同意		不确定		完全同意
1. 您的家人或极为重要的人支持您进行乡村旅游	1	2	3	4	5
2. 您的同事或同学支持您进行乡村旅游	1	2	3	4	5
3. 您的朋友支持您进行乡村旅游	1	2	3	4	5
4. 您认识的人都支持您进行乡村旅游	1	2	3	4	5
5. 旅游行政管理部门会支持您进行乡村旅游	1	2	3	4	5
6. 乡村旅游景区都支持您进行乡村旅游	1	2	3	4	5
7. 乡村旅游景区周边居民支持您进行乡村旅游	1	2	3	4	5
8. 环保单位和人士支持您进行乡村旅游	1	2	3	4	5

第二部分：态度调查

9. 乡村旅游活动促进社交成长，参与乡村旅游活动能给您提供认识新朋友的机会	1	2	3	4	5

10. 乡村旅游活动会延续社交关系，　　1　　　2　　3　　4　　5
　　参与乡村旅游活动能给您提供与
　　朋友一起相聚的机会

11. 乡村旅游活动促进健康与体能，　　1　　　2　　3　　4　　5
　　参与乡村旅游活动可令您更健康，
　　亦可令您身体有较佳的状态

12. 乡村旅游活动令人紧张刺激，但　　1　　　2　　3　　4　　5
　　有些危险，参与乡村旅游活动可
　　能是危险的　　—

13. 乡村旅游活动可视为一种高雅的　　1　　　2　　3　　4　　5
　　活动，参与乡村旅游活动会给您
　　带来美的享受

14. 乡村旅游活动可消除紧张情绪，　　1　　　2　　3　　4　　5
　　参与乡村旅游活动可减少压力或
　　令您避开一些您将面对的问题

15. 乡村旅游活动可能是一种长期的　　1　　　2　　3　　4　　5
　　活动，参与乡村旅游活动是需要
　　长期准备的，要花费精力准备和
　　时间游玩，您便需要放弃其他您
　　较爱做的事情

第三部分：行为控制认知调查

完全不同意　　不确定　　完全同意

16. 您有足够的钱来本景区游玩　　　　1　　2　　3　　4　　5

17. 您可找到与本景区相关的足够的　　1　　2　　3　　4　　5
　　信息

18. 您有足够的时间来本景区游玩　　　1　　2　　3　　4　　5

19. 您有足够的体力来本景区游玩　　　1　　2　　3　　4　　5

第四部分：旅游目的地形象调查

	完全没有		不确定		影响非常大
20. 您认为景区的整体形象对您选择旅游目的地有影响吗？	1	2	3	4	5

	极差		一般		极好
21. 您认为本景区的整体形象如何？	1	2	3	4	5

22. 您对本景区各方面的印象如何：

	极差		一般		极好
1）景区员工服务水平	1	2	3	4	5
2）乡村建筑等人文景观	1	2	3	4	5
3）乡村特有的文化	1	2	3	4	5
4）农民对待游客的态度	1	2	3	4	5
5）来本地旅游的交通条件	1	2	3	4	5
6）住宿接待设施	1	2	3	4	5
7）餐饮接待设施	1	2	3	4	5
8）导游服务设施	1	2	3	4	5

23. 游玩之后，景区给您的印象与来之前的想象一致吗？

	完全不一致		不确定		完全一致
	1	2	3	4	5

第五部分：乡村旅游者价值调查

您游览后觉得以下要素表现如何？

	极差		一般		极好
24. 本景区的传统民俗	1	2	3	4	5
25. 乡土建筑	1	2	3	4	5
27. 乡村生活方式	1	2	3	4	5
28. 当地村民整体友好程度	1	2	3	4	5
29. 山水田园景观	1	2	3	4	5

30. 当地特色的农业资源	1	2	3	4	5
31. 自然清新的空气	1	2	3	4	5
32. 食宿的卫生条件	1	2	3	4	5
33. 生活配套设施	1	2	3	4	5
34. 餐饮的特色	1	2	3	4	5
35. 乡村土特产品特色	1	2	3	4	5
36. 活动项目的可参与性程度	1	2	3	4	5

	极低		不确定		极高
37. 交通的方便程度	1	2	3	4	5
38. 交通的价格水平	1	2	3	4	5
39. 餐饮的价格水平	1	2	3	4	5
40. 住宿的价格水平	1	2	3	4	5
41. 门票的价格水平	1	2	3	4	5
42. 乡村土特产品的价格水平	1	2	3	4	5

第六部分：替代景区吸引力调查　　完全不同意　　　不确定　　　完全同意

43. 其他您还想去的某个乡村旅
游景区：

	完全不同意		不确定		完全同意
1）有很好的形象	1	2	3	4	5
2）有很好的声誉	1	2	3	4	5
3）有很好的服务	1	2	3	4	5
4）有很好的乡村旅游资源	1	2	3	4	5
5）有很好的自然环境	1	2	3	4	5
6）有很好的传统民俗和旅游	1	2	3	4	5
风气					

第七部分：景区服务质量调查

	完全不同意		不确定		完全同意
44. 服务设施与当地的生态环境融为一体	1	2	3	4	5
45. 服务设施对环境没有造成太大的破坏	1	2	3	4	5
46. 当地的土特产品或纪念品具有吸引力	1	2	3	4	5
47. 服务人员着装与当地环境相协调并易于识别	1	2	3	4	5
48. 景区环境整洁、优美	1	2	3	4	5
49. 住宿设施体现当地特色并与环境相协调	1	2	3	4	5
50. 餐饮服务展现地方特色	1	2	3	4	5
51. 服务人员会注意到游客个人的特别需求	1	2	3	4	5
52. 景区具有适合不同人群的活动项目	1	2	3	4	5
53. 服务设施（如停车场等）布局合理	1	2	3	4	5
54. 旅游活动的安排能考虑到游客的便利性	1	2	3	4	5
55. 景区能完整提供所承诺的各项服务内容	1	2	3	4	5
56. 服务人员熟悉业务内容，很少出现失误	1	2	3	4	5
57. 服务人员能根据游客的额外要求在一定时限内提供服务	1	2	3	4	5
58. 服务人员能提供及时有效的服务	1	2	3	4	5
59. 服务人员总是热心帮助游客	1	2	3	4	5

60. 游客投诉能及时受理、合理解决	1	2	3	4	5
61. 游客在旅游过程中感到安全	1	2	3	4	5

	极低		确定		极高
62. 导游或景区服务人员在游客活动 或进门之前对行程和注意事项等 能作清晰完整的说明	1	2	3	4	5
63. 服务人员对游客友善、热情、 尊重	1	2	3	4	5
64. 景区导游能提供专业的解说	1	2	3	4	5
65. 游客服务中心能提供充分的旅游 信息	1	2	3	4	5
66. 各类标志、标牌醒目，指示明确	1	2	3	4	5
67. 停车场、厕所、休憩设施等能满 足游客的需求	1	2	3	4	5
68. 景区气候舒适、景观引人入胜	1	2	3	4	5

第八部分：过去乡村旅游行为调查

69. 您过去一年中进行过几次乡村旅游？

　　□0 次　　□1 次　　□2—4 次　　□5—10 次　　□10 次以上

第九部分：乡村旅游合约方式调查

70. 您这次的旅游方式是：

　　□ 和朋友或家人一起来玩，所有费用在消费时由自己支付

　　□ 和朋友或家人一起出来玩，部分费用在消费时支付，部分费用交给
　　　旅行社支付

　　□ 参加旅行社的旅游团，所有费用都支付给旅行社

第十部分：旅游者行为意向调查　　　完全不同意　　　不确定　　　完全同意

71. 未来您会再次来到本景区游玩　　　1　　　2　　3　　4　　　5

72. 即使本景区价格稍高，您还是会　　1　　　2　　3　　4　　　5
    来这里游玩

73. 您会大力向其他人推荐本景区　　　1　　　2　　3　　4　　　5

请填写您的基本情况：（请在对应的□中划"√"，在 80 题填写您的家庭所在地）

74. 您的性别：　□男　　　　□女

75. 您的年龄：　□18 岁以下　　□18—25 岁　　□26—40 岁
　　　　　　　　□41 – 60 岁　　□61 岁及以上

76. 您受教育程度：
　　□初中及以下　□高中　□大专　□本科　□研究生及以上

77. 您的平均月收入：□1000 元及以下　□1001—2500 元
　　　　　　　　　　□2501—4000 元　□4001 元及以上

78. 您的家庭结构：
　　□单身　□已婚，无小孩　　□已婚且孩子还未成年
　　□已婚且孩子已经成年　　□其他

79. 您的职业：□公务员　□事业单位工作人员　□军人　□企业职工
　　　　　　　□农民　□个体户　□离退休人员　　　□教师
　　　　　　　□学生　□其他

80. 您来自：＿＿＿＿＿＿＿省＿＿＿＿＿＿＿市/县

非常感谢您的支持，祝您旅途愉快！

参 考 文 献

Aarts, H. & Dijksterhuis, A. "Experienced Ease of Retrieval and Frequency Estimates of Past Behavior." *Acta Psychological*, 1999 (103): 77-89.

Aarts, H., Verplanken, B. & Knippenberg, A. "Habit and Information Use in Travel Mode Choices." *Acta Psychological*, 1997 (96): 1-14.

Ajzen, I. & Driver, B. L. "Application of the Theory of Planned Behavior to Leisure Choice." *Journal of Leisure Research*, 1992, 24 (3): 207-224.

Ajzen, I. & Fishbein, M. "Attitude-behavior Relations: A Theoretical Analysis and Review of Empirical Research." *PsycholoGical Bulletin*, 1977, 84 (5): 888-918.

Ajzen, I. & Fishbein, M. *The Influence of Attitudes on Behavior—The Handbook of Attitudes*. Ahwah. NJ: Erlbaum, 2005: 173-221.

Ajzen, I. "Prediction of Goal-directed Behavior: Attitudes, Intentions, Perceived Behavioral Control." *Journal of Experimental Social Psychology*, 1989, 5 (22): 453-474.

Albarracin, D. & Wyer, R. S. "The Cognitive Impact of Past Behavior: Influences on Beliefs, Attitudes, and Future Behavioral Decisions." *Journal of Personality and Social Psychology*, 2000, 1 (79): 5-23.

Allen, Z. R. "Applied Economics of Hospitality Production: Reducing Costs and Improving the Quality of Decisions through Economic Analysis." *International Journal of Hospitality Management*, 1993, 12 (4): 337-352.

Anderson, E. W. & Sullivan, M. W. "The Antecedents and Consequences of Customer Satisfaction for Firms." *Marketing Science*, 1993, 12 (2): 125-

143.

Anderson, J. C. & Gerbing, D. W. "Structural Equation Modeling in Practice: A Review and Recommended Two-Step Approach. " *Psychological Bulletin.* 1988, 103 (3): 411-423.

Arie, R. , Oded, L. & Ady, M. "Rural Tourism in Israel: Service Quality and Orientation . " *Tourism Management*, 2000 (21): 451-459.

Bagozzi, R. P. , Yi, Y. & Nassen, K. D. "Representation of Measurement Error in Marketing Variables: Review of Approaches and Extension to Three-facet Designs . " *Journal of Econometrics*, 1998, 89 (1-2, 26): 393-421.

Bagozzi, R. P. & Kimmel, S. K. A. "Comparison of Leading Theories for the Prediction of Goal-directed Behaviors . " *British Journal of Social Psychology*, 1995 (34): 437-461.

Baloglu, S. & Brinberg, D. "Affective Images of Tourism Destinations . " *Journal of Travel Research*, 1997, 21 (4): 39-48.

Baloglu, S. & Mangaloglu, M. "Tourism Destination Images of Turkey, Egypt, Greece, and Italy as Perceived by US-Based Tour Operators and Travel Agents . " *Tourism Management*, 2001, 22 (1): 1-9.

Bandura, A. & Wood, R. "Effect of Perceived Controllability and Performance Standards on Self-regulation of Complex Decision Making . " *Journal of Personality and Social Psychology*, 1989 (56): 805-814.

Bansal, H. S. & Taylor, S. F. "The Service Provider Switching Model (SPSM) A Model of Consumer Switching Behavior in the Services Industry . " *Journal of Service Research*, 1999, 2 (2): 200-218.

Beerli, A & Martin, J. D. "Factors Influencing Destination Image . " *Annals of Tourism Research*, 2004 (31): 657-681.

Bendapudi, N. & Berry, L. L. "Customers' Motivations for Maintaining Relationships with Service Providers . " *Journal of Retailing*, 1997, 73 (1): 15-37.

Bentler, P. M. & Speckart, G. "Attitudes 'Cause' Behaviors: A Structural Equation Analysis. " *Journal of Personality and Social Psychology*, 1981 (40): 226-238.

Berkowitz, L. A. *Survey of Social Psychology* (3rd). CBS College Publishing, 1986: 169-173.

Bigne, J. E. , Sanchez, M. I. & Sanchez, J. "Tourism Image, Evaluation Variables and after Purchase Behaviour: Inter-relationship . " *Tourism Management*, 2001 (22) : 607-616.

Bitner, M. J. & Hubbert, A. R. "Encounter Satisfaction versus Overall Satisfaction versus Quality . " *Service Quality*, 1994, 25 (4): 321-338.

Blackwell, S. A. , Szeinbach, S. L. & Barnses, J. H. *et al* . "The Antecedents of Customer Loyalty . " *Journal of Service Research*, 1999 (4): 362-375.

Boulding, W. , Kalra, A. & Staelin, A. *et al.* "A Dynamic Process Model of Service Quality: From Expectations to Behavioral Intentions . " *Journal of Marketing Research*, 1993, 30 (1): 7-27.

Bramwell, B. & Lane, B. *Rural Tourism and Sustainable Rural Development.* UK: Channel View Publications, 1994: 76-89.

Budd, R. J. & Spencer, C. P. "Exploring the Role of Personal Normative Beliefs in the Theory of Reasoned Action: The Problem of Discriminating between Alternative Path Models . " *European Journal of Social Psychology*, 1984, 15 (3): 299-313.

Chang, T. Z. & Alebert, R. W. "Price, Product Information, and Purchase Intention: An Empirical Study . " *Journal of the Academy of Marketing Science*, 1994 (22): 16-27.

Chen, C. F. & Tsai, D. C. "How Destination Image and Evaluative Factors Affect Behavioral Intentions . " *Tourism Management*, 2007 (28): 1115-1122.

Christina, K. , MacKenzie, J. & Wells, M. *et al.* "An Analysis of Intentions to Recycle Household Waste: The Roles of Past Behavior, Perceived Habit, and Perceived Lack of Facilities . " *Journal of Environmental Psychology*, 2004 (24) 2: 237-246.

Colgate, M. R. & Danaher, P. J. "Implementing a Customer Relationship Strategy: The Asymmetric Impact of Poor versus Excellent Execution . " *Journal of the Academy of Marketing Science*, 2000, 28 (3): 375-387.

Conner, M. & Armitage, C. J. "Extending the Theory of Planned Behavior: A Review and Avenues for Further Research . " *Journal of Applied Social Psychology*, 1998, 15 (28): 1429-1464.

Crompton, J. L. & Ankomah, P. K. "*Choice set Propositions in Destination Decisions .* " *Annals of Tourism Research*, 1993, 20 (3): 461-476.

Cronin J. , Joseph, Jr. & Michael, K. *et al.* "Assessing the Effects of Quality, Value, and Customer Satisfaction on Consumer Behavioral Intentions in Service Environment . " *Journal of Retailing*, 2000, 76 (2): 193-218.

Cronin, J. , Brady, M. K. , & Brand, R. *et al.* "A Cross-sectional Test of the Effect and Conceptualization of Service Value . " *The Journal of Services Marketing*, 1997 (11): 375-391.

Dabholkar, P. A. , Thorpe, D. I. & Rentz, J. O. "A Measure of Service Quality for Retail Stores: Scale Development and Validation. " *Journal of the Academy of Marketing Science*, 1995, 24 (1): 3-16.

Dalen, E. "Research into Values and Consumer Trends in Norway . " *Tourism Management*, 1989, 17 (6): 22-27.

Davis, W. P. & Turner, J. C. "Farm Tourism and Recreation in the United Kingdom. " International Conference on Agritourism Industry, 1992: 322-343.

Demirdjian, Z. S. & Senguder, T. "Perspectives in Consumer Behavior: Paradigm Shifts in Prospect . " *Journal of American Academy of Business*, 2004 (4): 348.

Dodds, W. B. "In Search of Value: How Price and Store Name Information Influence Buyers ′ Product Perceptions . " *Journal of Consumer Marketing*,

1997, 8 (2): 351-374.

Echtner, C. M. & Ritchie, J. R. B. "The Meaning and Measurement of Destination Image ." *Journal of Tourism Studies*, 2003, 14 (1): 37-48 .

Fakeye, P. & Crompton, J. "Image differences between Prospective, First-time, and Repeat Visitors to the Lower Rio Grande Valley ." *Journal of Travel Research*, 1991, 2 (30): 10-16.

Fishbein, M. & Ajzen, I. "Attitudes towards Objects as Predictors of Single and Multiple Behavioral Criteria ." *Psychological Review*, 1972, 81 (2): 164.

Fishbein, M. & Ajzen, I. *Belief, Attitude, Intention and Behavior: An Introduction to Theory and Research.* Addison-Wesley Reading, 2005, 24 (3): 113-127.

Fishbein, M. & Ajzen, I. *Belief, Attitude, Intention and Behavior: An Introduction to Theory and Research.* Reading, MA: Addison-Wesley, 1975: 12-18.

Fishbein, M. & Manfredo, M. J. *A Theory of Behavior Change in Influencing Human Behavior: Theory and Applications in Recreation, Tourism and Natural Resources Management.* Sagamore Pub. Inc, 1992: 29-50.

Fodness, D. "Measuring Tourist Motivation ." *Annals of Tourism Research*, 1994, 21 (3): 555-581.

Fondon, A. L. & Gilbrethy, E. "Research on the Influence of Travel Circumstance on the Feeling of Tourists ." *Social Management*, 2003, 12 (3): 129-141.

Foxall, G. R. *Consumer Choice.* St. Martin's Press, 1983: 93-97.

Gale, B. T. *Managing Customer Value.* New York: The Free Press, 1994: 29-31.

Gollwitzer, P. M. & Barph, J. A. *The Psychology of Action: Linking Cognition and Motivation to Behavior .* USA. New York: Guilford Press, 1996: 69-73.

Gonzalez, M. E. A. , Comesana, L. R. & Brea, J. A. F. "Assessing Tourist Behavioral Intentions through Perceived Service Quality and Customer Satisfaction ." *Journal of Business Research*, 2007 (60): 153-160.

Goodrich, J. N. "The Relationship between Preferences for and Perceptions of Vacation Destinations: Application of a Choice Model. " *Journal of Travel Research*, 1978, 2 (17): 8-13.

Gorsuch, R. L. & Ortberg, J. "Moral Obligation and Attitudes: Their Relation to Behavioral Intentions . " *Journal of Personality and Social Psychology*, 1983, 44 (5): 1025-1028.

Gotlieb, J. B. , Grewal, D. & Brown, S. W. "Consumer Satisfaction and Perceived Quality: Complementary or Divergent Constructs?" *Journal of Applied Psychology*. 1994, 79 (6): 875-885.

Gremler, D. D. & Brown, S. W. "Towards a Conceptual Model of Service Loyalty . " *Marketing Theory and Applications*, 1997 (4): 218-219.

Grewal, D. , Krishnan, R. & Baker, J. *et al.* "The Effect of Store Name, Brand Name and Price Discounts on Consumers' Evaluations and Purchase Intentions. " *Journal of Retailing*, 1998, 74 (3): 331-352.

Grönroos, C. "The Perceived Service Quality Concept-a Mistake?" *Measuring Business Excellence*, 2001, 4 (5): 46-47.

Grove, S. J. , Raymond, P. & John, J. *Services as Theater*. Swartz and Dawn Iacobucci (eds.), *Handbook of Services Marketing and Management*, Sage Publications, Inc. , 2000: 99-107.

Gundersen, M. G. , Heide, M. & Olsson, U. H. "Hotel Guest Satisfaction among Business Travelers: What are the Important Factors?" *Cornell Hotel and Restaurant Administration Quarterly*, 1996, 37 (2): 72-81.

Higgins, K. T. "Marketing with a Conscience . " *Marketing Management*, 2002, 11 (4): 12-15.

Igbaria, M. , Schiffman, S. J. & Wieckowski, T. J. "The Respective Roles of Perceived Usefulness and Perceived Fun in the Acceptance of Microcomputer Technology . " *Behaviour & Information Technology*, 1994, 13 (6): 349-361.

Johnson, J. T. , Barksdale, J. & Boles, J. S. "The Strategic Role of the Salesperson in Reducing Customer Defection in Business Relationships . " *Journal of Personal Selling and Sales Management*, 2001, 21 (2): 123-144.

Jones, M. A. , Mothersbaugh, D. L. & Beatty, S. E. "Switching Barriers and Repurchase Intentions in Services . " *Journal of Retailing*, 2000, 76 (2): 259-274.

Joseph, F. H. , Rolph, E. A. & Ronald, L. T. *et al.* "Multivariate Data . " *International Journal of Research in Marketing*, 1998 (10): 9-22.

Kelloway, E. K. *Using LISREL for Structural Equation Modeling: A Researcher's guide.* Thousand Oaks, Ca: Sage Publications, Inc, 1998: 337-351.

Kent, P. J. *The Role of Place Image in the Holiday Choice Process of Potential Tourists.* London, Routledge Bullitin Press, 1990: 45-47.

Kerner, M. S. , & Kalinski, "M. I. Scale Construction for Measuring Adolescent Boys' and Girls' Attitudes, Beliefs, Perception of Control, and Intention to Engage in Leisure-time Physical Activity . " *Perceptual and Motor Skills*, 2002 (95): 109-117.

Kim, M. K. , Park, M. C. & Jeong, D. H. "The Effects of Customer Satisfaction and Swithching Barrier on Customer Loyalty in Korean Mobile Telecommunication Services . " *Telecommunications Policy*, 2004 (28): 145-159.

Kim, W. G. , Ma, X. J. & Kim, D. J. "Determinants of Chinese Hotel Customers' E-satisfaction and Purchase Intentions . " *Tourism Management*, 2006 (27): 890-900.

Kraus, S. J. "Attitudes and the Prediction of Behavior: A Meta-analysis of the Empirical Literature . " *Personality and Social Psychology Bulletin*, 1995, 12 (2): 325-342.

Lapierre, J. , Filiatrault, P. & Chebat, J. C. "Value Strategy Rather Than Quality Strategy: A Case of Business-to-Business Professional Services . " *Journal of Business Research*, 1999, 21 (3): 452-431.

Lee, C. K. , Lee, Y. K. & Lee, B. K. "Korea's Destination Image formed by the 2002 World Cup . " *Annals of Tourism Research*, 2005 (32): 839-858.

Lu, C. S. , Lai, K. L. & Cheng, T. C. E. "Application of Structural Equation
Modeling to Evaluate the Interntion of Shippers to Use Internet Services in
Liner shipping . " *European Journal of Operational Research*, 2007 (180):
845-867.

Madden, T. J. , Ellen, P. S. & Ajzen, I. "A Comparison of the Theory of
Planned Behavior and the Theory of Reasoned Action. " *Personality and So-
cial Psychology Bulletin*, 1992 (1): 3-9.

March, R. & Woodside, A. G. "Testing Theory of Planned versus Realized
Tourism Behavior . " *Annals of Tourism Research*, 2005 (4): 905-924.

María Elisa Alén González, Lorenzo Rodríguez Comesaña, José Antonio Fraiz
Brea. "Assessing Tourist Behavioral Intentions through Perceived Service
Quality and Customer Satisfaction. " *Journal of Business Research*, 2007, 60
(2): 153-160.

Martin, D. "Management Learning Exercise and Trainer's Note for Building
Grounded Theory in Tourism Behavior . " *Journal of Business Research*, 2007
(3): 742-748.

Martinsons, M. , Davison R. & Tse, D. "The Balanced Scorecard: A Foundation
for the Strategic Management of Information Systems. " *Decision Support Sys-
tems*. 1999, 25 (1): 71-88.

Mathieson, A. & Wall, G. *Tourism: Economic, Physical and Social Impacts* .
Longman Press, 1982: 82-85.

Milman, A. & Pizam, A. "The Role of Awareness and Familiarity with a Desti-
nation: The Central Florida Case . " *Journal of Travel Research*, 1995, 33
(2): 279-301.

Mormont, M. "Who is Rural? Or, How to Be Rural: towards a Sociology of the
Rural . " *Rural Restructuring*, 1998, 38 (1): 54-68.

Murphy, A. & Williams, P. W. "Attracting Japanese Tourists into the Rural
Hinterland: Implications for Rural Development and Planning . " *Tourism
Management*, 1999 (20): 487-499.

Oh, H. "Diners' Perception of Quality, Value, and Satisfaction. " *Cornell Hotel Restaurant Administration Quarterly*, 2000 (6): 56-58.

Oh, H. "Service Quality, Customer Satisfaction, and Customer Value: A Holistic Perspective . " *Hospitality Management*, 1999 (18): 67-82.

Ouellette, J. A. & Wood, W. "Habit and Intention in Everyday Life: The Multiple Processes by Which Past Behavior Predicts Future Behavior . " *Psychological Bulletin*, 1998, 124 (1): 54-74.

Pearce, P. L. "Farm Tourism in New Zeal and a Social Situation Analysis . " *Annals of Tourism Research*, 1990, 17 (3): 337-352.

Ravald, A. & Grönroos, C. "The Value Concept and Relationship Marketing . " *European Journal of Marketing*, 1996, 30 (2): 19-30.

Reisinger, Y. & Turner, L. "Cultural Differences between Mandarin-Speaking Tourists and Australian Hosts and Their Impact on Cross-Cultural Tourist-Host Interaction . " *Journal of Business Research*, 1998, 42 (2): 175-187.

Reminger, S. L. , Kaszniak, A. W. & Labiner, D. M. *et al.* "Bilateral Hippocampal Volume Predicts Verbal Memory Function in Temporal Lobe Epilepsy . " *Epilepsy & Behavior*, 2004, 5 (5): 687-695.

Richard, O. , Oliver, L. & Rust, T. *et al.* "Customer delight: Foundations, Findings, and Managerial Insight . " *Journal of Retailing Greenwich*, 1997, 73 (3): 311-336.

Schaller, M. & Cialdini, R. B. "The Economics of Empathic Helping: Support for a Mood Management Motive . " *Journal of Experimental Social Psychology*, 1998, 24 (2): 163-181.

Schmoll, G. *Tourism Promotion* . Tourism International Press, London, 1977: 487-488.

Sinclair, M. T. & Stabler, M. *The Economics of Tourism* . London: Routledge Bullitin Press, 1998: 213.

Spreng, R. A. & Mackoy, R. D. "An Empirical Examination of a Model of Perceived Service Quality and Satisfaction . " *Journal of Retailing*, 1996, 72

(2): 201-214.

Suri, R. , Long, M. & Monroe, K. B. "The Impact of the Internet and Consumer Motivation on Evaluation of Prices . " *Journal of Business Research*, 2003, 5 (56): 379-390.

Trafimow; D. & William, T. "Influencing Future Behavior by Priming Past Behavior: A Test in the Context of Petrified Forest National Park . " *Leisure Sciences*, 1999, 1 (21): 31-42.

Wahab, S. , Crampon, L. J. & Rothfield, L. M. *Tourism Marketing: A Destination- orientated Programme for the Marketing of International Tourism* . London: Tourism International Press, 1976: 322-331.

Wakefield, K. L. & Barnes, J. H. "Retailing Hedonic Consumption: A Model of Sales Promotion of a Leisure Service . " *Journal of Retailing*, 1996 (72): 409-427.

Walmsley, D. J. & Young, M. "Evaluative Images and Tourism: The Use of Personal Constructs to Describe the Structure of Destination Images . " *Journal of Travel Research*, 1998, 36 (3): 65-69.

Walter, A. , Muller, T. A. & Helfert, G. "Functions of Industrial Supplier Relationships and Their Impact on Relationship Quality. " *Industrial Marketing Management*, 2003 (32): 159-169.

William, C. & Gartner, I. G. U. "Leisure and Tourism Seminar . " *Annals of Tourism Research*, 1989, 69 (8): 276-277.

Wolfgang, J. , Kühnel, S. M. & Schmidt, P. "Searching for Parsimony is True-score Models or Factor Models more Appropriate? Quality and Quantity, 1990, 4 (24): 447-470.

Woodruff, R. B. "Customer Value the Next Source for Competitive Advantage . " *Journal of the Academy of Marketing Science*, 1997, 25 (2): 141-149.

Woodsie, A. & Jacobs, L. "Step Two in Benefit Segmentation: Learning the Benefits Realized by Major Travel Markets . " *Journal of Travel Research*, 1985 (24): 7-13.

Zeithaml, V. A., Berry, L. L. & Parasuraman, A. "Communication and Control Processes in the Delivery of Service Quality." *Journal of Marketing*, 1998 (52): 36-49.

Zeithmal, V. A. & Bitner, M. J. *Service Marketing*. McGraw-Hill Boston, Mass, 1996: 322-323.

Zhang, Zh. G. & Lee, H. M. "Role of Tangible Evidence during Hotel's Intangible Service Influence on the Customers' Experience of Process Quality." International Symposium on Hospitality Management and Business Information Proceedings, 2006: 202-210.

［美］爱德华·简·小梅奥、兰斯·皮·贾维斯：《旅游心理学》，浙江教育出版社 1986 年版。

白长虹、廖伟：《基于顾客感知价值的顾客满意研究》，《南开学报》2001 年第 6 期。

白长虹：《西方的顾客价值研究及其实践启示》，《南开管理评论》2001 年第 2 期。

白琳：《我国散客旅游市场的营销策略浅析》，《商业研究》2000 年第 1 期。

查芳：《对乡村旅游起源及概念的探讨》，《安康师专学报》2004 年第 12 期。

查金祥：《B2C 电子商务顾客价值与顾客忠诚度的关系研究》，浙江大学 2006 年博士学位论文。

陈昆玉、陈昆琼：《经济学与管理学中人性假设的分析与比较》，《同济大学学报》（社会科学版）2002 年第 5 期。

陈岩英：《旅游地的吸引力系统及其管理研究》，《旅游科学》2004 年第 9 期。

谌贻庆、毛小明、甘筱青：《旅游吸引力分析及模型》，《企业经济》2005 年第 6 期。

程兴火：《基于游客感知价值的森林生态旅游景区竞争优势研究——以浙江省为例》，浙江大学 2007 年博士学位论文。

崔凤军：《中国传统旅游目的地创新与发展》，中国科学院地理科学与资源研究所 2001 年博士后出站报告。

崔海雷：《旅行社开发散客旅游的策略研究》，《市场周刊》2006 年第 10 期。

［美］道格拉斯·霍夫曼、约翰·E. G. 彼得森：《服务营销精要：概念、策略和案例》，东北财经大学出版社 2004 年版。

董大海：《基于顾客价值构建竞争优势的理论与方法研究》，2003 年大连理工大学博士学位论文。

董妍、俞国良：《自我提升的研究现状与展望》，《心理科学研究进展》2006 年第 2 期。

杜江、向萍：《关于乡村旅游可持续发展的思考》，《旅游学刊》1999 年第 1 期。

杜江：《旅行社经营与管理》，南开大学出版社 2001 年版。

［美］J. A. 菲兹西蒙斯、J. 莫娜·菲兹西蒙斯：《服务管理：运营、战略和信息技术》，机械工业出版社 2003 年版。

冯晓虹：《基于度假旅游者消费行为模式的产品创新研究》，浙江大学 2003 年硕士学位论文。

龚振、谭红玲：《如何提升客户感受价值》，《商业时代》2006 年第 5 期。

谷明：《我国旅游者消费模式与行为特征分析》，《桂林旅游高等专科学校学报》2000 年第 11 期。

顾明义：《面向客户全程价值的协同营销研究》，同济大学 2007 年博士学位论文。

郭焕成：《观光农业发展研究》，《经济地理》2000 年第 2 期。

郭熙保、张克中：《西方企业理论的新进展——不完全合约理论》，《国外财经》2000 年第 4 期。

何景明、李立华：《关于"乡村旅游"概念的探讨》，《西南师范大学学报》（人文社会科学版）2002 年第 5 期。

何景明：《国内乡村旅游研究蓬勃发展而有待深入》，《旅游学刊》

2004 年第 1 期。

何景明：《国外乡村旅游研究述评》，《旅游学刊》2003 年第 1 期。

何艳、马耀峰、孙根年：《关于不同旅游目的入境游客信息获取方式研究——以英国来华游客为例》，《西北大学学报》（自然科学版）2006 年第 2 期。

贺小荣：《我国乡村旅游的起源、现状及其发展趋势探讨》，《北京第二外国语学院学报》2001 年第 1 期。

［美］亨利·阿塞尔：《消费者行为和营销策略》，机械工业出版社 2000 年版。

黄似埙：《影响网路交易顾客保留意图之研究——以网路下单为例》，台湾"中央"大学 2005 年硕士学位论文。

黄万英、蒙睿、叶文：《国内旅游者旅游行为研究述评》，《桂林旅游高等专科学校学报》2005 年第 6 期。

黄震方、李想、高宇轩：《旅游目的地形象的测量与分析——以南京为例》，《南开管理评论》2002 年第 3 期。

［澳大利亚］克里斯·库珀，［英］约翰·弗莱彻、大卫·吉尔伯特等：《旅游学：原理与实践》，高等教育出版社 2004 年版。

黎志成、刘枚莲：《电子商务环境下的消费者行为研究》，《中国管理科学》2002 年第 6 期。

李碧霞：《台北市某高中男生从事规律运动意图和行为之研究》，《医学研究》1998 年第 18 期。

李飞、黄耀丽、郑坚强等：《旅游目的地形象测量方法评述》，《桂林旅游高等专科学校学报》2005 年第 4 期。

李华敏：《宁波市乡村旅游现状调查与发展对策研究课题报告》，浙江省宁波市旅游局（2006 年）。

李蕾蕾：《人—人感知系统：旅游地形象设计新领域》，《人文地理》1999 年第 4 期。

李能慧、古东源、吴桂森等：《金门观光客行为倾向模式之建构》，《管理学报》2004 年第 1 期。

李爽、黄福才、饶勇等：《计量经济分析方法在国外旅游研究中的应用——基于 ATR 和 TM 所载文献的统计分析》，《旅游科学》2006 年第 5 期。

梁明珠：《观光农园旅游开发问题探讨》，《暨南学报》（哲学社会科学版）1999 年第 6 期。

刘纯：《关于旅游行为及其动机的研究》，《心理科学》1999 年第 1 期。

刘静艳：《旅游目的地吸引力及其影响因素研究——以南澳岛为例》，《生态环境》2006 年第 2 期。

刘克春：《农户农地流转决策行为研究》，浙江大学 2006 年博士学位论文。

刘枚莲：《电子商务环境下的消费者行为研究》，华中科技大学 2006 年博士学位论文。

刘译文、宋照礼、刘华山等：《计划行为理论在求职领域的应用与评价》，《中国心理卫生杂志》2006 年第 2 期。

刘英杰、王伟伟：《乡村旅游概念体系的新思考》，《理论界》2006 年第 4 期。

卢小丽：《生态旅游社区居民旅游影响感知与参与行为研究》，大连理工大学 2006 年博士学位论文。

陆林：《山岳旅游地旅游者动机行为研究》，《人文地理》1997 年第 1 期。

罗正清、方志刚：《常用客户满意度研究模型及其优缺点分析》，《贵州财经学院学报》2002 年第 6 期。

马庆国：《管理统计——SPSS 应用》，科学出版社 2002 年版。

聂献忠、汤家法：《九寨沟国内旅游者行为特征初步研究及其意义》，《自然资源学报》1998 年第 3 期。

青平、李崇光：《消费者计划行为理论及其在市场营销中的应用》，《理论与实践》2005 年第 2 期。

邱扶东：《旅游动机及其影响因素研究》，《心理科学》1996 年第 6 期。

施炜：《企业战略理论的研究方法》，《中国软科学》2005 年第 7 期。

宋婷：《风景旅游地吸引力组织研究》，《桂林旅游高等专科学校学报》2005 年第 6 期。

覃江浩：《浅析我国旅行社在散客旅游市场开发中的角色转变》，《桂林旅游高等专科学校学报》2004 年第 4 期。

［美］瓦拉瑞尔·A. 泽丝曼尔、玛丽乔·比特纳：《服务营销》，机械工业出版社 2002 年版。

汪纯孝、韩小芸、温碧燕：《顾客满意感与忠诚感关系的实证研究》，《南开管理评论》2003 年第 4 期。

汪纯孝、温碧燕、姜彩芬：《服务质量、消费价值、旅客满意感与行为意向》，《南开管理评论》2001 年第 6 期。

汪纯孝、温碧燕、姜彩芬：《顾客的服务消费经历与行为意向的实证研究》，《中山大学学报》（社会科学版）2001 年第 3 期。

王斌：《旅游行为及其影响机制研究——以西安市客源市场为例》，西北大学 2001 年硕士学位论文。

王兵：《从中外乡村旅游的现状对比看我国乡村旅游的未来》，《旅游学刊》1999 年第 2 期。

王成慧、王生洪：《顾客价值理论的发展分析及对实践的启示》，《价值工程》2002 年第 6 期。

王海鸿：《旅游吸引力分析及理论模型》，《科学·经济·社会》2003 年第 4 期。

王海明：《行为概念辩难》，《北京大学学报》（哲学社会科学版）1999 年第 6 期。

王家骏：《旅游者对旅游目的地的选择——旅游决策行为研究》，《西京论苑》1997 年增刊。

王磊、刘洪涛、赵西萍：《旅游目的地形象的内涵研究》，《西安交通大学学报》（社会科学版）1999 年第 1 期。

王锡苓：《质性研究如何建构理论？——扎根理论及其对传播研究的启示》，《兰州大学学报》（社会科学版）2004 年第 3 期。

王永贵：《服务质量、顾客满意与顾客价值的关系剖析——基于电信产业的整合框架》，《武汉理工大学学报》（社会科学版）2002 年第 6 期。

王月兴：《顾客忠诚的驱动因素及其作用》，《山东大学学报》（哲学社会科学版）2002 年第 4 期。

王重鸣：《心理学研究方法》，人民教育出版社 1990 年版。

吴必虎、唐俊雅：《中国城市居民旅游目的地选择行为研究》，《地理学报》1997 年第 2 期。

吴必虎：《上海市游憩者流动行为研究》，《地理学报》1994 年第 2 期。

吴明哲：《飞牛牧场游憩意向之研究——价值链之观点》，台湾朝阳客机大学休闲事业管理系 2002 年硕士学位论文。

吴忠宏、范莉雯、苏佩玲：《大学生参与生态旅游行为意向之相关研究》，《环境与管理研究》2003 年第 4 期。

向前：《论旅游心理与散客旅游管理策略》，《湖南第一师范学院学报》2003 年第 4 期。

项保华、罗青军：《顾客价值创新：战略分析的基点》，《大连理工大学学报》（社会科学版）2002 年第 1 期。

肖佑兴、明庆忠、李松志：《论乡村旅游的概念和类型》，《旅游科学》2001 年第 3 期。

肖忠东、严艳：《旅游消费及其效用研究》，《陕西师范大学学报》（自然科学版）2001 年第 3 期。

谢彦君：《基础旅游学》，中国旅游出版社 2004 年版。

谢彦君：《以旅游城市作为客源市场的乡村旅游开发》，《财经问题研究》1999 年第 10 期。

熊本峰：《关于顾客价值理论的述评与思考》，《重庆工商大学学报》（社会科学版）2003 年第 3 期。

徐菊凤：《北京市居民旅游行为特征分析》，《旅游学刊》2006 年第 8 期。

杨丹丹：《散客：旅行社经营策略的重要考量因素》，《发展研究》2005 年第 4 期。

杨玲、胡小纯、冯学钢：《旅游地吸引力因子分析法及其数学模型》，

《桂林旅游高等专科学校学报》2004年第1期。

杨龙、王永贵：《顾客价值及其驱动因素剖析》，《管理世界》2002年第6期。

杨依依：《企业品牌——企业价值创造的核心资源》，《当代经济》2006年第3期。

杨宜音：《个体与宏观社会的心理关系：社会心态概念的界定》，《社会学研究》2006年第4期。

叶志桂：《西方顾客价值研究理论综述》，《北京工商大学学报》（社会科学版）2004年第7期。

余颖、张捷、任黎秀：《老年旅游者的出游行为决策研究——以江西省老年旅游市场为例》，《旅游学刊》2003年第3期。

岳祚莆：《旅游动机研究与旅游发展决策》，《旅游学刊》1987年第3期。

张泊、赵占峰：《关于顾客忠诚地产生源于顾客价值形成的研究》，《科技创业月刊》2006年第4期。

张朝枝、向风行：《旅行社对旅游者行为影响的初步研究》，《旅游学刊》2002年第3期。

张卫红：《旅游动机定量分析及其对策研究》，《山西财经大学学报》1999年第4期。

张忠根、李华敏：《村级集体经济的发展现状与思考——基于浙江省138个村的调查》，《中国农村经济》2007年第8期。

郑健雄：《旅游吸引力与乡村旅游》，2006年第二届"海峡两岸休闲农业与观光旅游学术研讨会"论文集。

周丽娟：《顾客满意与顾客忠诚关系浅谈》，《企业活力》2006年第6期。

周玲强、黄祖辉：《我国乡村旅游可持续发展问题与对策研究》，《经济地理》2004年第4期。

周世强：《生态旅游与自然保护、社区发展相协调的旅游行为途径》，《旅游学刊》1998年第4期。

周应恒、彭晓佳：《江苏省城市消费者对食品安全支付意愿的实证研究——以低残留青菜为例》，《经济学》（季刊）2006 年第 3 期。

庄孔韶、徐杰舜、杜靖等：《乡土中国人类学研究》，《广西民族学院学报》2006 年第 1 期。